地方史研究協議会編

敦賀・日本海から琵琶湖へ

―「風の通り道」の地方史―

雄山閣

序文

本書は、地方史研究協議会第五六回（敦賀）大会の成果を、二つの公開講演と一〇本の共通論題研究発表を中心に、書名『敦賀・日本海から琵琶湖へ―「風の通り道」の地方史―』として編集し、環日本海と近畿三角帯の接点としての敦賀地方史の特質を解明しようとしたものである。

地方史研究協議会第五六回大会は、二〇〇五年一〇月一五日（土）から一七日（月）までの三日間、福井県敦賀市のプラザ萬象大ホールで開催された。本会常任委員会に桜井昭男を長とする大会準備委員会が設置されたのは、これより二年余さかのぼる。ついで大会開催地には地域研究者らによる多仁照廣を長とする大会実行委員会が組織され、本会常任委員会とともに大会準備と運営に当たることとなった。二〇〇四年三月一三日（土）敦賀で持たれた両者合同会議の結果まずきめられたのは、大会期日と大会テーマを「敦賀―日本海～琵琶湖、風の通り道―」とすることだった。その後の準備課程の苦心については巻末の「大会の記録」を参照されたい。

大会第一日目は自由論題と共通論題の研究発表、及び公開講演と総会、第二日目は共通論題の研究発表と討論、夕刻から懇親会、最終日の三日目は近江コース・嶺南コース・嶺北コースの三コースに別れてバス巡見を楽しんだ。

公開講演はワルシャワ大学教授エヴァ・ルトコフスカと大阪経済大学名誉教授北崎豊二のお二方である。エヴァ・ルトコフスカさんは流暢な日本語でポーランド・日本関係史のなかに敦賀を位置づけ、北崎さんは近畿三角帯の一頂点大阪府域における近代の合法的住民闘争の特質を説かれた。本書巻頭の両論稿「ポーランド～敦賀～日本、友好関係の通り道―ポーランド難民・ユダヤ難民と敦賀―」と「地価修正運動と地主―帝国議会開設前の大阪の運動を中心に―」が、これである。

大会テーマ「敦賀―日本海〜琵琶湖、風の通り道―」を考察にするに当たって、一つのキーワードとしたのが、「近畿三角帯」である。環日本海から敦賀の地を通って内陸にもたらされる人や物の交流は、自然地理学のいう「近畿三角帯」と深く関わるからである。そこで本書は共通論題研究発表の内、中野拓郎・大橋信弥・新本欣悟・金田久璋・入江宣子氏の五論稿を第一章として、重層的な「〈近畿三角帯〉の歴史的展開」を考察し、さらに日本近世史を中心とする渡邊秀一・畠清次・功刀俊宏・藤本仁文・曲田浩和氏のそれぞれの論稿を、第一章の成果と対比させながら、第二章「湊町敦賀の変容と地域社会」の特質を明らかにしようとした。

共通論題研究発表終了後、共通論題討論が大会実行委員会の外岡慎一郎と長野栄俊（以上福井）、大会運営委員会の桜井昭男の三名を議長として行われた。そこでは各研究発表にたいする質疑とともに、共通論題との関連、さらには共通論題を考察するに当たって自然地理学の概念「近畿三角帯」をキーワードとすることの有効性などが論じられた。その詳細については、これまた巻末の「大会の記録」を参照されたい。本大会を開くに当たっては敦賀市・敦賀短期大学はじめ諸機関のご協力を得た。ご協力に感謝しながら再び日本海から敦賀を通って内陸に吹き抜ける風を全身に感ずる日の近からんことを祈りたい。

二〇〇六年一〇月

地方史研究協議会

会長　所　理喜夫

敦賀・日本海から琵琶湖へ—「風の通り道」の地方史—／目次

序……所　理喜夫…1

公開講演

ポーランド〜敦賀〜日本、友好関係の通り道
—ポーランド難民・ユダヤ難民と敦賀—……エヴァ・パワシ・ルトコフスカ…7
地価修正運動と地主
—帝国議会開設前の大阪の運動を中心に—……北崎　豊二…28

第一章　「近畿三角帯」の歴史的展開

弥生時代敦賀の地域的特性
—舞崎遺跡の評価から—……中野　拓郎…59
継体天皇と近江・越前
—三尾氏の出自をめぐって—……大橋　信弥…76
北陸線の敷設と金沢市経済の変容……新本　欣悟…93
ダイジョコと大将軍
—若狭と近江の事例から—……金田　久璋…113

民俗芸能分布に見る若狭と近江の交流の諸相……入江　宣子……135

第二章　湊町敦賀の変容と地域社会

災害の記憶……渡邊　秀一……155
―敦賀・出村町の町名由来譚をめぐって―
敦賀茶町の成立と茶の流通……畠　清次……175
座・御用商人から見る十六世紀の敦賀……功刀　俊宏……197
近世中期湊町敦賀における都市秩序の再編……藤本　仁文……215
近世後期敦賀問屋の取引実態について……曲田　浩和……238
―北前船・荷所船との関係を通して―
第五六回（敦賀）大会の記録……大会成果刊行特別委員会……262
執筆者紹介

公開講演

ポーランド〜敦賀〜日本、友好関係の通り道
―ポーランド難民・ユダヤ難民と敦賀―

エヴァ・パワシ・ルトコフスカ

はじめに

戦前、戦中に敦賀がヨーロッパすなわちポーランドと日本を結ぶ玄関、あるいは友好関係における接点となって、重要な役割を果たしたことは事実であり、それに関する裏づけを十年以上にわたるポーランド・日本関係史研究(1)の中でいくつか見つけた。本稿では、敦賀とはっきりつながる、両国関係によい影響を与えた、シベリアのポーランド人孤児達および在カウナス杉原千畝副領事発給のビザを携えた避難民達について、二つのストーリーを紹介することにしたい。

一　シベリアのポーランド孤児

ポーランドと日本は地理的には一万キロ以上もへだたり、また文化的にも異なった遠い国である。こうした環境に加えて、一七九五年の第三次ポーランド分割から第一次世界大戦終了まで、独立国として存在しえなかったポーラン

ドの不幸な歴史的変遷が、両国の関係を散発的なものとしていた。第一次世界大戦終了後の一九一八年十一月十六日、ポーランド軍総司令官、後にポーランド国家元首となったユゼフ・ピウスツキ（Józef Piłsudski 一八六七～一九三五）将軍は連合諸国政府に、独立ポーランド国家の成立を通知した。翌日には、ポーランド共和国政府が、イギリス、フランス、日本、イタリア、アメリカの列強各政府に、国交の締結を求める覚書を送った。日本政府がようやくポーランドの独立の承認に踏み切ったのは、一九一九年三月六日のことで[2]、ポーランド側に正式に知らせたのは三月二十二日であった[3]。最初の駐日代理公使には、その当時ポーランド共和国特別委員およびシベリア・極東方面全権公使であったユゼフ・タルゴフスキ（Józef Targowski 一八八三～一九五六）が一九二〇年四月七日に任命され、八月十日に東京に着任した[4]。しかし、正式なポーランド・日本関係の最初の主な出来事―シベリアのポーランド孤児の救援―はそれ以前から始まっていたのである[5]。

大正九年（一九二〇）と大正十一年（一九二二）の二度にわたり、シベリアと満州に住む一歳から一六歳までの七六五人のポーランド人児童が日本赤十字社の難民救済事業で救助された[6]。この子供たちは、一八六三年一月の蜂起後に追放された人々を始めとする政治囚、第一次世界大戦後の分割でロシア支配下に入ったポーランド領などから逃れてきた捕虜や避難民、職を求めてやってきた移民の子孫であった。その約八〇％は孤児か片親を失った子供たちであり、残りの二〇％は生活手段を奪われた家庭の子供だったが、全員が戦争孤児として登録された[7]。ロシア革命後、内戦や列強の反革命支援のシベリア出兵などもあって、世情は大きく乱れた時期であったが、同胞援助のため、アンナ・ビエルキェヴィッチ（Anna Bielkiewicz 一八七七～一九三六）とユゼフ・ヤクプキェヴィッチ（Józef Jakóbkiewicz 一八九二～一九五三）をはじめ、ウラジオストク在住ポーランド人は一九一九年に「ポーランド救済委員会」（Polski Komitet Ratunkowy）を設立した[8]。資金不足などもあって、「せめて国の宝である」子供たちだけでも救出して祖国へ送り返す活動を始めたのは一九一九年十二月二十三日になってからであった。当初はアメリカ赤十字が援助するはずであったが、一九二〇年二月になって、シベリア出兵が失敗してアメリカ軍もシベリアから撤退することになったため、赤十字の救護所も閉鎖されることが判明した。そこで、「ポーランド救済委員会」は日本に支援を求め、一九二〇年六月十八日には、ビエルキェヴィッチが駐ウラジオストク日本領事（後に、一九三〇年から一九三一年にかけて在ポーランド代理公使）[9]の渡辺理恵の紹介状を携えて東京の外務省を訪問し、避難民の惨状を訴えた。外務省は赤十字にこの件の調査を依頼し、日赤は陸軍大臣田中義一（一八六四〜一九二九）と海軍大臣加藤友三郎（一八六一〜一九二三）の同意を得たのち、七月五日に次のような情報を内田康哉外相に伝えている。

在ウラジオストク・ポーランド救済委員会幹部（左から副会長ユゼフ・ヤクプキェヴィッチ、会長アンナ・ビェルキェヴィッチ、事務局長で機関紙『極東の叫び』編集長ビィエンチスワフ・ピオトロフスキ、1920年頃）写真提供：松本照男氏

国交上並人道上まことニ重要ノ事件ニシテ、救援ノ必要ヲ認メ候ニ付、本社ニ於テ之ヲ収容シ給養致スヘク候、尤モ此ノ件ニ付テハ実施上固ヨリ貴省ノ援助ヲ申請スル条件モ可有之候、此段申報候也…救済会長へ可然御伝致相成度[10]…。

日本政府と日赤の援助承諾をもってウラジオストクに戻ったビエルキェヴィッチ女史は、後年その時の様子を次のように思い出している。

昂奮と混乱、笑いと喜びの爆発だった。子供たちは私を絞め殺すかのようにきつくしがみつき、昂奮のるつぼのなかで「日本へ行くんだ」の叫び声がひときわ高く響きわたった…[11]。

こうして、ポーランド孤児は日本行きの許可を得た。日本での子供

敦賀でのポーランド孤児たち（1920年頃）
写真提供：松本照男氏

たちの世話は、石黒忠徳（一八四五〜一九四一）社長、平山成信（後に社長）、坂本金之助副社長をはじめとする日本赤十字社が陣頭指揮をとって行うことになった。皇室もすすんで関与し、貞明皇后（一八八四〜一九五一）の侍従を派遣して支援にあたらせた。

第一陣の引き揚げ児童五六名がウラジオストクから敦賀港へ向けて出航したのは、一九二〇年七月二十日のことであった。これ以後、一九二一年七月までの一年間に五回にわたり、合計三七五名の子供たちが日本へ送られた(12)。

日本へ送られた児童たちはみんな敦賀港に上陸した。敦賀の日赤委員部・敦賀町役場・敦賀警察署・陸軍輸送部敦賀出張所・同被服廠敦賀派出所・敦賀税関支署の協力で孤児たちを受け入れた(13)。毎回、子供たちが上陸すると、両国の国歌でささやかな歓迎式典が始まる。敦賀市の職員をはじめ日赤等の代表者のあいさつが終わると、市民が子供たちにお土産を配る。その後、入浴させたり、清潔な衣服に着替えさせたり、治療を受けさせたり食べさせたりと、とてもあたたかいもてなしだった(14)。

少し休んだ子供たちの敦賀から東京への移動にあたっては、鉄道本省の指示により敦賀運輸事務所・敦賀港駅・敦賀駅・米原駅で多くの便宜が与えられた。そのうち運賃関係の特例は、

一、満一五歳までの孤児と、その付添人の普通三等運賃を五割引とする。

二、付添人の割引は、孤児が幼少か又は不具者で付添を必要とする場合に限り、被付添児数の範囲内において割引する(15)。

というものであった。

東京に着くと、当時渋谷町にあった福田会という仏教系の慈善協会の養護施設で寝泊りし、そこから程近い日赤本社病院も宿舎として提供された。ポーランド孤児たちは日本国民の関心と同情を呼んだ。貞明皇后陛下も病院を訪れ、三歳の女の子の頭を優しく撫でて、健やかに育つようにとお言葉をかけられた(16)。病気や栄養失調の子供が多かったが、日本でみんな元気を取り戻してアメリカ経由で祖国に帰った。

しかしまだシベリアでは二千名以上のポーランド児童が救援を求めていた。ビエルキェヴィッチ女史は一九二二年に再度、日本へ行って窮状を訴え援助を求めた。日赤では、二千余人全員を救援するにはその経費が莫大で社に負担がかかり過ぎるが、最も急を要する約四〇〇名の児童を救済することを決めた(17)。

第二陣の子供たちの輸送が一九二二年八月五日から二十七日まで三回にわたり実施された。その間に、三九〇名が敦賀経由で大阪に到着し、新築されたばかりの大阪公民病院看護婦宿舎に落ち着いた(18)。

大阪に迎えられた子供たちも、東京へ送られた子供たちと同様に、日本の人々から親身に世話をしてもらい、大きな関心が寄せられた。これは、ビエルキェヴィッチ女史が、ポーランド人に関する情報を日本社会のできるだけ多くの人々に知ってもらえるよう心をくだいたおかげであった。彼女は日本の新聞にポーランドに関する連載記事を発表したり、日本語の印刷物を出版したりしていた。それには、ポーランドの歴史の簡単な紹介やシベリアのポーランド人の状況についての小冊子、ポーランド文学の小品の翻訳などが含まれていた。なかでも彼女の最大の功績は、隔週刊の『極東の叫び』（Echo Dalekiego Wschodu）の創刊であろう。この雑誌は一九二一年九月から一九二二年五月にかけて第一〇号まで発行され、毎号二〇〇〇～四〇〇〇部が東京、京都、大阪、神戸、横浜で販売された(19)。本文はポーランド語、英語、日本語の三ヶ国語で書かれているが、その狙いは、ポーランドおよびその歴史と現状を日本人がどうとらえているかを伝えるだけでなく、ポーランド人の理想を育み、極東在住のポーランド人の民族的自覚を高めることであった。シベリアのポーランド孤児引き揚げの経過や子供たちの日本滞在の様子、日本文化についての記事、時事問題なども掲載されており、ビエルキェヴィッチはそうした形で日本当局の支援に対する感謝の意を表し、更なる支援を促そうとしたと思われる。彼女は自らこう書いている。

私の『極東の叫び』がまさに熱狂的に日本人に受け入れられるのを目のあたりにして、私は全身全霊で仕事に打ち込んだ。宣伝の効果が明らかになれば、なおさらである。日本人はもはや私たちをロシアの片割れなどと思っていない…。

この国（日本―筆者註）を知り恒久的な友好関係を結ぶことの重要性を、私たちは充分に理解してはいなかった。しかし日本は、独立を宣言し、国家として再生したポーランドにとっては、政治面にしても経済面にしても大変重要な一箇所である…。二つの国民が相互に学び、知り合い、理解し合うための活動を始めようではないか。[20]

「ポーランド救済委員会」の活動は、子供たちの送還を続けている間に、敦賀、東京、大阪、どこでも非常に好意的に迎えられた。[21]貞明皇后が福田会を訪問し、ビエルキェヴィッチ女史が日本赤十字の特別会員に推挙されたことはその現れである。委員会の努力と巧みな宣伝活動のおかげもあって、日本人は約束を誠実に実行してくれた。日本の人々が、ポーランドの幼い子供たちへの支援にいかに多くの心遣いと献身を寄せたかは、ポーランド人組織者と参加者が口々に強調するとおりである。支援は広範囲におよび、医療援助を中心としながら、子供向けの娯楽や保養まで含んでいた。日本舞踊や演劇の鑑賞会、映画会、日本の青少年との交流会も開かれた。子供たちに対する日赤の最後の支援は、彼らを日本船で日本からイギリスへ輸送することであった。そこからは直行便で一路グダンスク、グディニアへ向かった。最後の一団が神戸を出発したのは、一九二二年九月六日のことであった。

シベリア孤児に寄せられた温かい真心と心遣いは、彼らの記憶に深く刻まれ、その行動や考え方に影響を与えた。滞日経験は彼らの新たな精神と社会観の源となり、彼らは帰国後もずっとそれを育みつづけたのである。その後、ポーランドで極東青年会とシベリア協会を結成し[22]、日本人への多大な好感と感謝の念を伝えるように活動していた。日本滞在はとてもいい、忘れられない思い出になった[23]。ポーランド政府はシベリアのポーランド人孤児の引き揚げに対する日本側の支援を、多くの人命を救った尊い人道的行為と評した。その印として、ポーランドの大統領から大正天皇・皇后両陛下に、ポーランドの外務大臣から日本の外務大臣等に感謝状が贈られている[24]。

二　第二次世界大戦・ポーランド人とポーランド系ユダヤ人の避難民

敦賀との関係で、ポ日両国によい影響を与えた二つめのストーリーは、第二次世界大戦中、杉原千畝（一九〇〇〜一九八六）駐カウナス副領事が日本の通過ビザを発給したおかげで、日本を経由してナチとソビエトの手から逃れられたポーランド人、ポーランド系ユダヤ人の避難民に関するものである。

一九三九年九月一日、ドイツ軍のポーランド侵攻で第二次大戦が勃発した。十七日にソビエト軍はポーランドの東部国境を越えてヴィルノを含む東部地方を占領した[25]。そこに駐屯していたポーランド軍部隊の一部は、リトアニア国境を越えて収容所に抑留された。やがて脱走がはじまり、それにともない脱走者を援助するネットが構築された[26]。

そして、十月の下旬に、ポーランドでの戦いが終わって、ポーランドの領土がドイツ軍とソビエト軍の占領下に入った。そのために約四万人の軍人を含む避難民の波が、リトアニア国境を越えた。この時、ソ連政府がヴィルノを含むポーランド領の一部をリトアニアに割譲することを十月十日に定めたリトアニア・ソ連条約に抗議して、ポーラン

『波蘭国児童救済事業』報告（日本赤十字社大阪支部所蔵）写真提供：松本照男氏

ド公使フランチシェク・ハルヴァト（Franciszek Charwat）と公使館付武官レオン・ミトキェヴィッチ（Leon Mitkiewicz）大佐をはじめとするカウナス駐在のポーランド公使館員は、同月十五日に正式にリトアニアから退去した。この時をもってリトアニアでのポーランド難民問題を、ポーランド人の諜報員たちが協力しているイギリス公使やフランス武官が引き継ぐことになった。まもなくポーランドの諜報員たちはカウナスに十一月に新しく開館した日本領事館の杉原千畝副領事にまで協力要請の手を伸ばした。日本側は、一九三九年八月二十三日の独ソ不可侵条約（いわゆるリベントロップ・モロトフ条約）の調印をドイツの裏切り、背信とみなして、同盟国としての彼らからの情報に対する信用を完全に失った。そのため、日本人居住者もいないのに、ソ連やドイツを十分に監視できる新しい在外公館をカウナスに設置することにした[27]。必要な情報を得るために、杉原は「イエジ［ジョルジュ］・クンツェヴィッチ（Jerzy [George] Kuncewicz）」偽名のアルフォンス・ヤクビャニェツ（Alfons Jakubianiec 一九〇五～一九四五）大尉、「ヤン・スタニスワフ・ペシュ［ペルツ］」（Jan Stanisław Perz）を名乗ったレシェク・ダシュキェヴィッチ（Leszek Daszkiewicz）中尉をはじめポーランド陸軍諜報将校との協力関係を結んだ[28]。情報の見返りに杉原は、リトアニアから西側、すなわちポーランド亡命政府[29]へ、または西側からリトアニアやワルシャワへ、ポーランド地下組織や諜報機関の連絡物をリトアニア経由でベルリン～モスクワ～東京間を定期的に結ぶ日本クーリエを利用して送ることにした[30]。杉原副領事とポーランド諜報機関の協力は、ポーランドの避難民に日本経由の通過ビザを発給したこととも関連している。

前述のダシュキェヴィッチの報告書を引用してみよう。

　私は、ソ連領内からの情報を日本領事に提供するほかに、日本の通過ビザ発給の決定に関する回答を領事から受け取ることになっていた。当時、ポーランド難民がソ連と日本を経由してアメリカおよび南アメリカ沖の島の一つにトランジットで行くことができるようにしようという計画が練られていた。…領事は難民問題の解決には好意的で、このことでは多くの働きをされたし、…日本経由で南アメリカ沖の小国の一つにポーランド難民を出国させようという公式案を出した最初のひとりでもあった。…在カウナスのオランダ名誉領事(31)は、出国者のだれ一人その国には向かわず、まだ閉鎖されていない駐日ポーランド共和国大使館の助けを借りて日本から他の国に行こうとしていることを承知しながら、しかるべき手数料を払わせて滞在ビザを発給することに同意した。…日本領事によるビザ発給の日が来ると、ユダヤ人はこぞって申請に詰めかけたが、ポーランド人の希望者は少なかった。申請者は十数名に過ぎず、私は彼らを優先させるべくあらゆる手を尽くした(32)。

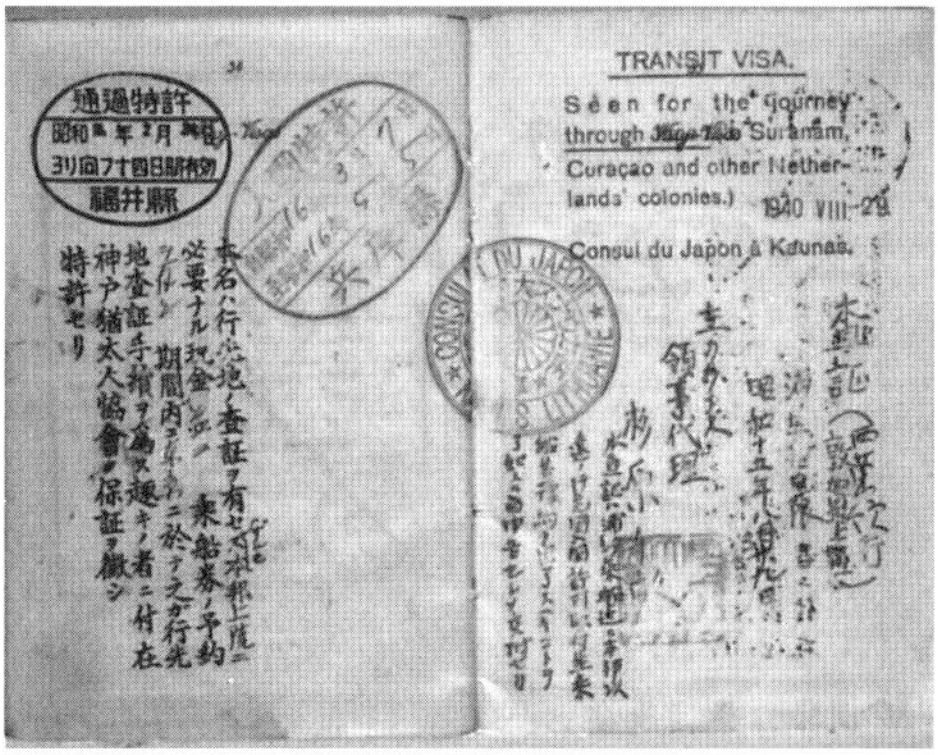

杉原によって発行された通過ビザ（ユゼフ・ブルンベルグの旅券より）**1940年8月29日**

　杉原の命のビザ問題、すなわち杉原の英雄的なカウナスでの活動はよく知られていて、このテーマについては日本で文献がたくさん出版されている(33)。結局は、日本外務省の許可なしに、杉原は一九四〇年七月二十九日ごろから、自分の責任において人道的な立場からビザを発給し始めた。同年六月にソ連軍がリトアニアとラトビアに侵攻、八月にバルト三国を併合した後、日本政

カウナス日本領事館前のポーランド及びユダヤ人難民たち（1940年）写真提供：大正出版株式会社

府はカウナスとリガにあった公館を閉鎖することにした。ソ連からも外務省からもカウナス領事館退去命令が数回あったにもかかわらず杉原は九月一日、ベルリンへ出発する日まで大急ぎでビザを発給し続けていた。そのおかげで数千のポーランド難民が自由を手にすることができた。日本外務省外交史料館に残っているいわゆる「杉原リスト」によると、領事は二一三九のビザを発給した。(34) 実際に発行した枚数はこれよりもっと多かったと思われる。子供たちを連れていった大人もいて、実際に日本を通って各国へ逃げたポーランド系ユダヤ人の数は、五〇〇〇～六〇〇〇人にものぼったと言われている。(35) あるいはその中に偽のビザがあったかもしれない。もう一度、ダシュキェヴィチの報告書を引用してみよう。

ある日、杉原領事が私に、旅券に決まった文句を日本語で記入するのにたいへん手間がかかり、迅速な処理の大きな妨げになっているという話をした。そこで私は、ゴム印を作って残りの部分と署名だけを書き入れるようにはできないか、と提案してみた。彼は私の考えに賛成し、雛型をくれた。私はそれをヤクビャニェッツに渡し、ヤクビャニェッツはゴム印を注文したのだが、このとき私たちはゴム印を二個作るよう言いつけた。そのうちの一個はヴィルニュスへ送られ、そこでも日本の通過ビザが発行されたのである。ただし、それは日本領事がカウナスを退去したあと、それより前の日付を打って作成したものであった。(36)

ところで、その二人の将校も八月二十日、領事館の閉鎖前に、領事館の書記官として日本の公用ビザを杉原に発給してもらった。二人は杉原の公用車でドイツへ送り出された。(37)

難民たちは、杉原から通過ビザを受け取ってからソ連通過ビザも受け取らなければならなかった。ソ連のビザを入手するためには、カウナスから日本までの列車と船の乗車券も、国営旅行社「インツーリスト」にて外貨払いで予約購入しなければならなかったのである。切符は当時約一六〇～二〇〇ドルもしたから、だれもが買える値段ではなかった。(38)

彼らはシベリア鉄道九〇〇〇キロ以上の旅を終えてウラジオストクに至り、目指す日本の敦賀行き定期連絡船に乗った。船室は超満員なのにみんなうれしそうだった。ナチとソビエトの手から自由の地へ逃げられたからである。

難民の受け入れ、宿泊先の手配といった仕事は、当時の駐日ポーランド大使タデウシュ・ロメル（Tadeusz Romer 一八九四～一九七八）の手に委ねられた。(39) このことに関してロメルは次のようにポーランド亡命政府のアウグスト・ザレスキ外相宛の一九四一年二月六日付暗号電報で報告した。

シベリア経由によるソ連占領地域から極東への難民の脱出は、昨年の初夏から自然発生的、個人的かつ無秩序に始まった。…ソ連によるリトアニアおよびヴィルニュス地域の吸収併合は、当該地域に居住するポーランド人ないしポーランド系ユダヤ人社会に一時的な混乱と動揺を引き起こしたが、そののち現地での貧窮や迫害、あるいはカザフスタンへの追放から逃れる唯一の道として極東へ向かおうとする衝動が起こり、それが時とともに集団的に、しかしたえず無秩序に強まっている。カウナス地区とヴィルニュス地区から日本までの旅は、証明書や他国のビザを取得できれば少し楽になり、難民たちは九月まで、カウナスではその後も交付を受けることができた。…ヴィルニュス地区とカウナス地区からの難民は、ついには、特に十月以降、大量輸送のかたちで当地に流れ込んでくるようになった…。

在東京ポーランド大使館は、一九四一年二月五日までにウラジオストク経由で来日したポーランド国民（確認

More Hebrews Arrive In Nippon

Approximately 340 Jews driven from Europe came to Nippon by the Japan Sea liner Amakusa Maru, entering Tsuruga on Thursday afternoon, February 13.

340 Jews Relieved To Reach Tsuruga; Tragedy-Etched Faces Smile With Joy

— *Amakusa Maru Brings Refugees Fleeing Europe* —

TSURUGA, Feb. 13.—Tragedy-etched faces smiled with joyful relief and reassurance today, as the liner Amakusa Maru came through a

languages spoken, and in stark poverty-stricken tragedy.

Jewish couples, torn from all that they ever held dear, possessed of only

1941年2月15日付『THE OSAKA MAINICHI & THE TOKYO NICHINICHI』の記事

済み、又は自称）約七四〇名のリストを作成した。…これまでに来日した難民と確認された者、あるいはポーランド国民と推定される者の九五％以上はユダヤ人である。ユダヤ教徒ではない者もいるが、少なくともユダヤ系の家系の出身であることは確かである。このような現象は、彼らがたんに進取の気質に富んでいるということだけで説明がつくものではなく、海外にいる同胞の組織的支援を受けられたことが大きい。…ポーランド人難民の流入が相変わらず少ないのは、ほぼ例外なく物質的に劣悪な状況にあること、地縁や地域生活との結びつきがユダヤ人よりも強いこと、…見知らぬ東洋への危険で高価な旅という企てに対して、特に初めの頃拒絶反応が強かったことによるものと考えられる…。

この結果、ポーランド人難民のうち当地に到着したのは、現段階では以下の通りである。地下ルートで潜入したポーランド軍将校四名、海外在住の親類の援助でやって来た数家族、…合計十五名ほどで、その一部は日本に長期滞在の予定であったが、他はすでに日本から出国したか、まもなく出国する。当大使館からの直接の援助ですでにこちらに向かっている、あるいはこれからヴィルニュスを出発するポーランド人が、現在二五名いる…。

これらの最緊急課題に取り組むため、私は昨年十月の在日ポーランド人集会で在東京「ポーランド戦争被災者救済委員会」(Polski Komitet Pomocy Ofiarom Wojny) を召集した。参加者は、議長に私の妻、事務局長には東京の精力的な実業家クレメンス・ズィンゴル (Klemens Zyngol) 氏、会計には満州のポーランド系最大手企業主の夫人で現在来日中のジクマンノヴァ (Zikmannowa) 女史、そして理事は大使館書記官K・スタニシェフスキ (Staniszewski) 氏、極東ポーランド通信局長A・ピスコル (Piskor) 氏、シュチェシニャコヴァ (Szcześniakowa) 女史、ロマネク (Romanek) 氏である。

委員会は所期の目的のため、極東在住のポーランド人のみならず外国人からも可能な限りの資金を集め、ニューヨークの「ジョイント」(Joint, アメリカの合同配給委員会のこと—筆者註) などの組織からも数回にわたってかなりの物質的援助を受けて、円滑に活動の手筈を整えた。委員会は横浜および神戸のユダヤ人諸団体とただちに連絡をとり、東京に加え神戸にも事務所を設置した。

委員会の代表は、ウラジオストクからやってきた難民の大集団が敦賀港に到着するたびに出迎えに行き、入国手続きを手伝い、そこからほど近い神戸へ向かわせる。神戸では地元のユダヤ人共同体が、特別に用意された数百人収容の収容施設に彼らを受け入れる。東京にやって来る数少ないポーランド人はできるだけ、わが大使館の敷地内に特別に建てられた別棟に宿泊させている。委員会は難民に対し当座の金銭的援助、助言、支持を与えている。(40)

難民たちは船を降りた瞬間に敦賀の町が天国に見えた。敦賀、日本での最初の日をいまでもよく覚えている、当時二〇歳だったツビ・カハナがこういう風に思い出している。

敦賀港のそばにある駅に一六、七歳の日本人の少年が近づいてきた。リンゴやミカンなど果物がいっぱい入ったかごを抱えている。それを差し出し、しぐさで、「どうぞ」と促した。代金を払おうとするとしっかりした顔つきの少年は、「ノー」と拒んだ。果物をだれも取ろうとしないので、少年は一瞬困った表情を見せ、足元にかごを置いて走り去った。…少年が見えなくなって仲間たちがリンゴをそっとほおばった。戸惑いが消え、甘酸っぱさが広がった。ツビが初めて口にした日本の味だった。(41)

港に着いた難民たちは敦賀港から汽車で敦賀駅に行き、そこで乗り換えて、神戸へ直行することが多かった。しかし敦賀にいったん宿を求めた人々もいた。その中にはポーランド第二の都市ウッジから逃げてきたクラコフスキー家(父母と当時一〇歳のヤンと二歳のエリザベス)もあった。ヤンたちの乗った船は予定より遅れ、下船が夜になったため汽車には間に合わなかった。にぎやかな通りに宿を見つけた。

着飾った女がたくさんいた。男たちも出入りしていた。遊郭だったのだ。畳の部屋には、火鉢が一つあるだけだった。でもぜいたくはいえなかった。生と死がつねに紙一重だった日々を思えば。(42)

しかし、敦賀港に着いたのにすぐ下船できなかった者もいた。

四一年三月十三日。…天草丸は滑るように敦賀港に入った。…入国審査のため福井県警察部の警官が船に乗り込んできた。パスポートを調べると、彼らは冷たく言った。「最終目的国のビザがない者は日本入国を認めない。」七二人は、…「キュラソービザ」を持っていなかった。欧州脱出にそれが必要だと知るのが遅れ、四〇年八月下旬にリトアニアのオランダ領事館へ走ったものの、既に閉鎖。…下船は許されない。…再び厳寒のウラジオストクへ。しかし、ここでもソ連秘密警察の怒号が持っていただけだった。「なぜ戻った。お前たち、日本のスパイだな。」船から一歩も出ないよう命じられた。(43)

結局、数日後、天草丸が再び敦賀に入港して乗船客たちはみんな自由になった。神戸のユダヤ協会が、駐日オランダ大使館で「キュラソービザ」をもらったからである。

戦後何年も経ってから、ロメル大使は公式の報告書では触れていない一九四一年春の次のような出来事を思い出した。[44] ある日のこと、ロメルは日本の外務省に呼び出され、ポーランド人三〇名が日本へ不法入国を企てたことを、非常に厳しい口調で告げられた。ナホトカから敦賀に着いた連絡船から、三〇人の「ヤクプ・ゴルトベルク」(Jakub Goldberg)、同じ名前の難民たちが上陸しようとした。大胆にもビザを偽造した人間がいるという事実に、日本側は神経を尖らせ、この三〇人の乗客の入国を拒否した。ロメルの意見では、リトアニアで日本のビザを偽造したとき、日本語を知っている者は誰もいなかったからであった。杉原副領事は、難民のパスポートか証明書に申請者の氏名を日本語のカタカナで手書きし、それから署名した。誰かがそのひとつを写し取った。仕方なく彼らは翌日、同じ船でナホトカへ引き返した。ソ連の入国ビザも持っていなかったため、上陸許可は下りずそれから、ロメルの話によると、数週間、ナホトカと敦賀の間を往復していたそうだ。結局ロメル大使は、三週間以内に日本から出国させるという条件で、ようやく敦賀への上陸許可を取りつけた。駐日オランダ大使や駐日アメリカ大使の協力を得て、ロメルはしかるべきビザを入手し、この不運な難民たちを日本から送り出したのであった。この話は疑問が多いけれどもおもしろいから紹介することにした。

公式にロメル大使はテヘランから一九四二年十月六日付最終報告書に次のように書いた。

一九四〇年秋から一九四一年夏までの間に、約二三〇〇名の難民がポーランドからウラジオストクと敦賀経由で日本に来た。その九七％がユダヤ人であり、ヴィルニュスとカウナスから来た人々が主体で、南東部の国境地帯の出身者は稀であった。多くの者は、カウナス発行の身分証明書と日本の通過ビザしか持っていなかった。戦時中の避難場所が見つかるのを待ちわびながら、難民たちは神戸に借りた二七軒の家と横浜、東京に収容された。

宿舎と食事の世話は、合衆国のユダヤ人組織（「ジョイント」）の資金的援助を得て、神戸のユダヤ人共同体が引き受けた。

衛生、衣類、文化面の援助や家族との連絡、パスポートやビザの手配は、私が東京で結成した「ポーランド戦争被災者救済委員会」が面倒をみた。私は委員会の難民担当にポーランド系ユダヤ人たちを配し、委員会の活動資金は、ポーランド政府からの補助金、アメリカのポーランド系組織の資金的援助、極東全域のポーランド人によるカンパ、地元での催し物からの収入によってまかなわれた。目的地のビザを取得したものの、自己資金をもっていない難民のために目的地までの旅費を工面したのは、ユダヤ人組織「ヒツェム」(Hicem) である。すべての財源を合計すると、一九四二年七月一日までに約三五万米ドルが、極東に逃れてきたポーランド難民のために拠出されたことになる。

支援活動全体の指揮と監督以外に、在東京ポーランド大使館が直接関わったのは、難民へのパスポートの交付、滞在の延長や日本への今後の入国ビザと通過ビザを日本政府との間に立って仲介、支援の要請、目的国のビザの取得などであった。また、軍への志願者の登録を目立たぬよう慎重に進め、その志願兵たちをカナダや近東へ送り出すという件にも関与した。

…一九四一年の九月と十月には、在東京ポーランド共和国大使館の閉鎖に伴い、日本政府が、日本に留まっていたほとんどユダヤ人ばかりのポーランド難民約一〇〇〇名全員を上海に移送した。一九四一年十一月一日、特命大使として上海に入った私は、個人的に難民の世話を引き受けた。オーストラリア、ニュージーランド、ビルマ、パレスティナのビザの割り当てを新たに獲得でき、残る難民全員に振り分けようとしていたのだが、船舶航行の禁止とそれに続く太平洋戦争の開戦とが、我々の努力を台無しにしてしまった。この結果、ポーランド国籍のユダヤ人難民約九五〇名が上海に残留することになった(45)。

おわりに

「敦賀の門」をくぐって祖国へ帰ったシベリア孤児たちも、世界中に散り散りばらばらになったポーランド人とポーランド系ユダヤ人難民たちも命が助かって自由になった。敦賀が日本とポーランドの友好関係における重要な接点となり、大事な役割を果たした。敦賀は「ポーランドと日本を結ぶ玄関」で、当時のポーランド人にとっては「自由への玄関」でもあったのである。

註

(1) その成果の中には以下のものがある。
E.Pałasz-Rutkowska, A.T.Romer, *Historia stosunków polsko-japońskich 1904-1945*（ポーランド・日本関係史）,Warszawa 1996; E.Pałasz-Rutkowska, A.T.Romer,「第二次大戦の諜報活動。ポーランド・日本協力関係」、『ポロニカ』No.5/1994、東京、一二一〜六〇頁、E.Pałasz-Rutkowska, *The Other in Intercultural Contacts. The Image of Japan in Poland in the End of the 19th and the beginning of the 20th Centuries and the Interwar Period* in:"Discussion Paper Series", Inst. Of Social Science, University of Tokyo, Tokyo 2001, E. Pałasz-Rutkowska,「日露戦争が二十世紀前半の日ポ関係にあたえたインパクトについて」、『防衛庁防衛研究所戦争史研究国際フォーラム報告書』、東京、二〇〇五年、一四三〜一六八頁。

(2) 外務省外交史料館所蔵史料（以下GGS）1.4.3.17（『欧州戦争関係波蘭問題一件』）「大正八年三月六日閣議決定」を参照。

(3) 同右、「ドモフスキ宛松井大使」番号九四（一九一九年三月二十二日付）,*Chronologia stosunków międzynarodowych*

Polski 1918-1921（ポーランドの国際関係年表）,Warszawa 1955, vol.1, 番号二二五。

（4）詳細は、E. Pałasz-Rutkowska, A.T.Romer, *Historia....*, pp.67-70. 又は、GGS, 6.1.8.4-30（『在本邦各国公使任免雑件・波蘭国の部』）「原総理大臣宛内田大臣」（一九二〇年八月十六日付）を参照。

（5）本件については、主として『波蘭国児童救済事業』日本赤十字社、東京、一九二一、「こころで結ばれたポーランド孤児と大阪府民」、日本赤十字社大阪府支部、又は、松本照男「大正九年シベリア孤児救済秘話」、“Voice”9/1983, 二一〇～二二〇頁、松本照男「ポーランドのシベリア孤児たち」、『ポロニカ』No.5/1994, 東京、六二～八一頁、井上修「シベリア放浪ポーランド孤児の救済に尽くした日本」、日本海地誌調査研究会、平成十二年八月三日、W.Theiss,*Dzieci syberyjskie*（シベリア児童）,Warszawa 1992, などを参照。

（6）『波蘭国児童救済事業』、一～二頁。

（7）詳細は、同右、三～一一頁、又は前掲松本照男「大正…」、二一五～二一六頁を参照。

（8）詳細は*Sprawozdanie z działalności Polskiego Komitetu Ratunkowego na Dalekim Wschodzie*（極東でのポーランド救済委員会活動の報告書）, Warszawa 1921, 又はW.Theiss, Dzieci...., pp.34-50を参照。

（9）E.Pałasz-Rutkowska, *Polityka Japonii wobec Polski 1918-1941*（日本の対ポーランド外交政策）,Warszawa 1998, p.101-103.

（10）『波蘭国児童救済事業』、一六～一七頁。

（11）W.Theiss, *Dzieci....*, p.53, 前掲松本照男「大正…」、二一五～二一六頁。

（12）『波蘭国児童救済事業』、一～二頁。

（13）井上修「シベリア放浪ポーランド孤児の救済に尽くした日本」、八頁を参照。

（14）松本照男所蔵のヴェロニカ・ブコヴィンスカ（Weronika Bukowińska）、コジェツ（Korzec）、ヘンリク・サドフスキ（Henryk Sadowski）、シチェパン・タクリンスキ（Szczepan Takliński）、ヘレナ・ブルブレフスカ（Helena Wróblewska）等、当時のシベリア孤児の書簡、日記などを参照。

（15）前掲井上修、八頁。
（16）「皇室の看護と国民の同情」については『波蘭国児童救済事業』、三一〜四二頁と一一六頁を参照。
（17）同右、七六〜七七頁を参照。
（18）同右、二頁。
（19）W.Theiss, Dzieci...., pp. 82-83.
（20）*Od wydawnictwa*（社説）"Echo Dalekiego Wschodu"『極東の叫び』,No.1/1921.
（21）『波蘭国児童救済事業』、三一〜四三頁と一一六〜一二〇頁を参照。
（22）W.Theiss, *Dzieci....*, pp.187-202.
（23）松本照男所蔵のヴェロニカ・ブコヴィンスカ、コジェツ、ヘンリク・サドフスキ、シチェパン・タクリンスキ、ヘレナ・ブルブレフスカ等、当時のシベリア孤児の書簡、日記などを参照。
（24）『波蘭国児童救済事業』、一二一〜一二四頁を参照。
（25）一九二三年〜一九三九年の間にポーランド領内にあったためポーランド語でヴィルノ（Wilno）という。その後、リトアニア語でヴィルニュス（Vilnius）といった。
（26）その主な任務は、脱走軍人を救出して西側のビザを手配し、西側、主に中立のストックホルムへ送り出すことであった。Ludwik Hryncewicz, *Grupa pod kryptonimem "Wierzba" na Litwie Kowieńskiej działająca w okresie II wojny światowej*（第二次世界大戦中にコヴノ近郊のリトアニアで活躍していた「柳」の匿名諜報グループ）、Warszawa 1988（未刊の回想記）、E.Pałasz-Rutkowska, A.T.Romer,「第二次世界大戦と秘密諜報活動　ポーランドと日本協力関係」、『ポロニカ』No.5/1994, 一六〜一七頁を参照。
（27）未刊の杉原千畝のロシア語報告書、Moskva 1967, pp.1-2, ポーランド語の翻訳はE.Pałasz-Rutkowska, *Raport konsula Sugihary*（杉原領事の報告書）, "Japonica" No.7/1997, Warszawa, pp.131-140を参照。

（28）詳細は、前掲E.Pałasz-Rutkowska, A.T.Romer,「第二次世界大戦と…」、一七～四〇頁を参照。

（29）亡命政府は一九三九年十月以降はフランスのパリ、のちにアンジュールに置かれ、一九四〇年六月以降はロンドンに移った。

（30）Eryk Budzyński, *Poczta japońska*（日本便）,“Zeszyty Historyczne”, No.102/1992, Paryż, pp.203-213. 前掲E.Pałasz-Rutkowska, A.T.Romer,「第二次世界大戦と…」、三三～四〇頁を参照。

（31）当時の在カウナス・オランダ領事はヤン・ズヴァルテンディク（Jan Zwartendijk）であった。彼がリトアニアからの脱出の手立てを必死に探っていたオランダ出身のユダヤ人ナタン・グットヴィルトのパスポートに「カウナス駐在オランダ領事は本状により、スリナム、キュラソーほかのオランダ領土への入国に際し入国ビザが不要であることを証明する」という注記を記入した。この注記は、こうした場合にオランダ領事の用いるべき所定の形式の一部だけを踏襲したものだった。というのは、この注記には、キュラソー知事のみが入国を許可し得る―実際にはごく稀にしか生じない事態であるが―という部分が抜けているからである。グットヴィルトの後にも、ユダヤ人難民がこのオランダ領事のもとに押し寄せ、杉原千畝在カウナス副領事のもとに向かっている。杉原はオランダ領事による先のような略式の注記に基づいて、日本の通過ビザを発行することができた。

（32）*Leszek Daszkiewicz, Placówka Wyw. G. Sprawozdania i dokumenty*（諜報部G．報告と資料）（未刊の回想記）, Anglia 1948, pp.22-23.

（33）杉原幸子『六千人命のビザ』、東京、一九九〇年、杉原幸子『決断。命のビザ』、東京、一九九六年、杉原誠四郎『杉原千畝と日本外務省』、東京、一九九九年、渡辺勝正『真相。杉原ビザ』、東京、二〇〇〇年、白石仁章「いわゆる〝命のヴィザ〟発給関係記録について」『外交史料館報』、No.9/1996、六〇～六九頁、谷内豊『奇跡の査証』、東京、一九九七年、『自由への逃走』、中日新聞社会部編、東京、一九九五年、等。

（34）GGS, J.2.3.0.J/X 2-6,（『外国人に対する在外公館発給旅券査証報告一件・欧州の部』）「松岡大臣宛杉原副領事」電報番号二八（一九四一年二月二十八日付）。

(35) 一九九五年に著者が杉原幸子氏に行ったインタビューに基づいて、E.Pałasz-Rutkowska, A.T.Romer, *Historia*..., p.190.

(36) Leszek Daszkiewicz, pp.22-23.

(37) 詳細は、前掲E.Pałasz-Rutkowska, A.T.Romer,「第二次世界大戦と…」、三四～四〇頁。

(38) *Flight and Rescue*,（ed.）United States Holocaust Museum, Washington D.C. 2000, p.81, E. Pałasz-Rutkowska, A.T.Romer, *Historia*..., p.186.

(39) 日本でのロメル大使の活動に関する詳しい未刊の資料はオタワ国立資料館に所蔵されている。Tadeusz Romer, *Japan*, vol.1:1937-1940, *Japan*, vol.2:1940-1941, in: *Diplomatic Activities 1913-1975*, Public Archives of Canada, Ottawa.

(40) 同右、「ロンドンにて、ポーランド共和国外務大臣宛ロメル大使」、番号310/J/41/1.（一九四一年二月六日付）, pp.1-13を参照。

(41) 『自由への逃走』、六三～六四頁。

(42) 同右、六五頁。

(43) 同右、六一～六二頁。

(44) A・T・ロメルの親類のT・ロメルとの戦後のインタビュー、E.Pałasz-Rutkowska, A.T.Romer, *Historia*...., p.195を参照。

(45) Tadeusz Romer, *Japan*, vol.2:1940-1941, 宛名なし、未刊文書（一九四二年十月六日付）。

地価修正運動と地主―帝国議会開設前の大阪の運動を中心に―

北崎豊二

はじめに

地価修正運動は、明治期に長期にわたって展開された運動であるが、その本格的な研究は戦後においてである。しかも研究の中心は帝国議会開設後の運動にあり、議会開設前の運動についての研究は、今日なお少ない(1)。そのため、まだ解明されていない問題があり、誤解も生んでいる。たとえば、明治二十年代初めには、三大事件建白運動と大同団結運動、それに地価修正運動が展開されるが、三者はどのような関係にあったのか。それぞれの運動の推進者というか、担い手はどのような人であったか。『自由党史』は、三大事件建白運動には「老重なる郷紳あれば、剽悍なる壮士あり。農工商の輩に至るまで斉しく之に連署して総代を派出(2)」したと記している。このような記述を踏まえて、後藤靖氏は「三大事件建白と大同団結運動とは、その担い手の面では少しもちがっていない。ただ、若干のちがいはあった。それは、三大事件建白が『一日も之を忽がせにすべからず』として、政府に解決を迫ったのに対して、大同団結運動では、その解決を来るべき国会に期し、そのために、当面反政府派代議士選出のための地盤を固めることに主目標をおいた、いわば、選挙活動であった(3)」という。そして後藤氏は「大阪府下の各郡にみられるように、二十年から二十二年にかけて三大事件建白の一環として地租軽減請願を府知事に対してつきつけている(4)」ともいう。氏は、地価引下げ請願を「地租軽減請願」としているが、これを三大事件建白の一環とみている。たしかに、高知県人民が提出した三大事件建白書には、「地価を更定するが如きの事は、其時勢の変遷に因て高低する実価を算計して、地券面と相違を為すの不便少なからしめん為めなり(5)」と述べ、地価の修正も要求している。また、建白書に署名した者が請願書に署名するということもあったであろう。けれども、明治十五年（一八八二）十二月に請願規則が制定されて以来、請願は同規則にもとづいて普通行なわれるのであり、建白運動とは別のものとみなければならないのではなかろうか。

次に、今西一氏は「帝国議会開設前夜の地価修正運動」において、「地租改正反対運動の段階での指導者は『村の代表』という性格が強く、それが地価修正運動の段階になって村落の範囲を超えた広域的な『結社の代表』という性格を獲得していった(6)」という。これも国あるいは郡ごとに請願という形態でなされた当然の帰結であって、請願規則に「数人連名スル者ハ請願人中ニ於テ三名以下ノ総代人ヲ撰ミ之ニ委託スヘシ」（同第六条）と規定されているのである。

また、丹羽邦男氏は「二十年代の地価修正になると、運動の形態としては完全な請負主義で(7)」あり、「印刷文を作っておいて、それに署名を求めるだけ(8)」であるというが、これも請願運動の限界を示すものであり、地価修正運動の中身について掘下げて検討する必要があろう。ところが、丹羽氏は「地価修正関係の資料の残り方というのは、下にいけばいくほどなくなっており、上のほうしかわからない(9)」と述べ、地価修正運動を地方史の研究対象になし得ないかのような発言をしている。果たしてそうだろうか。帝国議会開設前の地価修正運動を、大阪における運動を中心に考察することにより、その疑問にこたえることとしたい。

一 地価修正運動発生の原因

(1) 地租改正と地価

地租改正で、もっとも重要な作業は地押丈量と地価算定である。なかでも地価の算定は、地価修正運動と深くかかわっているので、まず地価の算定方法について述べることとする。

地租改正は六年七月二十八日に太政官布告をもって公布された地租改正法により実施されることになったが、具体的な方法については、地租改正施行規則や地方官心得書などにもとづき作業が進められた[10]。地価の算定にあたっては、村々の耕宅地の等級を決定し、収穫の調査を行ない、米価・利子を斟酌し、地価を割り出すことにしており、村々でそうした作業がなされた。しかし、政府においては、改租にあたり、地価を標準とした新地租額が改正前の租額を大幅に下回らないようにするという目標を立てていた[11]。

それだけに、村々では反別調査につづいて地価算定に必要な収穫高などを調査し、府県に上申しても、それがそのまま採用され、地価が決められるわけではなかった。府県の改租掛官は、各村からの上申を参考にはしたが、最終的には自己の見積りにより地価を査定し、地租仮免状を村民に示して承諾させた。これに不服の農民は収穫引直し願書を提出するなど、種々抵抗したが、改租当局はあらかじめたてた目標を達成するため、手直しすることはなかった。改租掛官は、七年五月に追加された地租改正条例第八章をよりどころとして、もし過当な地価であっても、五年を過ぎれば改められるであろうと、苦情を唱える農民にいい、承諾させたのであった[12]。

だが、政府は明治十三年（一八八〇）五月、太政官布告第二五号をもって、地租改正時に定めた地価を明治十八年まで据え置くこととし、特に府知事・県令が不適当と判断したものだけ実地調査のうえ、一町村または一郡区に限って地価の特別修正を許可することにした。『明治財政史』によれば、第二五号布告により特別修正されたのは、神奈川県など一八県の一部の地域に限られた。大阪府や堺県は、この時、特別修正がなされなかった。[13]

そして十七年三月、地租条例を制定し、地租改正条例などを廃止した。これによって政府は、公約としていた地価の修正も、税率を低減して地租負担を軽減することも、取りやめたのである。改租時に過当な地価を押しつけられ、不満をいだいていた地主らは、それが解消されぬことにいらだち、やがて地価修正（引下げ）運動を起こしたのである。

(2)　資本主義の発展と地価

維新後、資本主義化が進むなかで、交通・運輸・通信機関が急速に発展を遂げ、各土地の収益も変動し、改租当時にみられた地域差も縮小した。にもかかわらず、課税の標準にした地価は固定したので、その矛盾が年々拡大していった。したがって、改租により高地価となった地域の地主らは、不均衡を是正し、公平均一になるよう地価の修正を求めたのである。

ほかに、安良城盛昭氏のいう日本農業の「編成替」の問題がある。[14] わたくしも早くからこの点を指摘し、強調しているが、[15] 近世後期農業における商品生産の発展をになっていた綿・藍・菜種などが、開港後、先進諸国の商品に圧倒され、衰退した。とは言え、改租時はまだ、これらの作物の栽培が米作よりも有利で、地価が相対的に高く決められたところがあった。けれども、その有利性が失われ、他の作物に転換しても、地価は従前のままであった。このようなところの地主は、収益の減少に応じた地価とするよう、地価引下げを訴えたのである。

(3) 改租の時期と地価

地租改正事業の着手は、各地方の事情によって異なるが、完了の時期もまちまちであった。山口県のように明治七年（一八七四）に完了したところもあれば、鹿児島県のように、耕地でさえ十三年になってようやく完了したところもある。だが、政府の地価調査の方針は一貫しておらず、時期により変動があった。そのため、改租にかかわった有尾敬重がいうように、「大体から云えば、最初にやった所は幾分手心があって安くなって居り、中頃やったのは、種々な調べも緻密になり又見据も付いて、相当に出来たが後の県は、世間の人心も幾らか改正のことを嫌ふやうになりまして、従って少しは後下りに安くなった様である、即ち初め安くて中は高く、其後は安いと云ふ工合で(16)」あった。この点は政府も認め、二十二年の地価修正実施の理由の一つとしているのである(17)。

しかし、堺県の高安郡のように、改租が初期に実施されたにもかかわらず（明治七年一月着手、八月完了）、高地価となったところもあった。高安郡は山ぞいの郡で、最上の土地ではないが(18)、有尾は同郡の改租について「是は全国中でも最上の土地であって殊に一郡と云ふ狭い土地のことでありますから比較的容易に出来上がりまして、是れが一反歩百二円位の地価になり(19)」、「是れが大に一般の標準となって其後の改正の行り方に就いてあまり心配がなくなった(20)」と述べている。高安郡周辺の郡や国は、同郡の地価を標準として地価が決められたから、高地価となった。大阪府に属する摂河泉三国の地主らが、地価修正の請願で、強く訴えている問題の一つはこの点である。また、河内国の中で、高安郡だけが先駆けて地租改正が実施されたため、同国の初期の地価引下げ（修正）請願では、高安郡を除いた一五郡で行なっており、地価修正運動にもそれが影響しているといえよう。

地価修正運動の多くは、以上のようなことが原因で起こっているが、地域によって特別な事情が存在する場合がある。静岡県の遠江国では、改租時の「交換米」の問題で、明治十一年ごろから地価修正問題が農民の間で論議され、十八年ごろから地価修正（石代相場改訂）運動が大豪農を先頭にしてもりあがる（なお、これが全国でもっとも早い地価修正運動と思われる）[21]。大阪府に属する摂津国の諸郡でも、後述するように、改租時の「仮称地」（融通地）が十九年の地押調査によって本来の地目に改められたことを地価引下げを求める理由の一つにあげている。それゆえ、個々の嘆願書（請願書）の内容を検討する必要があり、帝国議会開設前に大阪で繰り広げられた地価修正運動について考察する中で、嘆願書についても触れることとする。

二　明治二十年の地価修正と地価修正運動

前述のように、遠江国では早くから地価修正運動を行なった結果、二十年の地価特別修正により、地価が減額された[22]。もっとも、二十年の地価修正の実施は、遠江国だけではなかった。十三年の第二五号布告によって地価修正すべきところで、当時、修正がなされなかったものに対し、地価修正が実施されたのである。二十年三月、大蔵省は閣議に地価修正実施案を提出した[23]。実施案が閣議決定されると、大蔵省は直ちに地価修正に取りかかり、同年九月に完了した。この二十年の地価修正で、地租金三二万二七六二円四六銭減額された[24]。地価修正の実施は一七府県におよんだが、宮城県のように一ヶ村だけのところもあった。

明治二十年の地価修正をめぐって請願運動を繰り広げた大阪府では、府に属する摂津国の四四四ヶ村と河内・和泉両国に地価修正が実施されたが、二十年十一月四日まで大阪府に属していた大和国は除外された。また、河内国の高安郡はいちはやく二十年六月に田畑宅地の地価修正が実施された。残りの河内国一五郡と和泉国は、同年七月に田方のみ地価修正が実施された。府に属する摂津国七郡は、同年七月と九月に分けて田方のみ地価修正が実施された。このように、府内でも地域によって修正実施時期が異なり、しかも高安郡以外は田方のみ五分地価が引下げられただけであった(25)。そのようなことから、実施時期が高安郡の地価修正より後になった地域では、高安郡で地価修正が実施されたことを知ると、有志の者が集まり、地価修正を求める運動を起こした。大阪府における二十年の動きを国別に示せば、次の通りである。

和泉国では、二十年六月になると、地租問題で連日のように泉州有志懇親会を開催した。六月中旬には、南・日根両郡の地主らが協議して、地価引下げ請願を行なうことを決め、大鳥・泉両郡の地主にも働きかけ、和泉国四郡の地価引下げ請願にしようとした。この動きに対し郡長は、戸長らに訓示して請願を思いとどまらせようとしたが、成功しなかった。戸長の中にも請願運動に同調するものがあり、六月二十五日には堺区の地主にも呼びかけ、和泉国各郡区が一致して行動することにした。さらに、河内国の地主と協議し、できるだけ河泉両国が連合して請願するということも決めた(26)。

『近代史研究』第七号に掲載されている和泉国一区四郡の「地価引下ノ請願」は、山口之夫氏がいうように年月の記載がないだけでなく、署名した町村数も、農民の人数も、総代の氏名も記されていないので、実際に大蔵大臣へ提出されたものの控であるかどうか疑問である。けれども、内容からみて二十年の請願運動の中で作成されたものとみて間違いない。この請願書によれば、和泉国の地価調査は、地方官心得の第四三章に準拠し、農民らが地価を算定して差し出した。すると掛官は、すべて却下し、「全ク謂レ無キ不実ノ収穫高ヲ各田畑宅地ニ割付之ヲ基本トシテ其地価ヲ算定(27)」した。それは「単ニ当国ノ旧租額ト高安郡ノ改正地価トヲ目安トシ謂レ無ク収穫高ヲ当国総体ニ割付ケテ以テ矢庭ニ其地価ヲ算定(28)」したものであった。この地価に農民らは当惑し、承服出来ないと不服を申し立てた。だが、掛官は農民らを説諭し、最後に「敢テ官命ニ不服ヲ申立ルハ是レ取リモ直サス朝敵タルモノナリ(29)」といって承服させた。それゆえ、「速ヤカニ当国従来ノ地価ヲ取消シ更ニ実地ニ就テ審案査察相成、比例ヲ他府県ノ地価ニマテ之ヲ引下ケラレ候様」[30]求めたのである。

河内国は、明治二十年七月に東尾平太郎ら二六人を請願発起者とする檄文「告河内国地主諸君」[31]と「大日本七十三洲平均地価比較表」[32]が各所に配布された。檄文は「覚マセ覚マセ眠ヲ覚セ起コセ起コセ気力ヲ起セ」[33]にはじまり、終わりにも「覚セ覚セ眠ヲ覚セ起セ起セ気力ヲ起セ今ヤ活溌進取為ス可キノ時ナリ輓近聞ク所ニ依レハ遠州紀州及ヒ我河内高安郡ノ如キ既ニ地価更正ノ挙アリタリト亦タ泉州ノ人民ハ先般来専ラ地価更正請願ニ熱心計画セリト爰ヲ以テ今般河内国地主一致結合シ地価更正ノ儀ヲ其筋ニ請願セントス冀クハ地主諸君ヨ同心戮力共ニ粉骨セヨ焉」[34]と記し、地主に訴えた。

請願発起者二六人のうち、東尾平太郎ら六人は当時大阪府会議員であり、一人は元府会議員、二人は後に府会議員となっている。また、六人の府会議員のうち、東尾平太郎と岩崎安次郎の二人は後に衆議院議員となっており、発起者はいずれも地域の有力者であり、名望家であった[35]。河内国では府会議員を中心に、こうした人びとが地価修正運動に立ちあがったのである。

摂津国は、まず西成郡で六、七月ごろから戸長三四人と町村会議員らが地価問題で協議し、郡長に陳情を繰り返すと共に、総代を選んだ。総代となったのは、同郡選出の大西直孝・平松徳兵衛ら府会議員や戸長（後に府会議員・衆議院議員となる中谷徳恭ら）であった。彼らは二十年九月十四日、西成郡一三四ヶ村の総代として府知事に地価修正について陳情した[36]。

東成郡も、府会議員佐々木政行（後に衆議院議員となる）と橋本善右衛門ら戸長六人（うち二人は後に衆議院議員となる）が出願人となり、九月十一日に西成郡の総代と請願について協議した。けれども、意見が一致せず、両郡が連合して請願することが困難となった。そこで東成郡は、改めて総代を選出し、同郡だけで請願運動を進めることにした（九月十四日に、西成郡の総代が府知事へ単独で陳情したのもそのためである）[37]。

北摂では豊島郡が二十年九月ごろ、府知事に陳情する計画をたてていたといわれているが、詳しいことは分からない[38]。

他方、当時大阪府に属しながら、二十年に地価修正が実施されなかった大和国では、同年九月ごろ、三人の府会議員と戸長ら数人を同国の総代に選び、地価修正を求める運動をはじめた[39]。そして十月、「減租哀願ニ関スル理由書」[40]を作成し、大蔵大臣に地価引下げの請願をした。

同理由書の内容を簡単に紹介すれば、おおよそ次のように述べている。大和国の田畑の地価は、河泉両国にくらべて一反歩当たり二〇円内外の差があるが、大和国は交通の便も地味も悪く、その差は不当なものではない。現時の売買地価も、大和国は河泉両国の三分の二前後である。改租時、大和国は旧堺県の所轄で、調査方法など河泉両国と同じであって調査に偏重偏軽がない。にもかかわらず、大阪府に属する摂河泉三国のほか、和歌山、三重両県など、大和国の周辺の地域に地価修正が実施され、大和国に実施されないのは不公平である。大和国にも地価修正を実施し、減租してもらいたいというのである。それは正に地価修正による減租を哀願するものであった。

三　明治二十一、二年の地価修正運動

（1）河内国の場合

明治二十年の地価修正について松方正義大蔵大臣は、「特別地価修正処分結了ニ付申報」において「今回特別処分

ニ依リ漸ク適当ノ額ニ帰著シ以テ各地ノ権衡其宜キヲ得テ一般ニ負担ノ中正ニ帰スルヲ見ルニ至レリ於茲カ始メテ積年ノ煩累ヲ消滅シ之カ特恩ノ厚キヲ感戴セリ」(41)と述べている。彼は担当責任者としてこのように自画自賛しているが、大阪府の摂河泉三国についてみても、田方のみ五分地価が引下げられただけで、畑方などは従前通りであったから、相変わらず地価は全国でもっとも高かった。そのようなことから、明治二十一年（一八八八）になると、地価修正運動は再び盛りあがりをみせた。

河内国の場合、二十一年七月二十六日に東尾平太郎と溝端佐太郎の両府会議員が河内国人民総代として、大阪に滞在中の松方大蔵大臣に面会し、河内国の地価引下げについて請願した(42)。次いで九月二十三日、富田林郡役所部内の志紀郡など七郡の有志者が地価引下げ請願のため富田林に集まった。この集会に出席したのは、東尾・溝端の他、府会議員や地主ら約三〇人で、十月十五日までに毎郡地主の協議をまとめること、十月三十日までに請願書に調印を終えること、河内全国地価引下げ請願とし全国中より三人の上京委員を選ぶことなどを決めた(43)。

つづいて九月二十五日、八尾郡役所部内の有志者植田重太郎や岩崎安次郎らだけでなく、茨田郡（枚方郡役所部内）の貫名駿一や東尾平太郎、溝端佐太郎ら五〇人を超える人びとが八尾の山徳楼に集まり、地価引下げ請願について協議した。その結果、河内一国が連帯して請願すること、請願委員三人を選出することなどを決め、請願書に賛成者の調印をとることにした(44)。しかし、河内国で運動の中心となって活動した東尾と溝端は、同国選出の他の府会議員とはかり、「細民又は請願の規則を熟知せざる程の者は其調印を謝絶(45)」し、「其町村にて所得税を納むる者か或は名望家にして普通の法律を弁へ居る者に限りて賛成を請ひ無智の人民は一切調印を謝絶(46)」することにした。それは、両人が過日府知事に面会し、地価引下げ請願について陳情したところ、知事は「ヲマエ方両人ガ請願スルナレハ執成スモ多勢カ調印抔ニテ騒立ツルハ宜シカラス(47)」といって、彼らに秩序ある行動をとるよう求めたことによると思われる。したがって、河内国では、一町村に二人あるいは三、四人の名望家の署名を集め、それぞれ戸長の奥印を受けるなど、請願規則の通りに準備を進めた。現在判明しているものだけでも二十一年の請願書控が二種類ある。一つは知事宛の「地価引下ノ請願」で、二十一年五月と記されている。もう一つは大蔵大臣宛のものである。すでに別稿において紹介しているので(48)、詳しくはそれをみていただきたいが、いずれも改租の際の地価決定の模様とその後の経過について述べ、河内国の地価が他の地方にくらべて不当に高く、地租負担が過重であるから、地価を引下げてもらいたいとするものであった。ただ、知事宛の請願書は大蔵大臣宛のものよりも長文で、すべてにわたって詳細に記述されている。また、その中に「私共ニ於テハ敢テ夫ノ近頃往々風聞仕リ候租税軽減ノ願望者抔ト同一ノ者ニ無之私共常ニ以為ラク国家必要ノ用途ノ為メニ全国人民ト共ニ均シク其負担ヲ受ケ候ハ固ヨリ国民タルモノ当然ノ義務ニ有之(49)」とある。この「租税軽減ノ願望者」というのは、地租軽減、言論集会の自由、外交策の輓回の三大事件建白のため活動していた壮士らを指すのではなかろうか。請願者は、地価修正の請願運動は、三大事件建白運動とは別個のものであることを強調し、知事らの賛同を得て地価の修正を実現しようとしたのであった。

ともあれ、河内一六郡の主だった地主が地価引下げ請願書に調印を終えたのは二十一年十一月ごろであった。十二月五日、有志者が一堂に会して地主総会を開き、東尾と溝端を上京請願委員に選んだ(50)。そして二十二年二月十四日、丹南・八上両郡の戸長や有志者が二人のために送別会を開き、餞別を贈って激励した。だが、両人の上京は大幅に遅れ、四月一日に出発した。政府要人に陳情し、両人が帰阪したのは五月十二日であった(51)。

(2) 摂津国の場合

摂津国では、この時期になっても七郡がまとまって地価修正請願をすることができなかった。市に接続して存在する西成郡と東成・住吉両郡でも別々に行動している。二十一年夏ごろから、これらの郡も地価引下げ請願をすることにしたが、畑方地租の納期改正についても請願することにした。だが、西成郡の有志者は納期が八月と十月になっているのを十二月の一期に改正したいといい、東成・住吉両郡の有志者は田方と同じように十二月、一月、二月、三月の四期に分けて納税するよう改正したいと主張し、意見が分かれた(52)。そのため、西成郡選出の府会議員らは二十一年八月八日に畑方地租の納期改正を請願したが、同月二十九日に却下され、再提出したがこれも九月五日に再却下された(53)。東成・住吉両郡は、戸長や用掛らが主唱者で、有志者が地価引下げと畑方地租の納期改正を求める請願書の作成につとめた。十月六日、住吉郡選出の佐々木政行府会議員が尽力したからであろうか、北区網島町の鮒卯楼で東成・西成・住吉三郡有志懇親会が開かれた。懇親会では、地価引下げ請願のため、摂津の各郡からも委員を上京させる必要があるとの意見も出たが、具体的なことについては何も協議しなかった。次回は、今回出席しなかった他の四郡の有志者にも働きかけ、摂津七郡の懇親会とすることを決めて散会した(54)。

六日の懇親会のあと、次の会の発起人として島上郡の植場平と西成郡の日下好の二人が選ばれた(55)。植場は、早速、十月十二日に茨木で島上・島下両郡の有志者の会を開くこととし、人びとに呼びかけた。十二日に集まった人びとは、種々協議したが、七郡の懇親会を開くまえに、まず二郡の有志者が団結し、そのうえで七郡に及ぼすべきであるとの結論に達した。そして同月十六日に茨木で懇親会を開くことにした。この発起人には、島上郡から高井幸三・植場平・杉本敏行が、島下郡から奇二次郎兵衛（府会議員）が選ばれた(56)。

二郡の有志者の会合は、十六日の懇親会後も数回開かれ、「地価軽減請願は事太だ重大(57)」ということで、二郡官民合同の懇親会を十一月十一日に開くことを決め、両郡の戸長三二人が幹事となって準備が進められた。ところが、島上・島下郡役所の者は官民懇親のための会であり、地価軽減などのこととは関係のない会であるといい、会合の当日も、地価問題を話題とすることが阻まれた。(58)前述のように、建野大阪府知事は東尾・溝端両府会議員に対し、大勢の者が地価引下げ請願にかかわって行動することに注意したが、西成郡選出の大西直孝、住吉郡選出の佐々木政行両府会議員に対しても、「余り奔走すること勿れ貴公等が右等の事に奔走するは宜しからず成る可く関係せざるこそ宜けれ(59)」と勧告したというから、この場合も知事の意向が働いたものと思われる。そのようなことから高井幸三や植場平ら二郡の有志者は、別に会場を設けて地価軽減の請願について話し合い、やがて両島倶楽部を設立した。(60)なお、猪飼隆明氏は「この倶楽部結成が、地価引下運動を中心とした地域住民の要求を基礎に行なわれた(61)」のであり、現存する「両嶋倶楽部規約草案」の第五条および第六条からみて「大同団結運動への合流を展望として示している(62)」という。けれども、澱水釣史の「両島倶楽部に就て」によれば、「両嶋倶楽部は政党以外に特立して専ら一地方の団結を計り殖産興業の盛大を期するもの(63)」であって、「全倶楽部政事上に関する事項には如何なることたりとも一切頓着せざる(64)」ことにしていた。両島倶楽部は一部の有志者が期待したようにはならなかった。(65)ともあれ、有志者がたびたび摂津七郡懇親会を開催しようとしたが実現しなかった。摂津七郡の中に、他郡と少し事情の異なる北摂の能勢・豊島二郡が含まれていたことも、七郡が一致団結してことを進めることを困難にしていたのである。

能勢・豊島の二郡は、当時、「農業の外に松茸又は池田炭等の産物ありて一家の経済を助け居れば農に従事せずとも随分生活方の立つに付き人心自ら穏(66)」やかで、請願運動などに加わる者も少なかった。それでも、二十一年十月ごろから、豊島郡の森秀次や能勢郡の寺倉隼之助らが地価引下げ請願のため奔走した。十月二十八日には、能勢・豊島二郡の有志者一〇〇余人が豊島郡箕輪村で相談会を開き、地価引下げ請願について種々協議し、十一月十三日に請願委員の選挙を行なった。その結果、能勢郡から府会議員寺倉隼之助、豊島郡から府会議員垂水熊次郎と森秀次（後に府会議員・衆議院議員となる）が選ばれた。(67)これから能勢・豊島二郡も、地価引下げ請願に取りくむが、後にみるように、両郡は、同じ郡役所部内にありながら、それぞれ単独で請願を行なった。

地価修正問題で摂津七郡が連帯して行動しようと一部の有志者は尽力したが、各郡にさまざまな事情があり、容易に実現しなかった。七郡の中でも大きな郡である西成郡の場合、大阪湾ぞいには多くの新田があり、その大半が畑地であったが、一部は市区接続町村で、このころすでに市街化が進み売買地価が高騰していた。そのようなことから同郡では、新田所有者と他の田畑所有者、それに市区接続町村の宅地所有者との間で、地価修正問題で意思を統一することが非常にむずかしかった。

この状況をみて東成・住吉二郡は、西成郡と連携して行動することを断念し、二郡だけで請願することにしたのである。二郡は、二十一年八月、松方大蔵大臣在阪の節に代表が直接陳情したが、何の沙汰もないので、二十一年末に天王寺村ほか九六ヶ町村の戸長が連署した「地価引下ケ歎願書」を作成し、二十二年一月上旬に各大臣へ一通ずつ郵送した。また、印刷して関係者に配布したようで、東大の明治新聞雑誌文庫がそのパンフレットを所蔵している。服部敬氏が『近代史研究』第一号に紹介している「地価引下ケ歎願」がそれである(68)。二郡の有志者は以後も会合を繰返し、上京委員を選出するなどした。そして四月六日、委員らが新任の西村大阪府知事に面会して陳情したところ、知事の説諭もあり、六月一日に上京する知事に嘆願書の進達を依頼することにした(69)。

一方、前述のように郡内の地主の中に三派あり、東成・住吉二郡と連携して請願運動を進めることの出来なかった西成郡も、東成・住吉二郡の動きをみて四月十九日、中野治兵衛ら有志者が西村大阪府知事に面会を求め、地価引下げの請願書を提出し、六月一日に上京する知事にこの件を託した。けれども、新聞の報じるところによれば、「請願書の起草に着手せしも肝腎の大主眼とすべき価直ある材料に乏しく(70)」「同郡の有志者中一時請願を見合せて米価の騰貴を待つ方却て得策なるべしと言者あり旁以て昨今の所では請願一件も先づジックリの方なりと米価の昇降に伴て請願の熱度にも自ら昇降のあるは免れ難き情勢」[71]であったという。西成郡はようやく請願にこぎ着けたというのが実態であった。

能勢・豊島二郡も、二十二年一月には両郡の総代人が協議して請願書を起草することにしていた。ところが、二月上旬に能勢郡は単独で願書（「地価引下之義ニ付哀願」[72]）を起草し、請願した。理由は『東雲新聞』によれば、豊島郡の総代の一人に被差別部落出身の森秀次がいることと、能勢郡は「貧郡」であるからできるだけ出費を抑えることにあったという[73]。

そのことが知れると豊島郡の人びとは立腹し、他の問題でも今までの協力関係を破棄するといきまき、両郡の関係が悪化した。豊島・能勢郡長と池田警察署長は心配して仲裁にのり出し、両郡を和睦させた。しかし、地価引下げ請願については、豊島郡も三月に請願書を独自に作成した。四月、新任の西村知事に二郡の総代が面会し、地価引下げを陳情した。結局、六月一日に上京する西村知事に、能勢・豊島二郡も請願書を託し、政府への具申をゆだねることになった[74]。

島上・島下二郡も、この時請願書を作成し、六月一日に上京する知事に託したから、知事は摂津七郡の地価引下げ請願を当然のこととして了承し、政府に取り次いだものと思われる。なお、二十二年の島上・島下二郡の請願書の写しである「島上下両郡地価引下ケ哀願ノ写」[75]が残されており、服部敬氏がすでに『近代史研究』第一八号に紹介している。その「哀願ノ写」によれば、二郡の地価が不当に高くなっている理由として、①「旧租ノ煩苛ナリシ事」、②「地租改正以前ニ偶々豊年ノ多カリシ事」、③「地価調査ニ用ヒタル米価ノ過当ナリシ事」、④「仮称地ノ事」、⑤「運輸便否ノ事」、⑥「地価再修正ノ事」をあげている。このうち、①は河内や和泉の請願書でも主張されており、②から⑤は東成・住吉二郡の「地価引下ケ歎願」でも主張され、⑥の地価再修正、つまり五年後修正の約束が実行されず、高地価を修正する機会がなかったことについては、他の請願書の方が詳細に、「より積極的に主張されている」と服部氏が指摘しているが、その通りである。(76)ただ、ここでもっとも注目すべきは、④の「仮称地」(融通地)である。能勢郡の「地価引下之義ニ付哀願」は、このことについて触れていないが、『朝日新聞』は地押調査を地租改正と取り違えて能勢・豊島二郡においては、「地租改正以前は二郡とも融通地と称せし無税のものを有し水旱の災害に罹りて田畑不作なる時は此地に由りて不作を補給し来たりしかども其融通地は地租改正の際皆有税地となりし(77)」と記しており、地押調査の前には「仮称地」があった。西成郡については、今のところ分からないが、「仮称地」(融通地)のことは、摂津の諸郡に共通するものではなかろうか。

では、「仮称地」とは、どのようなものであったか。「哀願ノ写」は、「仮称地」について「当初地租改正ノ時ニ於テハ当該ノ吏員モ又流石ニ幾分カ私等人民ノ実情ヲ諒察セシモノヽ如ク、一般ノ地価ニ於テハ前陳ノ如ク遂ニ私等ノ言ヲ容レスシテ其一旦命シタル如ク定メタレドモ、中ニ就テ往々田地ニシテ仮ニ畑地ノ称ヲ付シ、若クハ熟田畑ニシテ仮ニ荒地、井路敷、池敷等ノ目ヲ附シタルモノ両郡内ニ於テ数百町歩ノ多キニ上リ、因テ以テ両郡ノ租税負担ノ苛重ヲ減シタルコト少ナカラス、是レ即チ所謂仮称地ニシテ、郡民ハ此等ノ地ニ附スルニ融通地ノ名ヲ以テシ、其融通ノ利益ニ頼リテ以テ纔カニ他ノ不当過実ナル地価ノ害悪ヲ調和シタリ、即チ之ヲ換言スレハ当時私等人民ハ此融通地ノ利益有ルニ因リ乃チ忍ンテ彼ノ不当過実ナル一般ノ地価ヲ承認シタルナリ、然ルニ曩ニ明治十九年地押調査ノ事有ルヤ此等ノ仮称地ハ一挙ニシテ悉ク其本然ノ地目ニ改メラレ、之ガ為ニ両郡ノ地価ノ増スコト拾三万円許ニシテ従来郡民カ頼リテ以テ倒産流離ヲ免レタル所以ノモノ総テ奪却セラルヽノ不幸ニ遇ヘリ、是ニ於テ乎彼ノ不当過高ナル地価ヨリ生スル租税ノ負担ハ忽然トシテ大ニ其重キヲ増加シ、郡民皆殆ト之ニ堪ヘ之ヲ忍フコト能ハサルニ至レリ(78)」と記している。つまり、改租時、天下り地価に対する農民の不満を和らげるため、改租当局者は熟田畑の一部を仮に荒地・井路・池敷などとして地価を下げ、地租を若干軽減した。このような土地を「仮称地」（融通地）と称したが、十九年の地押調査によって本来の地目に改められ、増租となったというのである。

東成・住吉二郡の二十一年十二月の『地価引下ケ歎願書』にも、改租時、「旧租額ニテモ既ニ過多ナルニ更ニ又旧租額ニ増スノ新租ヲ課セラル、ニ至リシヲ以テ当時人心恟々頻ニ地価引下ノ事ヲ府庁ニ哀訴歎願セシニ依リ当局者ニ於テモ当初定メラレシ租額ノ不当ヲ確認スト雖モ半途ニシテ之ヲ修正スル時ハ其影響ノ他郡ニ波及セン事ヲ恐レ[79]」て「仮称地」が設けられた。ところが、十九年の地押調査により、「仮称地」は本来の地目に改められ、増租となった。「茲ニ於テ従来享受セシ間接ノ減租則チ改正ノ際人心ノ刺激ヲ避ケ整頓ヲ遂ケラレシ所ノモノハ今日ヨリ之ヲ回顧スレハ或ハ一時籠絡ノ手段ニシテ人民ヲ欺キタル[80]」ものであり、「地租改正ノトキ当局者ガ一時施サレタル籠絡手段ハ権謀ノ網[81]」であったという。

『明治財政史』によれば、政府が地押調査を実施したのは、実地と帳簿上の記載とを一致させ、所有権を強固にし、賦租の基本を正確にするためであった。同調査は、十八年の大蔵省訓令第一〇号によって実施されたが、「此ノ訓令タルヤ土地整理ノ目的ニ出テ固ヨリ増租ノ主旨[82]」ではなかったという。しかし、摂津国の諸郡は増租となった。そのような中で、二十年の地価修正があり、田方のみ地価が若干引下げられ、減租となったが、それは見せ掛けだけのものであった。多くの地主は、怒りを胸に秘めながら、地価引下げ請願をしたのであった。

(3) 和泉国の場合

早くから地価引下げ請願に取り組んだ和泉国の有志者は、明治二十一年（一八八八）一月、「地価引下請願書[83]」に七一二四人の署名を集め、それを上京する大阪府知事建野郷三に託して大蔵大臣へ提出した。この請願書は三節からなっている。第一節の「当国地租改正上ニ関スル順序ノ概要」では、改租時における堺県の高地価の押し付けについて述べている。堺県では管内の土地丈量調査が完了したところで「標目書」が村々に配布された。それに記されている地価が非常に高価であったので、農民らは承諾しかねていた。すると、県官からしきりに督責をうけたので、旧租にくらべ少しでも減額となったところは請書を提出した。その他は、なお承服せず、妥当な地価にするよう懇願した。しかし、県官は請書を提出しなければ、新反別（改正丈量の反別）に対して五公五民の検見法により処置するなどと、「数拾回ノ説諭(84)」を農民にした。そのため、農民らは仕方なく請書を提出した。「元来私共改正条例御発布ノ当初ニ於テ上諭ノ趣キヲ拝読仕必スヤ従来ノ苛法重税ハ雲散霧消ニ帰スベキヲ確信シ聖恩ノ隆渥ナルニ感泣罷在候処豈計ランヤ改正御実施之成跡上ニ顕ハレタルモノハ私共ヲシテ或ハ聖恩ノ外ニ洩レ出タルニヤアラントノ念慮ヲシテ放棄スル能ハズシテ只天道ノ是非ヲ哀泣セシムルモノアルガ如キハ実ニ落胆ノ至リニ堪ヘサル次第(85)」である。和泉国の地価は、改租時から「決シテ妥当ノ比準(86)」ではなかったというのである。

第二節の「他地方ニ対シ其比準ヲ得ス当国地価ノ高位ニ昇リタル起因並ニ当国ノ地形上及ヒ他地方ノ運輸開通上ヨリ顕ハレシ成跡影響ノ概要」は、和泉国の地価が全国で「最上等ノ位置」にあることを問題にし、批判している。和泉国は、地形や地味、それに水利も良くなく、収穫も僅少である。それでも「明治初年ノ頃迄ハ位置上当国ノ如キハ邦国商業ノ中心タル大阪ノ地ニ接続スルノ故ニヨリ他ニ対シ其運輸上頼テ以テ稍ヤ利益セシ処(87)」もあったが、交通の発達により、その有利性も失われたというのである。

第三節の「請願遷延ノ顚末」では、高地価で苦しんでいるにもかかわらず、地価引下げの請願が遅れた理由について述べている。それは、河内国や摂津国の請願書と内容がほとんど同じであるから省略する。二十年の地価修正実施後に、改めて請願することについては「昨廿年ニ至リ田方ニ於テ百分ノ五厘減地価ノ特典ヲ蒙リ最モ感佩ニ堪ヘサル所ニ候得共何分ニモ従来ニ於ケル人民ノ瘍痍甚タシク此儘ニテハ到底其不幸悲惨ノ境遇ヲ脱却シ能ハス且ツ各地方ニ対シ其比準未タ甚タ相隔タリ候テ公平均一ヲ得サルコトニ候得ハ尚ホ請願(88)」するというのである。

この請願書には、総代として児山陶、佐々木政乂、山田新五郎ら三人の名が記されているが、いずれも地主であり、府会議員に選ばれるような地域の名望家である（ただし、児山陶は元副区長であるが、府会議員選挙で二度当選し、二度辞退。また、佐々木政乂は当時第五一国立銀行の取締役をしているが、約三町歩の土地を所有)。

和泉国では、明治二十一年一月に地価引下げ請願書を提出してから同年七月まで、めだった動きはみられない。同年七月下旬、松方大蔵大臣が来阪した際、摂河泉三国の代表がそれぞれ大臣に地価修正の陳情をしたが、児山陶と山田新五郎が和泉国の代表として面談した。両人は、七月二十三日、大阪造幣局の泉布館において大臣に会い、和泉国が高地価になった原因や、高地価となったことにより地主が困っていることなどについて述べ、地価修正が必要であると陳述した(89)。

そして、同年十二月、児山陶と山田新五郎の両人は、改めて「地価修正歎願ニ付実地取調上申書」を松方大蔵大臣に提出した。この上申書は、七月に陳述した際、上申漏れがあったとして提出されたものである(90)。五章で構成されているが、第一章では、江戸時代、同国には幕府直轄領や小藩の所領などが多く、租税の錯雑偏重がみられた。中でも岸和田藩は元和五年（一六一九）に一万石の無地高を増課せられたという。第二章では、和泉国が多くの領主の飛地で、「治外ノ民」のようにみられ、苛酷な扱いを受け、旧租は「偏重多額」であった。改租時、これを標準にして地価が算出されたので、高地価になったとする。第三章では、他府県よりも早く改租事業を終えたので、立地条件の悪い和泉国の地価が全国で二番目に高い地価となったとし、「隣国田方比較表」を掲げている。第四章では、和泉国の地価と中国・九州地方の地価を比較し、同国の地価が二倍近くであることを明らかにしている。第五章では、二十一年一月の「地価引下ニ付請願書」でも取りあげている運輸の便否について触れ、改租時は中国・九州地方よりまさっていたが、交通機関の発達により、差は縮まっている。その例として「馬関ヨリ大阪ニ輸入スルニ改租ノ時ニ於テハ米一石ニ付金三十銭以上ノ運費ヲ要スルモ当時ニ於テハ其半額ニ過キス(91)」と記している。

以上のように和泉国の農民らが自ら調査し、作成した上申書は、同国が高地価となったことについて述べ、他国と比較して妥当な額まで地価を引下げることを大蔵大臣に求めたものであった。

だが、有志者のこうした努力にもかかわらず、二十一年には何の成果も得られなかった。そのため、前述のように、摂河両国の有志者は二十一年一月から請願運動に取りくんだが、和泉国では四月になって請願委員を上京させようとした。これは、四月一日に河内国の有志総代が地価引下げ請願のため上京したのに呼応しようとしたものであった。けれども、西村大阪府知事の説得により、上京を見合わせ、摂河両国と同じように、六月一日に上京した知事に地価引下げ請願の書類などを託した。このとき、大蔵大臣に提出するために作成されたのが、「地価引下ノ儀ニ付陳情書(92)」である。内容は、同陳情書に「是迄数次ヲ以テ具申仕候モノ、概略(93)」と記しているように、すでに紹介したものの概略であるから、詳述することは避けたい。ただ、地価修正実施時期について、その末尾に「来明治廿三年ニ至レハ帝国議会御開設ニモ可相成然ル上ハ愈政務ノ御多忙ト相成リ区々一地方ノ休戚ノ為メ復タ尊慮ヲ労セラル、ノ御寸暇モ無之事ニ立至リ候ハンカ果シテ然レハ当国人民ハ何レノ日カ素願ヲ達シテ聖明ノ恩沢ニ沐浴シ多年ノ愁眉ヲ相開キ候事ノ可有之哉念フテ一タヒ茲ニ至リ候得者安然トシテ御沙汰相待チ居リ候ヲ得ス(94)」「仰キ願ハクハ一日モ速カニ過実失当ナル今日ノ地価御取消シノ上他ノ各地方ニ比準ヲ取リ公平均一ヲ得ルノ点ニ迄之ヲ御引下相成候様御執計被成下度(95)」と記している。請願書は地価修正の早期実施を強く求めたものであった。

(4) 明治二十二年の地価修正

西村大阪府知事が、摂河泉三国の地価引下げ請願の一任を取りつけ、明治二十二年（一八八九）六月一日に上京したところ、政府内では、すでに地価修正を実施する方向で、ことが進められていた。『明治財政史』に記しているように、「明治十八年以後地押調査ヲ執行シテ改租ノ成績ヲシテ稍々正当ニ帰セシメタリト雖モ運輸交通ノ便若クハ商工製作ノ業駸々発達シテ米価ニ昂低ヲ生シ土地ノ盛衰ヲ転倒シ之レカ為メニ既定ノ地価ニ顕著ナル影響ヲ来シ到底地価修正ヲ挙行セサルヘカラサルノ機運ニ際セリ[96]」と政府の関係者も認識していたのである。もちろん、地価引下げを求める請願が、そうした認識を深めることになったことは間違いない。

二十二年五月二十九日、松方大蔵大臣は閣議に「特別地価修正ノ理由書」など、地価修正関係書類を提出した。そこで二十二年の地価修正実施が閣議決定された[97]。地価修正の方法については、あらかじめ「改租ノ米価ヲ現時ノ実況ニ照シ低位ニアルモノ若クハ改租ノ収穫平準ナルモノ又ハ低下ナルモノハ其儘据置キ唯タ改租ノ米価ノ昂騰ナルモノニ限リ収穫米価共ニ修正シ或ハ米価ノミ更正シ以テ地価ヲ減スヘシ[98]」との案を大蔵省の省議で決定していた。大蔵大臣はこうした手続きを踏み、同年六月十七日、各府県知事（山口・宮城両県を除く）に対し、地価修正実施の内示を行なった。次いで、同年八月二十六日、政府は法律第二二号をもって、田畑地価の特別修正をなすべき府県国郡および修正地価総額を公布した。この特別地価修正により、全国の田畑地価一億二九五三万〇五四四円、地租三二四万一九一〇円減額された[99]。地価の減額割合は、全国平均九分七厘四毛、大阪府一割七分六毛であった。

なお、政府は二十二年に地価修正を実施し、地租を減額したが、減額分の補塡について、当時、さまざまな風説が流れていた。『大阪朝日』は、海関税の増加を見込んでなされるという説と府県税の施行（ただし、府県制の公布は二十三年五月）により、国庫に余裕が生じるので、その分をあてるという説を紹介し、同紙は前者ではないかとみていた。[100]また、『関西日報』は、東京の通信者からの報告として、それは「廿三年度の予算に於て収入の部に余裕を生じたるに出づ政費の点に於て裁判所構成法に因て二百万円の減省を得べく東海道鉄道の連絡により一百万円の収入を増加し又海関税所得税に於ても多少の増加あれば遂に此英断を挙行せられ[101]」たと報じている。同時に同紙は「前日来半官報を以て聞ゆる一二の新聞紙にて二三の租税を増加し之を以て地租軽減の塡補に充てんとする廟議あることを掲載せり[102]」と報じている。

事実、政府内において早くからこのことが問題となっていたようで、二十一年十二月二十日、井上毅は大蔵大臣に「営業税法案ニ対スル意見」を提出しているが、その中で次のように述べている。「減租ハ一大美挙ナリ抑々政費ヲ減スルニ起因シテ地租ヲ減スルノ結果ヲ得ルハ果シテ一大美挙ナリ然ルニ地租ヲ減シテ其不足額ヲ営業税ニ取ラントスルハ極メテ下策ナルコトヲ免レサルノミ[103]」。井上は、地租を軽減するために、営業税を国税とし、その税額を増加させることに反対した。彼は「不急ノ土木ハ之ヲ興スルコトナカラシメ[104]」て、政費を節減し、地租を減額するよう、大蔵大臣に提言しているのである。

政府は井上の提言をどの程度受け入れたかは分からないが、「農民が艱難の状を察し輿論のある所に従ふて[105]」地価修正を実施し、「今日ニ当リ将ニ去ラントスルノ人心ヲ収攬[106]」しようとしたのであった。しかし、政府は世論におされて決断したとすることを好まなかった。二十二年七月二十五日、主税局長から各地出張官に、地価修正の「法律ノ発布ニ先チ予テ府県ヨリ差出アル減租願書ヲ却下スヘシ[107]」と達し、そのうえで実施したのであった。

むすび

最後に以上を要約して、むすびとしたい。

明治六年（一八七三）七月、「賦ニ厚薄ノ弊ナク民ニ労逸ノ偏ナカラシメン」との上諭とともに、地租改正法が公布され、地租改正が実施された。ところが、種々の理由から高地価となった地域と低地価となった地域があり、地租負担が公平均一なものとはならなかった。改租事業の中で農民らが調査し、申告した地価が採用されず、天下り地価で高地価となったところでは、改租時から農民は苦情を唱え、何度も地価の引下げを嘆願した。しかし、掛官の説得や強迫により、しぶしぶ承諾させられた。彼らは地租改正条例の第六章による将来の税率の引下げや、七年五月に追加された同条例第八章により、改租後五年経過すれば、地価が修正されるものと思い、高地価に堪えた。また、その後十年の西南戦争に莫大な費用を必要としたことから、政府は不換紙幣を増発したのでインフレとなり、米価も騰貴し、高地価であったところの農民の地租負担も一時実質的に軽減された。

ところが、十四年十月に大蔵卿に就任した松方正義は、紙幣整理を強行したのでデフレとなった。米価が暴落し、再び地租負担が重く農民にのしかかり、各地で地租軽減の要求が高まった。この要求の法的根拠は、地租改正条例の第六章と第八章にあった。政府は、すでに十三年五月太政官布告第二五号をもって、一部不適当なところ以外は、地価を十八年まで据え置くとした。そして十七年三月、地租条例を公布し、地租改正条例などを廃止して、減租や地価の五年目ごとの修正の公約を撤廃した。次いで十八年二月、大蔵省は訓令第一〇号を発し、地押調査を実施して、反別・地価・地租を増加させた(108)。そのようなことから、農民の地租への不満がいっそう高まり、三大事件建白においても地租軽減、地価修正が要求の一つとして掲げられた。これとは別に、二十年の地価修正実施を契機に高地価であった地域において地価修正運動がもりあがりをみせた。ただ、この時期の大阪における地価修正運動についてみる限り、いずれも請願運動として行なわれた。つまり、十五年十二月に制定された請願規則にのっとって行なっており、請願書には各戸長の奥印がある。そのうえで、戸長、郡区長、府知事、主務卿（主務大臣）というように、行政系列を追って請願している。郡長や知事に陳情し、彼らの支援を得て請願しているが、一方で知事らの意向にしたがって行動している。たとえば、河内国の総代人である東尾平太郎らが「細民又は請願の規則を熟知せざる程の者は其調印を謝絶」することにしたり、「名望家にして普通の法律を弁へ居る者に限りて賛成を請」うことにしたのも、知事の意向を尊重したからであった。請願規則にしたがい三人以下の総代人を選んでいるが、多くは府会議員となるような名望家であった。彼らの中には、後に衆議院議員となる者もおり、大同団結運動の一環ではないかとみられるが、この時期の地価修正運動は、政治色を極力抑えて行なわれた。推進者の中に旧自由党系（旧立憲政党員ら）の者も多くいたが、そうでない者もいた。今回は省略したが、二十二年の地価修正でも問題が解消されず、初期議会で地租軽減・地価修正が問題となるが、地価修正派代議士は民党に属する者ばかりではなかった。吏党に属する者も多くいたのである。地域的利害にかかわるものであるだけに、党派よりも地域によって色分けされていたように思える。

ともあれ、帝国議会開設前の地価修正運動は、自作農を含む地主らの地価引下げを求めた合法的な請願運動として行なわれた。同じ時期の三大事件建白運動と、まったくかかわりのないものとはいえないが、それと一線を画して行なわれた運動であった。

註

(1) この時期の研究については、今西一氏が『近代日本成立期の民衆運動』に整理している（同書、六七～六八頁）。
(2) 板垣退助監修『自由党史』下（岩波文庫版）二七九頁。
(3) 後藤靖『自由民権』二〇五頁。
(4) 前掲『自由党史』第四冊（青木文庫版）一一三四頁。
(5) 同右、下（岩波文庫版）三〇二頁。
(6) 今西前掲書、六五～六六頁。
(7)（8）（9）山崎隆三司会、シンポジウム日本歴史17『地主制』一五六頁。
(10)『明治前期財政経済史料集成』第七巻、福島正夫『地租改正』など参照。
(11) 有尾敬重『本邦地租の沿革』五二～五三頁参照。
(12) 同右、一〇五頁参照。
(13)『明治財政史』第五巻四〇八頁参照。
(14) 安良城盛昭『天皇制と地主制』下四一一～四一六頁参照。
(15) 拙稿「明治中期の地価修正運動」（『ヒストリア』第二四号）四四～四六頁参照。
(16) 有尾前掲書、一二〇～一二一頁。
(17) 前掲『明治前期財政経済史料集成』第七巻四〇七頁参照。
(18) 詳しくは、拙稿「河内国高安郡の地租改正と地価修正」（黒羽兵治郎先生喜寿記念会編『大阪地方の史的研究』）を参照されたい。
(19) 有尾前掲書、一一九頁。
(20) 同右、一一九～一二〇頁。

(21)(22)　原口清「地租改正をめぐる静岡県民の動向」(『歴史学研究』第二一〇号）参照。
(23)　前掲『明治財政史』第五巻六二三頁参照。
(24)　同右、六三九頁参照。
(25)　前掲『明治前期財政経済史料集成』第七巻「附録」(七)・(八）参照。
(26)　『大阪日報』明治二十年六月二十一日、六月二十八日付参照。
(27)(29)　『近代史研究』第七号四八頁。
(28)　同右、五〇頁。
(30)　同右、五二頁。
(31)(33)(34)　「告河内国地主諸君」(藤戸弥男家文書)。
(32)　藤戸弥男家文書。
(35)　「告河内国地主諸君」、『大阪府会史』第一編参照。
(36)　『朝日新聞』明治二十年九月十五日、九月十六日付参照（同紙は二十二年一月からしばらく『大阪朝日新聞』とするが、いずれも『朝日』と略記する)。
(37)(39)　同右、明治二十年九月十七日付参照。
(38)　同右、明治二十年九月十六日付参照。
(40)　松方正義文書（国立国会図書館蔵)。
(41)　前掲『明治財政史』第五巻六三九頁。
(42)　『東雲新聞』明治二十一年七月二十七日付参照（以下、『東雲新聞』は『東雲』と略記)。
(43)　同右、明治二十一年九月二十八日付参照。
(44)　同右、明治二十一年九月二十七日付参照。

(45)(46)『朝日』明治二十一年十月二十日付。
(47)「減租請願ニ付集会」(深瀬文書、八尾市立歴史民俗資料館蔵)。
(48)拙稿「帝国議会開設前における地価修正運動」(『東大阪市史紀要』第二号)。
(49)同右、四三頁。
(50)『朝日』明治二十一年十二月六日付参照。
(51)同右、明治二十二年四月十九日、五月九日付、『東雲』明治二十二年二月十六日、五月十五日付参照。
(52)『東雲』明治二十一年十月十日付参照。
(53)服部敬「明治前期大阪周辺農村における地価軽減運動」(『近代史研究』第一号)三〇頁参照。
(54)『東雲』明治二十一年十月九日付参照。
(55)『朝日』明治二十一年十月十一日付参照。
(56)同右、明治二十一年十月十四日付参照。
(57)同右、明治二十一年十月二十七日付。
(58)同右、明治二十一年十一月十四日付参照。
(59)『東雲』明治二十一年十月十二日付。
(60)『朝日』明治二十一年十一月二十二日参照。
(61)(62)猪飼隆明「第一回帝国議会選挙と人民の闘争」(『史林』五七巻一号)九八頁。
(63)(64)澱水釣史「両島倶楽部に就て」(今井喜久治編『志苑』)五頁。
(65)両島倶楽部の活動については、二宮美鈴「大阪北部の大同団結運動と第一回衆議院議員選挙」(『新修茨木市史年報』第一号)一二一～一四頁を参照されたい。
(66)『朝日』明治二十一年十月十四日付。

(67) 同右、明治二十一年十一月二十九日付、『東雲』明治二十一年十一月一日、十一月十六日付参照。
(68)『近代史研究』第一号二九頁以下参照。
(69)『朝日』明治二十二年四月七日、六月二日付、『東雲』明治二十二年二月二十日、三月十二日付参照。
(70)(71)『朝日』明治二十二年五月五日付。
(72)『能勢町史』第三巻六二六～六三一頁。
(73)『東雲』明治二十二年二月十六日付参照。
(74) 同右、明治二十二年二月十六日、三月十日、四月十日付、『朝日』明治二十二年二月十四日、四月十日付参照。
(75) 馬場昭夫家文書。
(76) 服部敬「島上下両郡地価引下ケ哀願ノ写」(『近代史研究』第一八号)五〇頁参照。
(77)『朝日』明治二十一年十一月十六日付。
(78)『近代史研究』第一八号五六頁。
(79)『地価引下ケ歎願書』(東京大学法学部明治新聞雑誌文庫蔵)四頁。
(80) 同右、五頁。
(81) 同右、(租税増減)表「備考」。
(82) 前掲『明治財政史』第五巻六一六頁。
(83) 佐々木政武家文書。同じ内容のものが井上馨関係文書(国立国会図書館蔵)にもある。
(84)(85)(86)(87)(88) 同右。
(89)(90)「地価修正歎願ニ付実地取調上申書」(佐々木政武家文書)参照。
(91) 同右。
(92)(93)(94)(95)「地価引下ノ儀ニ付陳情書」(佐々木政武家文書)。

(96) 前掲『明治財政史』第五巻六六一頁。
(97) 同右、六六二〜六六五頁参照。
(98) 同右、六六二頁。
(99) 同右、六八二頁参照。
(100)『朝日』明治二十二年八月三十日付参照。
(101)(102)(105)『関西日報』明治二十二年八月三十一日付。
(103)『井上毅伝』史料篇第二、六七頁。
(104)(106) 同右、六八頁。
(107) 前掲『明治前期財政経済史料集成』第七巻四一一頁。
(108) 三府四二県の地押調査の結果については、藤井松一「国会開設期における地租・地価問題をめぐる動向」(藤井・岩井・後藤編『日本近代国家と民衆運動』) 一二二頁の第一表を参照されたい。

〈付記〉

当初、明治三十一年の地価修正・地租増徴まで叙述する予定であったが、紙数の関係で大幅に削除し、明治二十二年の地価修正までにとどめた。帝国議会開設後の地価修正運動については、他日、改めて考察することにしたい。御了承願いたい。なお、東大阪市の藤戸弥男氏、岸和田市の佐々木政武氏、摂津市の馬場昭夫氏所蔵の史料のほか、八尾市立歴史民俗資料館や国立国会図書館および東京大学法学部明治新聞雑誌文庫所蔵の史料も利用させていただいた。また、服部敬氏や山口之夫氏が発掘され、公表された史料も活用させていただいた。ここに記して謝意を表する次第である。

第一章　「近畿三角帯」の歴史的展開

弥生時代敦賀の地域的特性—舞崎遺跡の評価から—

中野拓郎

はじめに

舞崎遺跡は元亀元年（一五七〇）、織田信長による朝倉攻めの舞台となった、天筒山城の南端郭に相当する地点に存在する。平成十一～十二年度にかけて行われた発掘調査の結果、中世の山城以前にも平安時代末期の経塚二基、古墳時代初頭の方墳四基、その下には弥生時代中期に遡る集落跡が検出された。

舞崎遺跡の所在する天筒山は、交通の要衝である敦賀平野を見下ろす重要拠点であり、また古くは「つるが山」、「みゆき山」と呼称されるなど(1)、ふもとの氣比神宮とともに、敦賀の象徴的存在であった。舞崎遺跡は、軍事的、また葬祭に関してなど多様な利用が、時代に応じて連綿と行われていることから、敦賀平野内にとどまらず、敦賀という地域が歴史的にどのように位置づけられてきたのかが、考古学的な見地から推測できる好例となっている。

今回は舞崎遺跡において最も古い段階の弥生時代中期、暦年代では紀元前後の時期において、敦賀平野および近隣の地域と対比しつつ、考古学的成果を敷衍する形で敦賀の地域的特性を述べてみたい。

一 敦賀の地理的環境と舞崎遺跡の位置

敦賀平野は、東西に伸びる西日本と、南北に伸びる中・東日本の屈曲点に位置する。旧国では越前国に属するが、文化的には若狭地方に近く、現在の行政単位である福井県内においても、敦賀市域の東北に位置する木ノ芽山嶺をもって境界線とし、若狭と敦賀を併せて「嶺南」、敦賀より北の地域は「嶺北」と呼称されている。

舞崎遺跡は、敦賀平野を見下ろす天筒山山系から、南方に派生した尾根上に位置する（図1、図2）。その標高九五メートル、平野との比高差八五メートルのピークからは、東方には嶺北へ向かう交通路が、南方は中遺跡、吉河遺跡といった弥生時代の集落が、また西方は氣比神宮の社叢と敦賀湾を視野に捉えることができる。

二 舞崎遺跡の時期(2)

舞崎遺跡の時期の判断基準は、遺跡から出土した土器の年代による。舞崎遺跡の生活用品は、基本的には低地集落から運び上げられたものであり、また近江地方等遠隔地から運ばれてきた土器も多数存在する。現在において敦賀地域での弥生時代の土器編年は確立していないため、これら他地域からの搬入品は生産地での編年を基にし、弥生時代後期の段階において、敦賀地域は丹後・若狭湾地域の影響が顕著になることから、後期においては丹後地域の編年も参考にした。

舞崎遺跡において最も古い時期の出土土器は、一号住居址内出土遺物および一号住居南側土坑出土遺物の一部であ

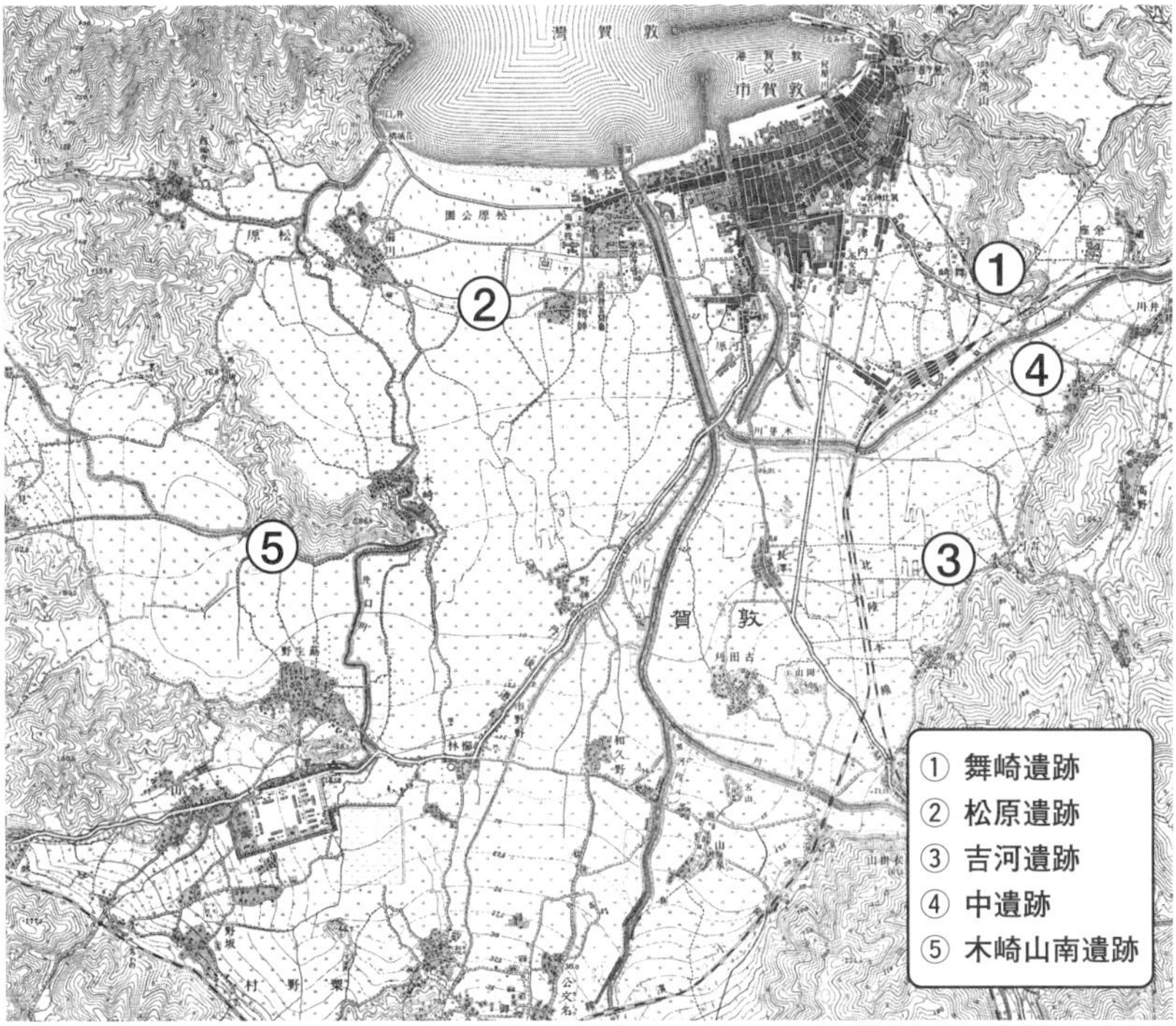

（国土地理院２万５千分の１地形図「敦賀」昭和22年発行を一部改変）

図１　弥生時代中期から後期の遺跡分布図

図２　舞崎遺跡の位置

る。広口壺、小型壺、甕、大型鉢（図3）があり、櫛描文や壺内面のコブ状突起などⅢ様式の特徴が残るものである。このうち土坑出土の近江系の甕（図4―6）は体部に櫛描文が巡るが、口縁部はⅣ様式から主体となっていく受口状口縁の古い形態をしており、全体的に見て近江Ⅳ一（弥生時代中期）様式の段階と捉えられる(3)。

遺跡の終焉の時期は、包含層出土の受口状口縁をもつ甕（図5―8）が、口縁端部の外側のみをつまむ形態であり、近江Ⅴ三～四（弥生時代後期後半）様式と推定される(4)。また有段口縁の甕も口縁端部が外反しない点から丹後Ⅴ三（弥生時代後期後半）様式以前と考えられる(5)。これら他地域の土器編年とその時期平行関係から、舞崎遺跡の存続期間は、大きく捉えて弥生時代中期半ばから後期半ばまでと想定される。

土器の時期と暦年代との対応は、未だ見解が分かれるところであるが、紀元元年を挟むやや長期間の時期となるであろう。目安として提示するならば、短く見積もって紀元前約五〇年～紀元後一〇〇年の一五〇年間にあたる時期になる。

三　舞崎遺跡の性格

舞崎遺跡は集落廃絶後、古墳四基が築かれたため遺構の多くが削平されており、検出された住居址は五棟と少ない。そもそも遺跡の所在する地点は約一五〇〇平方メートル程度のかなりの痩せ尾根上であり、弥生時代中期から後期半ばまでの長期間、高地に存続していたことから、同時期に営まれていた集落の戸数は、あまり多くないと想定できる。このように小規模であるものの、舞崎遺跡はいわゆる高地性集落と定義される集落遺跡である。高地性集落とは、文字どおり高所に存在する集落を指し、概念上では

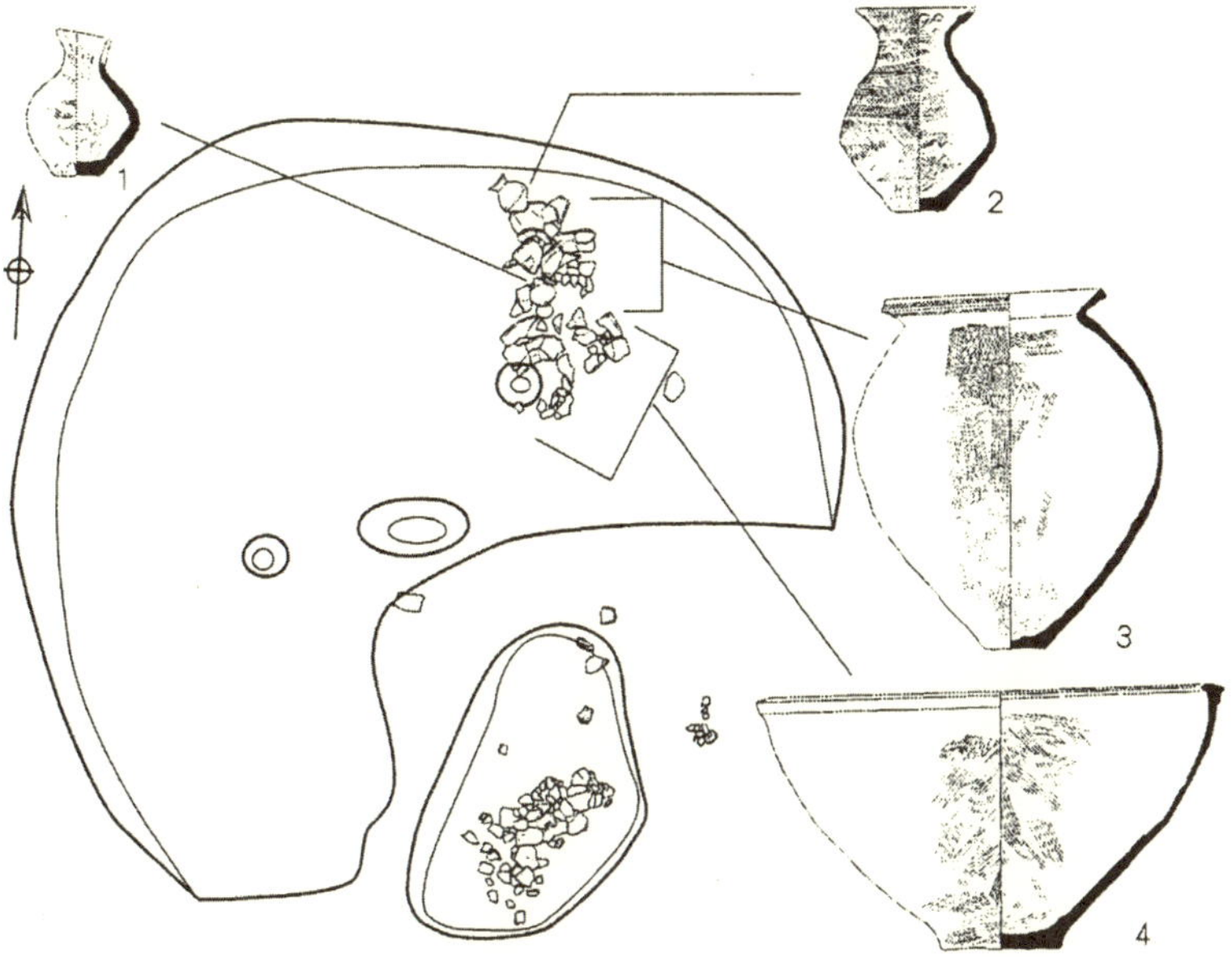

図３　舞崎遺跡　１号住居出土土器（1/10）

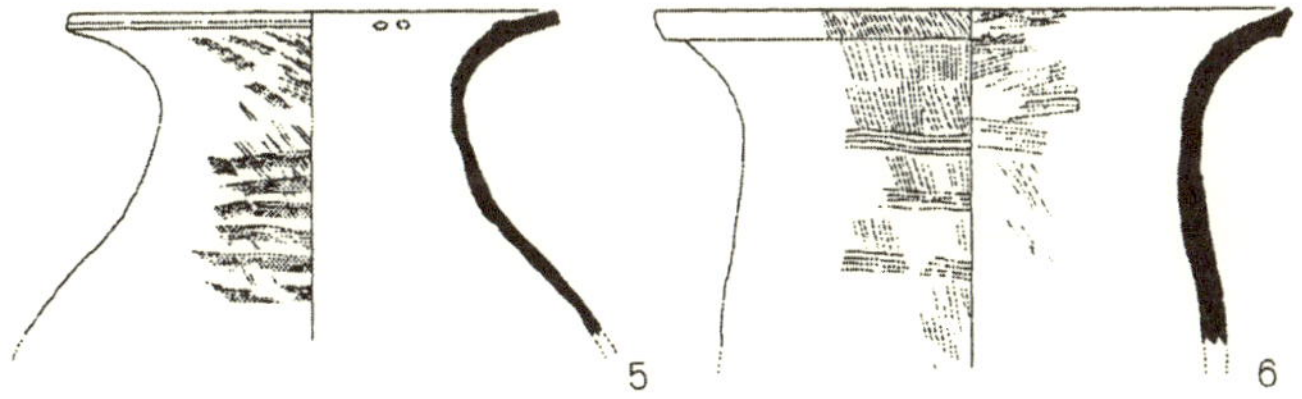

図４　舞崎遺跡　１号住居南側土坑出土土器（1/6）

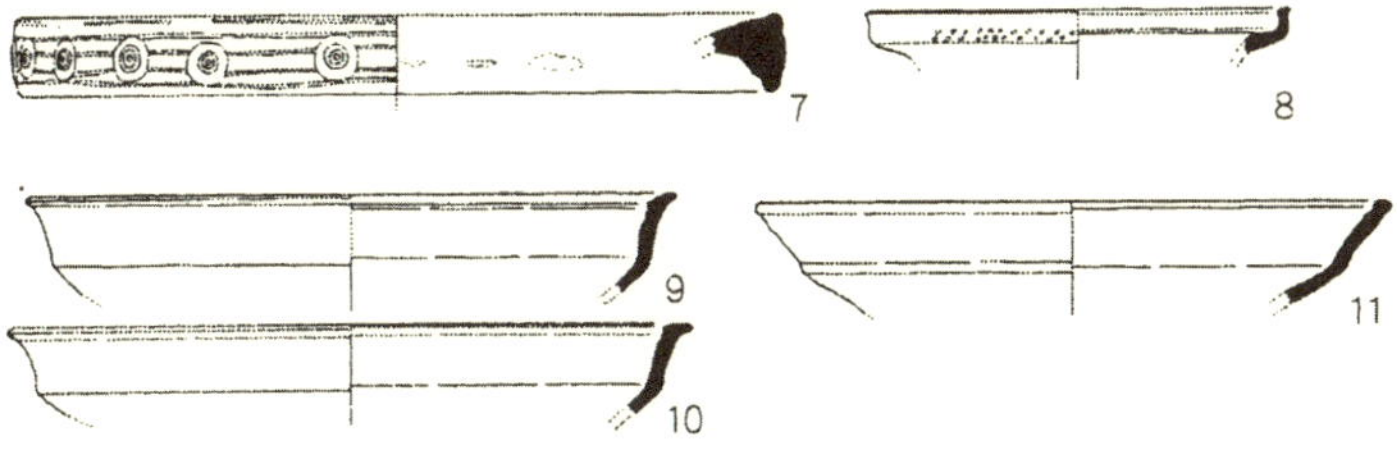

図５　舞崎遺跡　包含層出土土器（1/6）

『舞崎前山古墳・舞崎遺跡』2001　敦賀市教育委員会
35頁（1～4）、37頁（5、6）、43頁（7）、45頁（9～11）、46頁（8）。

一．水田経営に依存する稲作農耕が渡来した縄文晩期に併行する時期から、それが定着して展開拡充し、時代の主導的産業となった弥生時代から古墳時代の時期

二．比高が少なくとも二〇メートル以上あって、斜面が急で登り降りに困難なうえ、飲料水や用水も得がたく、通常の水田農民の日々の居住条件としては不適当な高所に占地する。

の点を満たすもので[6]、日常の生活や稲作に不適当な高所に、何らかの必要性があって作られたと考えられる集落である。その必要性については軍事的な面[7]が重視されているが、その他にも、焼畑など生産基盤自体が低地集落と異なっていた集落の可能性も指摘されている。

水田耕作が生産基盤であった時代に、なぜ不便な高所に集落が営まれたのか。まず水田耕作以外に舞崎遺跡が自活できるような生産基盤を持っていたかどうかという点が問題になる。例えば平地の水田ではなく、山の斜面を利用した焼畑農耕の可能性については、遺跡の存在する天筒山丘陵はチャート質の岩山であり、その周囲の多くは崖になっている。敦賀平野を取り巻く丘陵の中でも、最も焼畑農耕に不適な斜面を持つ山の一つと考えられ、焼畑集落の可能性は想定しづらい。

次に舞崎遺跡は小規模な集落で、かつ長期間存続しているということは、これが常時継続的に居住していたのか、あるいは季節によって断続的に利用されていたのか、両者とも可能性がある。そこで狩猟用のキャンプとして、季節ごと一時的な利用がされていた場所であった可能性を想定してみると、舞崎遺跡から北に広がる天筒山はほぼ独立丘陵といってよく、尾根伝いに狩猟をするには不便な場所である。またふもとには近接して平地の弥生集落があり、一時的なキャンプ地の位置としてはあまり意味がない。また継続的に居住する狩猟集団の集落であったとしても、水の便がない場所にわざわざ居住地を選ぶ理由はなく、どちらにせよ狩猟を基盤にする集落という想定は無理であろう。

これらのことから、舞崎遺跡は食料を自給することは不可能な地点に営まれたと結論できる。そしてこの地点に小規模ながら継続的に集落が営まれたということは、低地の集落から食料、土器などの道具、さらには人的資源も供給されなければ成り立たないわけであり、低地集落にいわば運営されていたことになる。

では低地集落が、舞崎遺跡を運営しなければならない理由には、どのようなものがあるであろうか。舞崎遺跡の場所が何か特産品を持つ場合、例えば鉱石などの採掘場という可能性はどうか。前述のように天筒山は岩山であり、その主な成分は珪質の堆積岩であるチャートという非常に硬い岩石でできている。この岩石は石鏃等の材料に適しているが、天筒山のチャートは非常に風化が進んでいて脆くなっており、石器の材料としては不適な状態である。また舞崎遺跡においてチャート系の石器が一点しか出土せず、原石の荒割など加工の痕跡もないことからも、石材供給用の集落の可能性は低い。

となると、軍事的な性格を持ち、監視台、さらには緊急時の逃げ城としての機能があったかというと、武器や防御用構造物の痕跡が確認されていないことから、はっきり軍事目的であるとは判断しがたい。しかし継続的に長期間の利用がされていることからは、一時的な逃げ城の性格は薄いと考えられ、軍事という要素にこだわることなく、舞崎遺跡には中・長期的な監視の役割を期待されて、運営されていたと考えるのが妥当であろう。その意味で、舞崎遺跡が敦賀湾をより見渡せる位置ではなく、木ノ芽川水系をも見下ろせる地点にあることは、監視の目的が敦賀平野以北のすべての交通路を対象とするものであったことを示している。

これらのことをまとめると、舞崎遺跡は低地の集落から生産資源の提供を受けつつ、敦賀平野以北の監視を目的として、長期間存続していた小規模な高地性集落といえる。

四　舞崎遺跡の土器様相

舞崎遺跡の土器の特徴として、近江を含んだ畿内地域からの搬入品が多数あることが挙げられる。時期別では、

一．中期末では湖南の野洲川流域産と想定される受口甕が多数を占める。

二．後期前葉に生駒山西麓産（河内産）と想定される壺（図5―7）が搬入される。

三．後期中葉においても受口甕が有段口縁甕に対し半数を占め、その中に上記の湖南からの搬入品も一定量ある。

四．後期全般において、甕以外の器種である高杯では、口縁端部を外側に拡張する形状を持つ丹後・若狭系（図5―9、10）が、拡張の見られない近江系（図5―11）よりも優勢である。(8)

との傾向が現れている。(9)

五　同時期の敦賀平野の集落

敦賀平野の大部分は、縄文海進後に形成されたと考えられる。(10)弥生中期においても、遺跡は平野縁辺と松原浜堤上にのみ確認できることから、現在の平野中央部に海岸線が大きく入り込んでいたと想定される。

松原遺跡（図1―②）は浜堤の南端部分にあたり、近江系の中期の甕片が確認されている。(11)吉河遺跡（図1―③）は中期に本格化し、近江や東海地方の搬入品が多数確認されている。(12)

中遺跡（図1―④）は後期の集落であり舞崎遺跡のふもとに位置する。全体的に丹後・若狭湾系の土器文化であり、

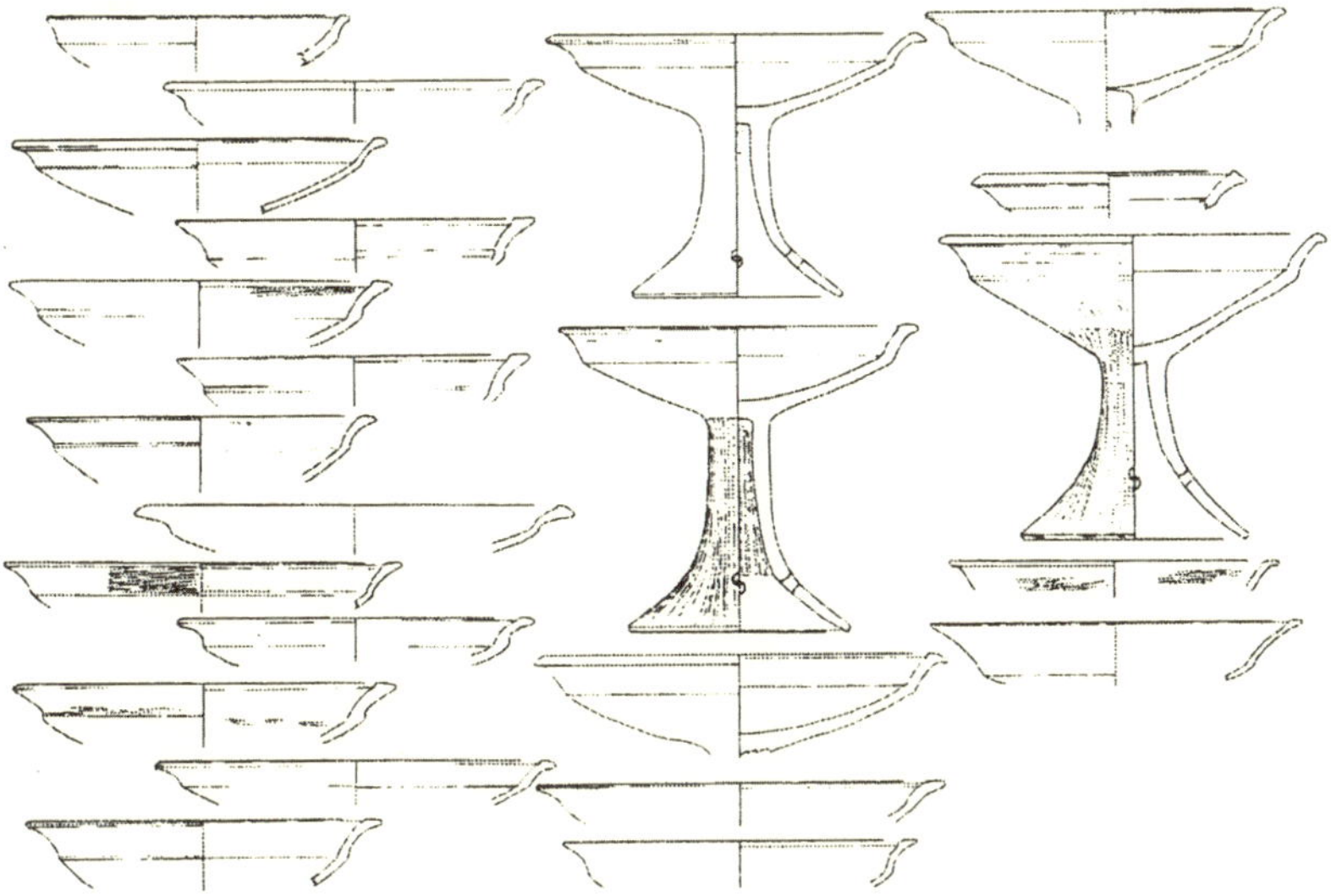

図６　中遺跡出土　高杯（1/10）

すべてが口縁端部を外側へつまみ出す、丹後・若狭系の形状をしている。

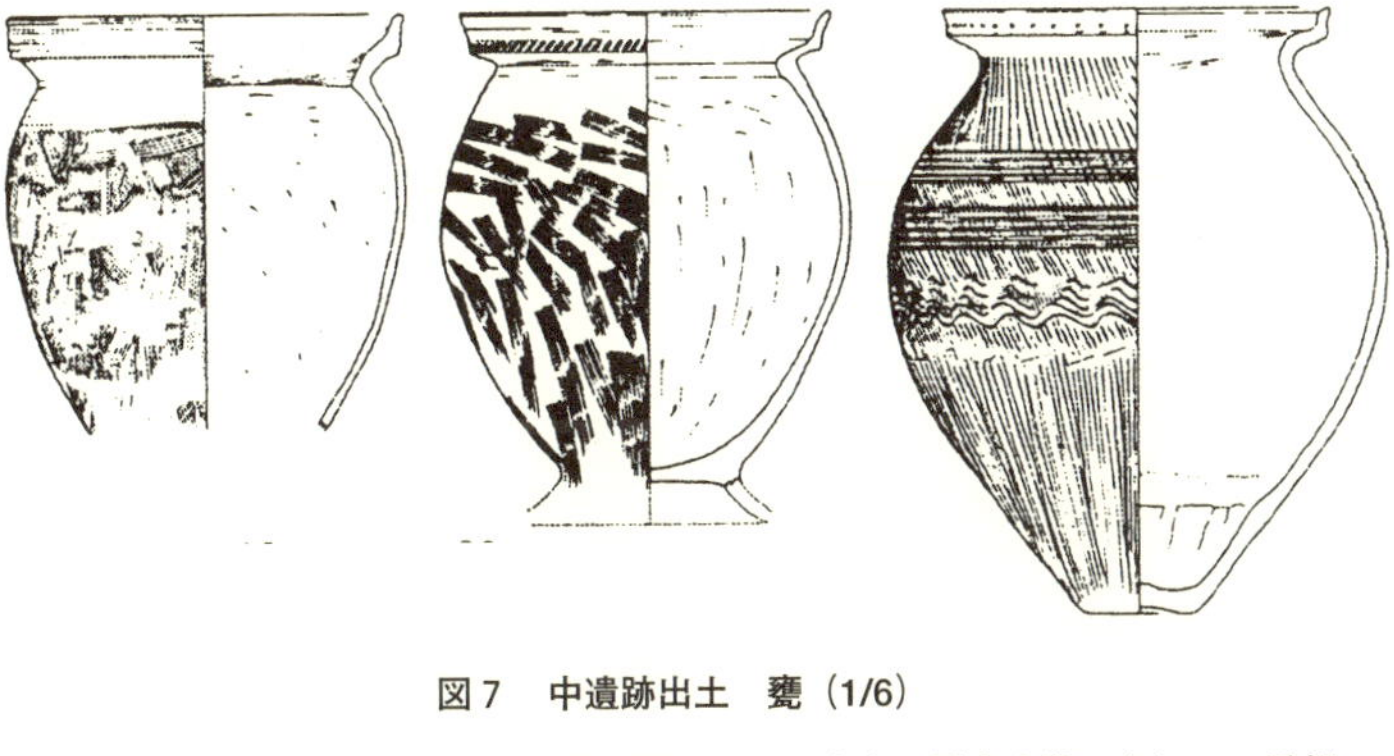

図７　中遺跡出土　甕（1/6）

左側が丹後・若狭系、右側が近江系の甕である。中央が折衷土器であり、口縁部は近江系の形状であるが、体部のプロポーションや、体部内面をケズリ技法で仕上げるのは丹後・若狭系である。

『北陸自動車道関係遺跡調査報告書　第14集　中遺跡』1980年、福井県教育委員会。
上段高杯は図版22～24。下段甕は図版12、17より高杯（図6）の口縁形状を見ても近江系は極めて少ない[13]。しかしその中には、甕の形状は近江的だが成型方法は丹後・若狭系という、いわゆる折衷土器（図7）も出土していることから、近江地域と断絶していたわけではなく、交流は継続していたと考えられる。敦賀平野西側にあたる木崎山南遺跡（図1―⑤）は、弥生後期から古墳時代前期の土器が多く確認できているが、ほとんどが丹後・若狭系であり近江系の土器は少量である。

土器についてこれらの集落と舞崎遺跡とを比較すると、中期においては舞崎遺跡と平野部の遺跡ともに近江系を中心とする他地域の土器が多数確認できるが、後期に入ると舞崎遺跡以外では丹後・若狭系土器が完全に主体となるものの、舞崎遺跡は依然として近江系の土器が多数搬入され続けているのが特徴として挙げられる。この状況は、敦賀平野は後期において、舞崎遺跡を含め丹後・若狭文化圏であるものの、高地性集落である舞崎遺跡にのみ近江系が多数供給され続けたことを示しているといえる。そしてこれらの遺跡すべてにおいて、嶺北を含む北陸系の土器は確認されていない。

弥生時代後期末の時期は、特徴的な土器、墓制など広域な文化圏が顕在化する一方で、土器においては異なる文化圏からの搬入品が一定量確認できるなど、地域間交流自体は活発化しているといえる。近隣の若狭地方や湖北地方においても北陸系の土器が確認されているにもかかわらず[14]、敦賀だけがまったく確認できないという状況は、注目に値する。

六　近隣の高地性集落の様相

現在見つかっている弥生時代中期に相当する高地性集落は、敦賀以北では石川県杉谷チャノバタケ遺跡のみである。

周囲に環濠を廻らす防御集落であり、付近からは孤絶した、まさに点として存在する。一方敦賀以南では、滋賀県内に熊野本遺跡、京ヶ山遺跡とそれに近接して春日山遺跡、高峯遺跡が湖西地域に連なるようにして存在する（図8）。

弥生時代後期前半の時点では、新たに若狭地方に松尾谷遺跡が現れ、舞崎遺跡、熊野本遺跡は中期から引き続き存続している。この状況は後期後半まで継続する。

弥生時代後期末では、全国的に高地性集落が拡散するものの、短期間に廃絶するものが多数を占める。また眺望が得られない地点を選択するなど、これら後期末の高地性集落については、継続的な集落とは性格が大きく異なるものと推測され、この時点において、舞崎遺跡、松尾谷遺跡はすでに放棄されている。

ここで舞崎遺跡と存続期間が重なる松尾谷遺跡と、熊野本遺跡について詳細をみてみると、松尾谷遺跡は福井県三方上中郡若狭町の通称松尾山に位置する。標高約八〇メートルの前期前方後方墳の盛土内に、それ以前に存在していた高地性集落の遺物が含まれていたものである。出土遺物は、遺跡全体に占める比率は不明だが、後期前葉の畿内からの搬入品である壺（図9―1）や、口縁端部をつまむ近江系の受口甕（図9―3）がみられるなど、舞崎遺跡と共通する点が多い(15)。これらの搬入土器は、付近の平地の集落遺跡である藤井遺跡でもみられる。

熊野本遺跡は滋賀県高島市新旭町に位置し、若狭、敦賀両方面からのルート上に所在する。遺跡は標高一四〇～一五〇メートル、平地との比高差約四〇メートルの台地上に、東西三〇〇メートル×南北二〇〇メートルの広い面積を占めている。遺跡の時期は中期前半から後期で、出土土器は中期で七割が丹後・若狭からの影響と推定されているが、後期は在地系の占める割合が高い。また鉄器およびその未製品が出土していることから、日本海側からの鉄器流入のルートとしてのみではなく、加工生産も行われたと推定されている。その他中期において、土器の胎土から湖南の野洲川流域からの搬入品と考えられる甕が目立つことから、琵琶湖を介した交流が指摘されている(16)。後期末には墳丘墓

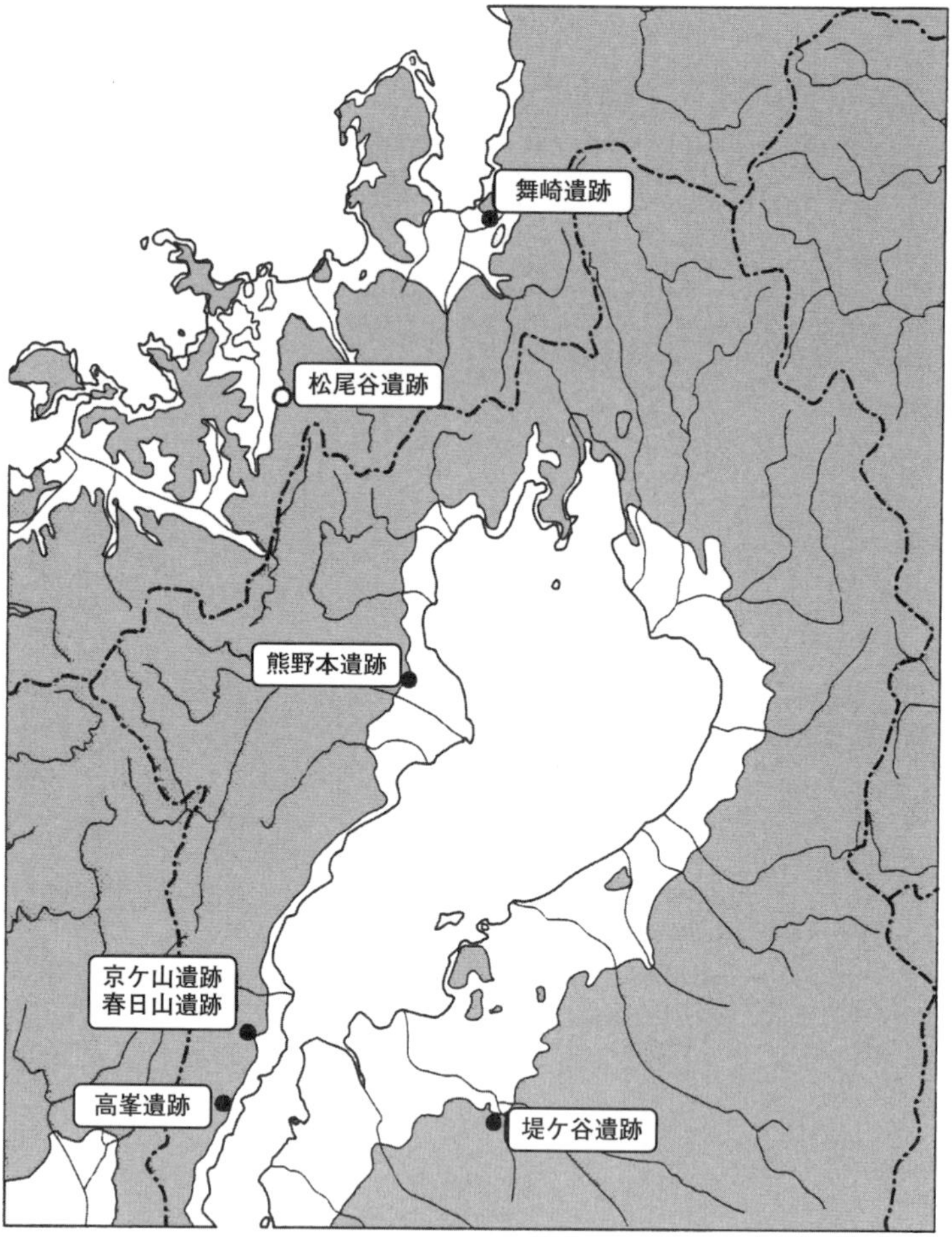

図8 舞崎遺跡、松尾谷遺跡と琵琶湖周辺の弥生時代中期の高地性集落

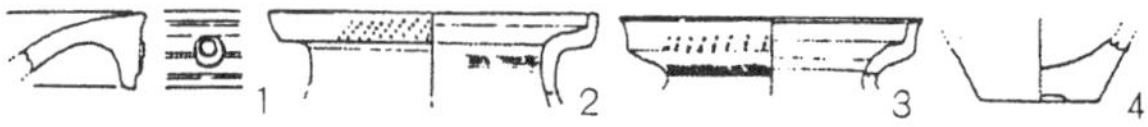

図9 松尾谷遺跡出土 壺、甕（1/6）

入江文敏「弥生時代後期から古墳時代前期への土器の展開—湖北地方とその周辺—若狭地方の場合」（『昭和63年滋賀県埋蔵文化財センター紀要』54頁より、『平成元年度滋賀県埋蔵文化財調査年報』所収、1991年、滋賀県教育委員会）

が築かれていることから、その時期には集落としての役割は終わったようである。

　こうしてみると、弥生時代中期において、熊野本遺跡がまず現れ、その後すぐに舞崎遺跡が本格化する。そして中期末においては、両者に湖南から土器が搬入されている状況になる。続いて後期前半には松尾谷遺跡が現れ、舞崎遺跡と同様に生駒山西山麓産の土器が搬入される。後期後半まで三遺跡とも存続するが、後期末になると舞崎遺跡、松尾谷遺跡は廃絶し、熊野本遺跡も集落から墓域に転換するという、非常に連動した流れが看取できる。

ま と め

　これらのことを整理すると、
A．舞崎遺跡は高地性集落として機能している間、常に近江からの搬入品があることが確認されている。
B．舞崎遺跡、松尾谷遺跡、熊野本遺跡に共通して、他地域の搬入品が目立つ。低地の遺跡に比べて、高地性集落は少なくとも当時の交流の状況が反映されやすい可能性がある。しかし舞崎遺跡には北陸系の土器は存在しない。
C．舞崎遺跡、松尾谷遺跡、熊野本遺跡は後期半ばまで高地性集落の機能を同時に終えている。
の三点が、敦賀平野内での比較、近隣の高地性集落との比較で明らかになった。

　高地性集落に平地集落にはない機能として、少なくとも監視という点を担わせたとすると、このようなA継続性、B排他性、C連動性からは、舞崎遺跡以西、以南の一体感に比べ、嶺北に対する断絶が浮かび上がってくる。

　この紀元元年前後の時期、若狭、近江を含む近畿文化圏を想定した場合、敦賀はその北端にあたり舞崎遺跡は嶺北、すなわち越の文化圏に対する最前線に相当することになる。そうすると敦賀平野の集落における、嶺北に対しての排他性は、異なる文化圏に接していることを意識しているがゆえの反応としても捉えられる。
　舞崎遺跡は、高地性集落という特殊性から、当時における内部と外部といった地域区分を知りえる可能性をもつ。あるいは敦賀地域は舞崎遺跡によって、文化的な帰属よりも越の文化圏への関門、窓口としての機能が強調される歴史があり、その感覚が広く近畿地域に共有されていたことが、敦賀が後に近畿文化圏にありながら、越の玄関口として越前国に位置づけられたことに繋がるものかもしれない。

註

（1）石塚資元『敦賀志』一八五〇年頃（『敦賀市史　資料編第五巻』七二六頁、一九七九年、敦賀市史編さん委員会所収）。
（2）川村俊彦・中野拓郎他『舞崎前山古墳・舞崎遺跡』五〇頁（二〇〇一年、敦賀市教育委員会）。
（3）兼康保明「近江地域」（寺沢薫・森岡秀人編『弥生土器の様式と編年　近畿編Ⅱ』三六三～三六八頁、一九九〇年、木耳社）。
（4）註（3）文献、三九九～四一三頁。および中西常雄「近江における甕型土器の動向―庄内期を中心として―」（『古代学研究』第一二二巻第一号、一九八五年、考古学研究会）を参考にした。
（5）森井貞雄「丹後・丹波地域」（寺沢薫・森岡秀人編『弥生土器の様式と編年　近畿編Ⅰ』一九八九年、木耳社）および石井清司「丹後地域」（『京都府弥生土器集成』一九八九年、財団法人京都府埋蔵文化財調査研究センター）を参考にした。
（6）小野忠熈「高地性集落論」（『三世紀の考古学　中巻―三世紀の遺跡と遺物―』一九八一年、学生社、小野忠熈『高地性集落論　その研究の歩み』一九八四年、学生社に再録）より。この二つの条件に続けて
三．展望の利く山頂や山腹あるいは尾根筋とか、斜面の急な大地や島の頂などのような敵影の見張と通報や防塞にふさわしい位置と地形の高地に立地している。

四．防備施設の遺構や武器的遺物が出土する。

などの概念があり、このうち第一～四までが「広義の高地性集落」の条件であり、第三、四は「狭義の高地性集落」の状況証拠としている。この狭義の高地性集落が今現在では一般的に高地性集落とされるものである。舞崎遺跡は第三の条件は満たしているものの、第四の条件を積極的に満たしている部分がないことから、広義の条件のみをを提示した。

(7)都出比呂志「古墳出現前夜の集団関係―淀川水系を中心に―」（『考古学研究』八〇、四一～四四頁、一九七四年、考古学研究会）。日本海側に至るのろしによる通信ルートについては、丸山竜平「堅田地域における国家成立過程―近江ルートの高地性集落の評価をめぐって―」（『昭和五〇年度滋賀県埋蔵文化財調査年報』四〇～五六頁、一九七七年、滋賀県教育委員会）等がある。

(8)高杯の端部形状によって、近江系と丹後系とを区分することについては、高野陽子「弥生大型墳墓出現前夜の土器様相」（『季刊　考古学　別冊一〇　丹後の弥生王墓と巨大古墳』五一～五二頁、二〇〇〇年、雄山閣）を参考にした。

(9)これらの詳細は中野拓郎「第五章考察　舞崎遺跡出土土器の様相について」（『舞崎前山古墳・舞崎遺跡』五二一～五六頁、二〇〇〇年、敦賀市教育委員会）。

(10)北陸地方の日本海側において、縄文海進での海面上昇は約五メートル前後と想定されているが（藤　則雄「日本の後氷期の概要」『「ｔｅｒｏｓ」日本海沿岸における後氷期の環境変化と国際的対比』七～二四頁、一九九九年、金沢経済大学人間科学研究所、）、能登半島にある真脇遺跡では二～三メートルの海面上昇がボーリングデータから想定されている（竹村恵二「第五節ボーリングコアから推定された完新世の海水準変動」『石川県能都町真脇遺跡　二〇〇二』九七～一〇二頁、二〇〇二年、能都町教育委員会・真脇遺跡発掘調査団）など、地域によって隆起地形や沈降地形があり単純に現在の等高線に当てはめるわけにはいかない。その点、敦賀平野においては地表下の貝層のデータがあり（福岡修「福井県敦賀市と小浜市市街地の沖積層より出土した貝類化石等について」『福井市郷土自然科学博物館研究報告』第三三号、三一～四一頁、一九八六年、福井市自然史博物館、中川登美雄・福岡修・藤井昭二・千地万造・中村俊夫「福井県大飯郡高浜町地下の高浜自然貝層」『「高浜貝層」福井市自然史博物館専報』第一号、一二～一三頁、一九九三年、福井市自然史博物館）、それによると縄文海進時の貝層は現地表から七メートル～一〇メートル下に存在し、しかも浅瀬ではなく湾のように水深のある地点に棲む種が見つかっている。この貝層は現在の松原浜堤の下にもあり、浜堤上からは弥生中期の甕片が見つかっていることから、縄文中期以降の海退と黒河川などによる土砂の堆積により、弥生中期までの四〇〇〇年間程でかなりの部分が埋積されたことになる。

(11)　広嶋一良「松原遺跡」（『福井県における弥生式土器集成』六四頁上段、一九七〇年、福井考古学研究会）。

(12)　中司照世「Ⅳ遺物」（『福井県教育庁埋蔵文化財調査センター所報二　吉河遺跡』二四～三一頁、一九八六年、福井県教育庁埋蔵文化財調査センター）。

(13)　山口充「遺跡の性格」（『北陸自動車道関係遺跡調査報告書　第一四集　中遺跡』五九頁、一九八〇年、福井県教育委員会）。

(14)　松尾谷遺跡の母集団であったと考えられる藤井遺跡や、滋賀県長浜市墓立遺跡等において、弥生時代後期末の北陸系土器である月影式が確認されている。しかしこれら月影式土器を受容する集落とそうでない集落があるなど、月影式文化圏が面として若狭、湖北地域に広がっているわけではないとのことを、赤澤徳明氏（福井県教育庁埋蔵文化財調査センター）よりご教示を得た。

(15)　入江文敏「弥生時代後期から古墳時代前期への土器の展開―湖北地方とその周辺―若狭地方の場合」（『昭和六三年度滋賀県埋蔵文化財センター紀要』四七～五四頁、一九九一年、『平成元年度滋賀県埋蔵文化財調査年報』所収、滋賀県教育委員会）。

(16)　横井川博之「熊野本遺跡」（『滋賀考古』第二一号一八～二一頁、一九九九年、滋賀考古学研究会）。

〈付記〉

滋賀県伊香郡高月町の湧出山（ゆるぎやま）遺跡群において、弥生時代中期後半とみられる高地性集落が発見された。（平成十七年十月一日現地説明会)。遺跡の所在する湧出山は、北陸自動車道木ノ本インターの南にある独立丘陵で、平地との比高差約九〇メートル。現地説明会資料によると、湧出山の東端部は北陸との陸路での出入口である余呉谷を望み、南は湖北の平野部を眺望できる位置にあるとのことである。この発見により、舞崎遺跡と湧出山遺跡とで、嶺北からの交通路のほとんどを監視できることになり、さらにはその監視の目的のために、舞崎遺跡や湧出山遺跡が弥生時代中期後半の時点において、計画的に配置された可能性も考える必要が出てきたといえるであろう。

継体天皇と近江・越前—三尾氏の出自をめぐって—

大橋信弥

はじめに

『古事記』武烈天皇段の終わりの部分には、「天皇既に崩りましぬ。日続知らす可き王無し。故、品太天皇五世之孫、袁本杼命、近淡海国自り、上り坐さ令メ而、手白髪命於合せまつりて、天下を授ケ奉りき。」とあり、武烈天皇が亡くなったが、天皇には子が無く、王統を継ぐべき親族もなかったため、王統断絶という事態に見舞われたことがみえる。そしてこのあとに即位することになったのは、応神天皇の五世孫を称する継体で、継体は近江から大和に迎えられ、仁賢天皇の皇女手白髪命と結婚して王位についたことが、記されている。

ここから、この時期に、大和政権内部において皇位継承をめぐる大きな変動のあったことが推測されるが、実はこうした事態は、これより前、雄略天皇の没後あたりから生じたことである。すなわち仁徳に始まる五世紀の大王家は、五世紀後半の雄略の頃には、大和政権を構成する近畿の有力豪族から抜きん出た地位を確立し、『宋書』の「倭王武上表文」や、埼玉県行田市の稲荷山古墳出土鉄剣銘などから知られるように、大和政権の列島内における優位も、ほぼ確定したと考えられる。これに伴って大和政権の機構的な編成もすすみ、未熟ながら国家的な機構の整備もなされたとみられる。

ところがそれにも関わらず、雄略の没後、最有力の後継者であった白髪皇子（清寧天皇）が、即位することなく亡くなったため、大和政権は王統の断絶という重大な危機を迎えたらしい。『古事記』は、このことを「此ノ天皇、皇后無く、亦、御子も無くありき」とし、「天皇崩りましし後、天下治す可き王なし」と書く。そして、こうした中で、允恭—安康—雄略—清寧とつづく王統の流れからは遠くはなれた、顕宗・仁賢が相次いで即位している。すなわち二王は、履中の皇子で、雄略によって殺害された市辺押磐皇子の遺児であるとされ、この時、父の死後身の危険を避けるため、播磨の縮見屯倉に隠れていたところを、偶然発見され朝廷に迎えられたとある。ただ『古事記』『日本書紀』（以下『記紀』と略記）の記述には不自然な点も多く、二王の系譜的位置についても、いくつかの異伝があって、問題を残している。(1) そして二王の没後即位したのは、仁賢と清寧の妹春日大郎女との間に生まれた武烈であったが、右にみたように、この武烈にも子が無く、再び王統断絶という事態に見舞われたのである。そして武烈の没後即位することになったのは、顕宗・仁賢よりさらに五世紀の王統から大きく離れた、応神天皇の五世孫を称する継体であった。

一　継体の即位事情

継体の即位事情について『古事記』は、右にみたように、五世紀のいわゆる倭の五王とは、全くゆかりのない応神の後裔と称する継体が、「畿外」の近江より迎えられ、武烈の妹の手白髪命と結婚して即位したとしているが、『日本書紀』（以下『書紀』と略記）は、武烈の崩後、大連の大伴金村が群臣に議して、後継者を求めることとし、まず仲哀天皇の五世孫とする倭彦王を迎えようとしたが失敗し、改めて越前三国にあった、応神五世孫の継体を迎えようとしたことを記している。ところが継体は、再三の要請を固辞したため、いっこうに王位が定まらなかったが、ようやく旧知の河内馬飼首荒籠の説得により、樟葉宮において即位したことを記している。

以上のように『記紀』は、王位継承や王統譜について、必要以上に慎重な立場をとっているにもかかわらず、雄略没後の二度にわたる王統の断絶を明記し、しかも「畿外」の播磨や、近江・越前に本拠をおく傍系の「王族」の擁立を記述しており、この時期の大和政権が、王権の存立をめぐって、大きな危機にあったことを示している。ただ右にみたように、この間の『記紀』の記述には、その信憑性に多くの問題があり、史実を確定することは非常に難しい。このため、清寧をはじめ、顕宗・仁賢・武烈の実在について、否定的な見解が出されたり[2]、継体の出自についても、近江または越前を基盤として、「風を望んで北方より立った豪族の一人」で、応神五世孫というのは仮構にすぎないとする見解や[3]、継体とかかわり深い近江に本拠をおき、『記紀』の王統譜に幾重にもからまって登場し、天武朝に皇親氏族に与えられる真人を賜姓された息長氏こそ、継体の出身氏族とする見解も出されている[4]。それでは継体の即位事情や出自は、どのように考えることができるのであろうか。

継体の出自について『古事記』は、「品太天皇の五世孫」とするだけで、父母の名さえ伝えていないし、『書紀』はわずかに、父彦主人王が「近江国の高嶋郡の三尾の別業」にいた時に、美しいとの評判であった越前三国の坂中井出身の振媛を妻に迎えたことを記しているが、応神から彦主人王までの三代の系譜は判明しない。ところが『釈日本紀』が引用する『上宮記』の逸文に、応神から継体に到る系譜が記載されている。そしてその系譜が、『古事記』応神天皇段にみえる「若野毛二俣王系譜」に対応することも判明する。この『上宮記』については、書名から聖徳太子の伝記のひとつと考えられるが、その用字法などから、『記紀』より以前に成書化されたことが指摘されており[5]、系譜の信憑性を高めている。ただし、ここからただちに応神五世孫という所伝が史実として信用できるかというと、必ずし

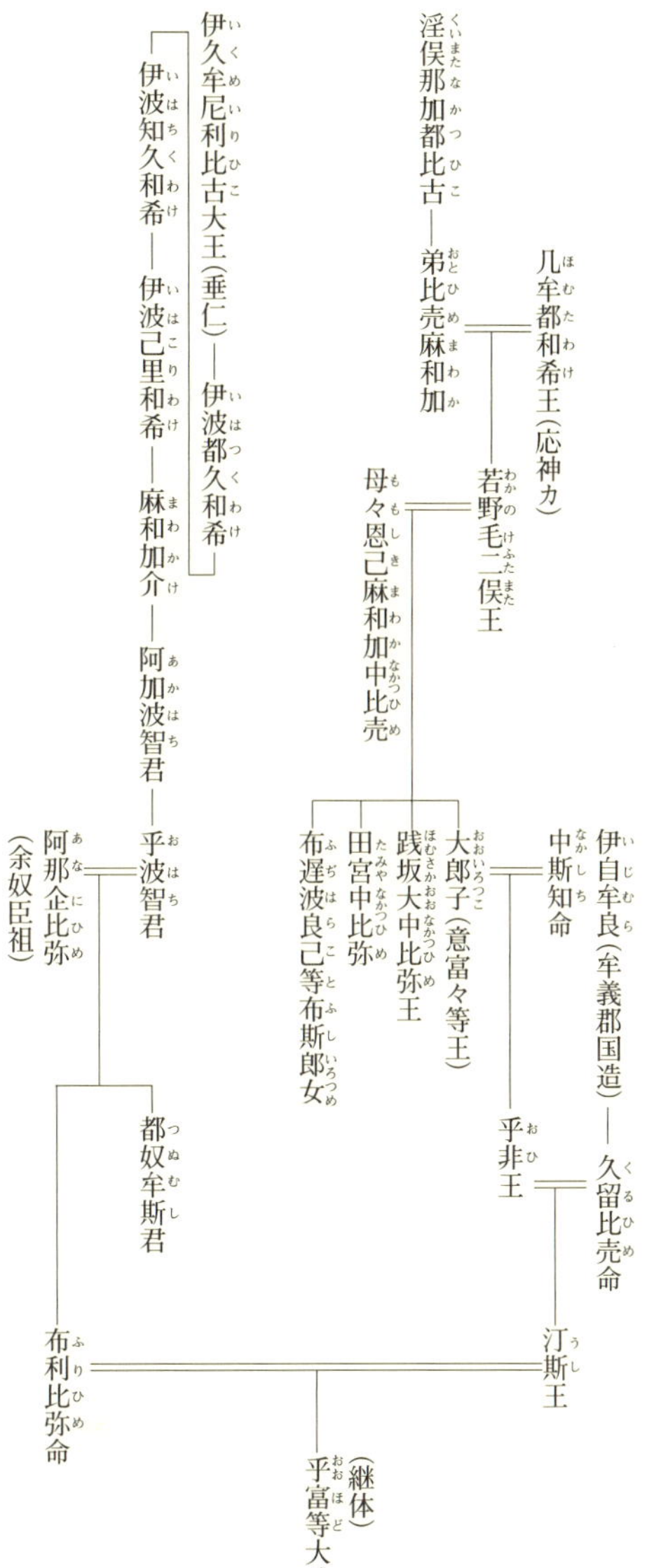

図1　『上宮記』逸文系譜

もそうでなく、問題を残している。そこで次に、継体の出生から即位に到る所伝について考えてみたい。

『書紀』はさきにみたように、父の彦主人王が近江高島の三尾別業に、越前三国から振媛を妻に迎え、継体の生まれたことを記したあと、継体の幼いうちに彦主人王が亡くなり、将来に不安を抱いた振媛は、継体を伴って故郷の越前三国の高向にもどり、継体を育てたことを記している。『古事記』は、さきにみたように、近江出身のように記しているが、継体が近江で出生したことに重点をおいて記述した結果とも考えられよう。また近江退去後も高島の三尾に拠点を維持していたことを示唆しているのかも知れない。なお『上宮記』の逸文にも、『書紀』と同様の所伝があり、継体が近江高島で出生し、越前三国で成長したことは、かなり有力な所伝であったと考えられる。そしてこのこ

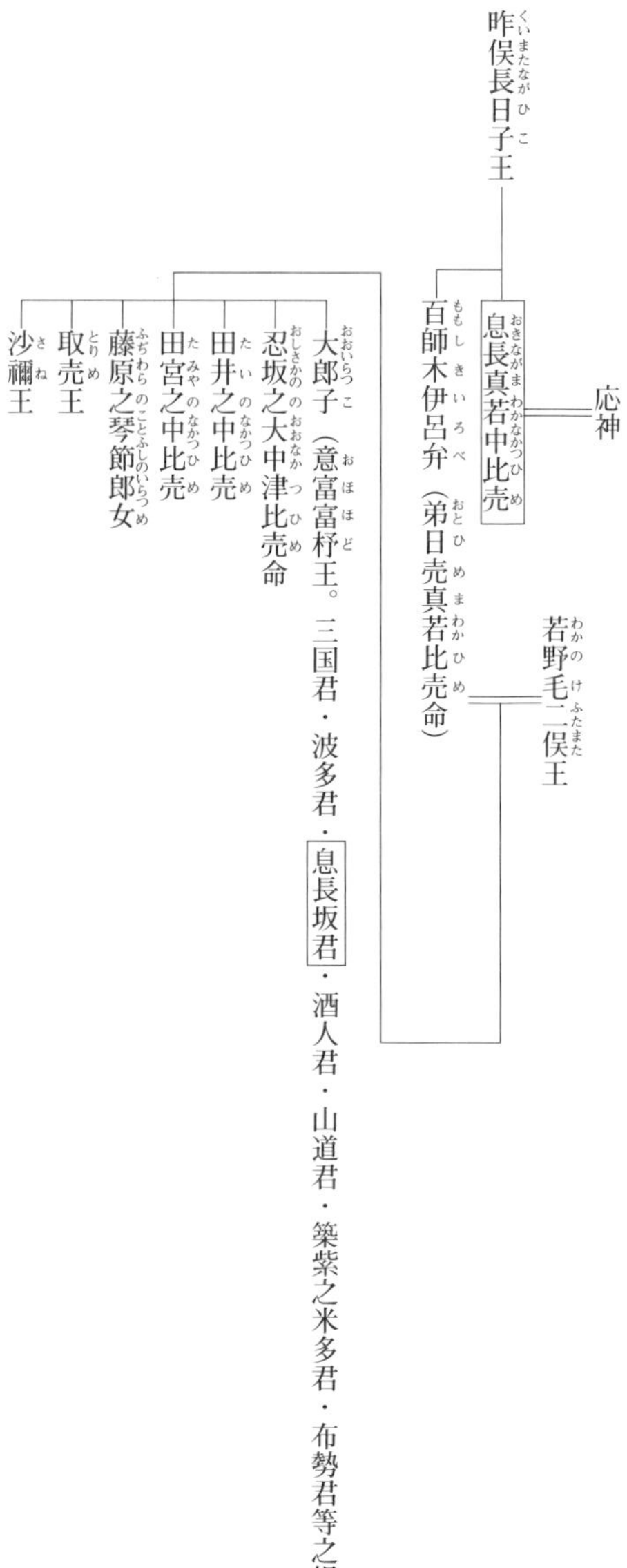

図2 若野毛二俣王の系譜

とは、継体の后妃に関する記載からも裏付けられる。

継体の后妃については、『古事記』に七人、『書紀』に九人の記載があるが、ほぼ共通しており、史実に基づいている可能性が高い。そして、その記載方法や順序をみてみると、三尾君氏出身の妃が二人みえ、その若比売は『古事記』の筆頭に記載され、『書紀』においても、仁賢皇女で欽明を生んだ手白香皇女、「元妃」と明記され安閑・宣化を生んだ目子媛に次いで三番目に記載されており、若比売が継体の最初の正妃であったことを示唆する。また若比売の皇子女の中に大郎子がみえ、もう一人の三尾君氏出身の妃倭比売の子に、大郎女がみえており、大郎子・大郎女が、皇子女中の第一子の名にふさわしいところから、二人が継体に最も早く入内した妃であることを推測させる。そして倭比売が生んだ二男二女のうち、第二子の椀子皇子は、『書紀』に、越前三国を本拠とする三国公の始祖と明記されており、越前三国で成長した継体が、最初の妃として、三尾君氏から若比売・倭比売の二人を迎えたことを示唆すると同時に、近江高島と越前の密接なつながりが推測される。ところがこの三尾君氏については、越前の豪族とする見解と近江高島とする見解があり、継体の即位事情や擁立勢力のあり方を考える上で、また継体天皇と越前・近江の問題を考える上で、重要な問題を提起している(6)。

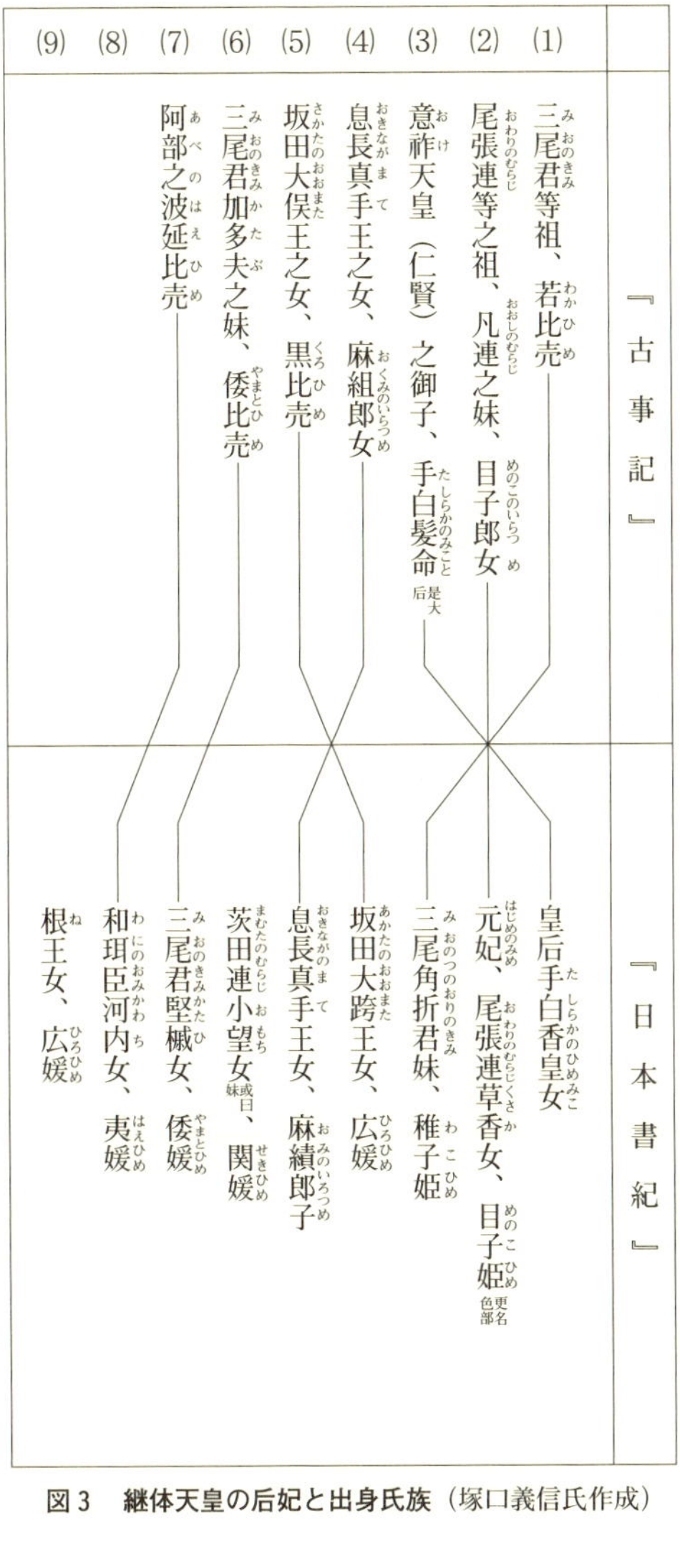

図3　継体天皇の后妃と出身氏族（塚口義信氏作成）

二　三尾氏の出身地と勢力―地名「三尾」の検討―

米沢康氏は、近江高島で三尾氏の居住が確認されないことから、高島本拠説が必ずしも鉄案ではないとした上で、①近江国高島郡だけでなく、越前国坂井郡にも水尾郷の存在が確認され、『延喜式』兵部省にみえる三尾駅や坂井郡内に「三保大明神」と呼ばれる神社のあること。②三尾氏の出自系譜と越前出身とされる継体の母振媛の父祖系譜が一致するだけでなく、加賀・能登の有力豪族である羽咋国造・加我国造の祖が三尾氏と同祖を主張しており、越前とかかわりが深いこと。③したがって三尾氏の本拠は越前国坂井郡であって、三尾氏こそ振媛の出自氏族であるとされた。(7)同じような視点から山尾幸久氏も、三尾氏の本拠が越前国坂井郡である可能性が高いとされるが、近江国高島郡にも三尾駅をはじめ三尾崎、三尾神社など、三尾を冠する地名が顕著であるところから、三尾氏が五世紀後半ごろ（継体の誕生以前）に、越前から近江に本貫地を移したとされた。(8)三尾氏＝越前本拠説は、通説の弱点をついたものであり、説得力をもつものではあるが、史料的には近江高島説と同じ弱点をもっている。

水谷千秋氏は越前坂井郡の郡領氏族と郡内における氏族分布を調査して、そこに三尾氏の居住が全くみられないことを指摘するとともに、「三尾」という地名の分布・性格を検討して、地名のみで氏族の居住を推測することに疑義をはさまれた。そして継体にかかわる所伝において登場する「三尾」がまさしく近江高島のそれである点から、三尾氏の本拠としては、近江高島説をあらためて主張されたのである。ところが『上宮記』逸文にみえる継体の母振媛の出自系譜については、米沢氏の見解を継承して、これを三尾氏の系譜であるとし、当然振媛の出自も近江高島の豪族三尾氏にほかならないとされている。(9)

水谷氏による三尾君氏の本拠を近江高島とする論旨は明解で説得力のあるものと考えられるが、そのうえで振媛の出自を三尾君氏とし、高島説を補強しようとされた点については、後述するように考証に無理があり、承服することはできない。私は、三尾君氏の本拠を越前坂井とする見解は重要な問題提起と考えるが、その論拠は水谷氏が批判されたように、意外に弱いものと考える。そこで以下、水谷氏とはやや異なる視角から、近江高島説を補強したい。

それは、「三尾」という地名の定着度という点である。周知のように近江高島の三尾については、多方面の資料により確認できる。すなわち『上宮記』逸文にみえる「弥乎国高嶋宮」、継体紀の「近江国高嶋郡三尾別業」をはじめとして、壬申紀に大海人皇子軍に陥落された「三尾城」、『続日本紀』天平宝字八年九月条に、藤原仲麻呂の乱にかかわってみえる「高島郡三尾崎」、『万葉集』に散見される「三尾が崎」「高島の三尾の勝野」、『延喜式』兵部省の近江国駅馬にみえる「三尾」、『延喜式』神名上の近江国高嶋郡にみえる「水尾神社二座」、そして『和名類聚抄』の近江国高島郡にみえる「三尾」郷と、さまざまな性格の、しかも年代も比較的幅広く諸文献にみえている。これに対し、越前国坂井郡の「三尾」の場合は、天平五年の「山背国愛宕郡計帳」にみえる「越前国坂井郡水尾郷」が、『和名類聚抄』の郷名としては全くみえないこと、『延喜式』兵部省の越前国駅馬にみえる「三尾」駅が、天平神護二年十月二十一日付の「越前国司解」では「桑原駅家」とあり、やや流動的で定着度が弱いように考えられる。このように、近江高島と越前坂井の地名「三尾」のあり方を比較した結果、地名の定着度、安定度からみて、近江高島のそれがより高いことが明らかになった。そしてなによりも、継体の所伝にかかわる三尾が、近江のそれにほかならない点も考慮するなら、やはり三尾氏の本拠は近江高島であった可能性が高いのではなかろうか(10)。

また『上宮記』逸文にみえる振媛の出自系譜について、米沢氏は『書紀』垂仁三十四年三月二日条、同景行四年二月十一日条や『先代旧事本紀』国造本紀の加我国造・羽咋国造などにみえる三尾君氏に始祖系譜がほぼ一致するところから、振媛の系譜は三尾君氏の系譜であって、振媛は当然三尾氏に出自すること、『書紀』と『上宮記』逸文の継体即位事情にかかわる所伝において、振媛の出身地が越前坂井とほぼ限定できることなどから、三尾君氏の本拠も越前坂井とすることができるとされている(11)。一方、水谷千秋氏も、同様の根拠により振媛の系譜と三尾君氏の系譜の一致や振媛の出自を三尾君氏と主張されるが、さきにみたように、系譜にみえる人名などを手がかりに、三尾君氏の本拠が近江高島であることを補強されている。

この問題の焦点は、やはり『上宮記』逸文第二段の振媛の始祖系譜の史料批判と考えられるが、水谷氏の見解で問題となるのは、彦主人王が美しいと評判の振媛を、越前三国の坂中井から迎えたとし、また、彦主人王の死後、振媛が幼い継体をつれ、「祖の在ます三国」、「桑梓」の高向に帰郷したとする、『書紀』・『上宮記』逸文の記載をどのように理解するかという点であろう。水谷氏はこの所伝について特にふれておられないが、おそらく史実を核とした所伝ではなく、述作されたと考えておられるのであろう(12)。しかしながら、さきに検討を加えたように、この所伝にはかなり信用がおけるようであるし、振媛の出身氏族を越前坂井の豪族とすることは、ほぼ間違いないところであろう。水谷氏は三尾君氏と加我国造・羽咋国造との同祖系譜の形成を新しいものとして、交流についてもそれほど古く遡らないとされるが、近江高島と越前・加賀・能登との交流は、かなり親密であって、必ずしも新しい時期に下げて考える必要はないのではなかろうか。

以上のように、私は三尾君氏は近江高島を本拠とする豪族であって、振媛の出身氏族は越前坂井の高向を本拠とする豪族であったと考える。なお三尾別業の故地については、三尾里の地名を残す、鴨川下流域右岸に展開する、下五反田遺跡・南市東遺跡が時期的にも、ふさわしいとみられるが、直接このことを裏付けるデータは認められない。

また近江高島の南部の山麓には五世紀後半ごろに築造されたとみられる、全長七〇メートルの帆立貝式前方後円墳の田中大塚古墳があり、二段築成で葺石をもち、Ⅳ期の埴輪が出土している。そして六世紀中葉には、鴨川沿いに墳丘長約四五メートルの前方後円墳、鴨稲荷山古墳が築造されている。墳丘はその大半が消失しているが、一九〇二年（明治三十五）、道路工事の土取りにより、後円部の横穴式石室から凝灰岩製《ぎょうかいがんせい》の家形石棺が発見され、副葬品の一部が持ち出されたが、一九二三年（大正十二）に京都帝国大学によって学術調査が行われた。棺内外からは金製垂飾付耳飾《すいしょくつきみみかざり》、金銅製の冠・飾履《しょくり》・魚佩《ぎょはい》、内行花文鏡、杏葉《ぎょうよう》・鏡板付轡《かがみいたつきくつわ》・雲珠《うず》などの馬具、環頭《かんとう》大刀、玉類、須恵器など豊富な副葬品が出土し、この時期の大王クラスの首長墓であることが明らかになった[13]。継体大王をその父の代から強く支えた、三尾君氏に関わるものとして、ふさわしい内容をもつといえよう。

三　三尾氏復元系図と振媛系譜の検討

先にみたように、米沢氏や水谷氏は、振媛系譜と『書紀』垂仁三十四年三月二日条、同景行四年二月十一日条や『先代旧事本紀』国造本紀の加我国造・羽咋国造などにみえる三尾君氏に始祖系譜がほぼ一致するところから、振媛の系譜は三尾君氏の系譜であって、振媛は当然三尾氏に出自するとされている。果たして振媛系譜は、三尾氏の系譜そのものであろうか。

周知のように三尾氏は、継体の擁立に重要な役割を果したにもかかわらず、少なくとも天武朝には、中央政界から姿を消し、いわゆる天武八姓においても、全く対象にされた形跡はなく、おそらく壬申の乱において、近江朝廷に荷担し失脚したとみられる。したがってその系譜については、まとまったものはなく断片的に残された系譜から復元するほかないのである。そこでやや大胆に復元したのが**図4**である。

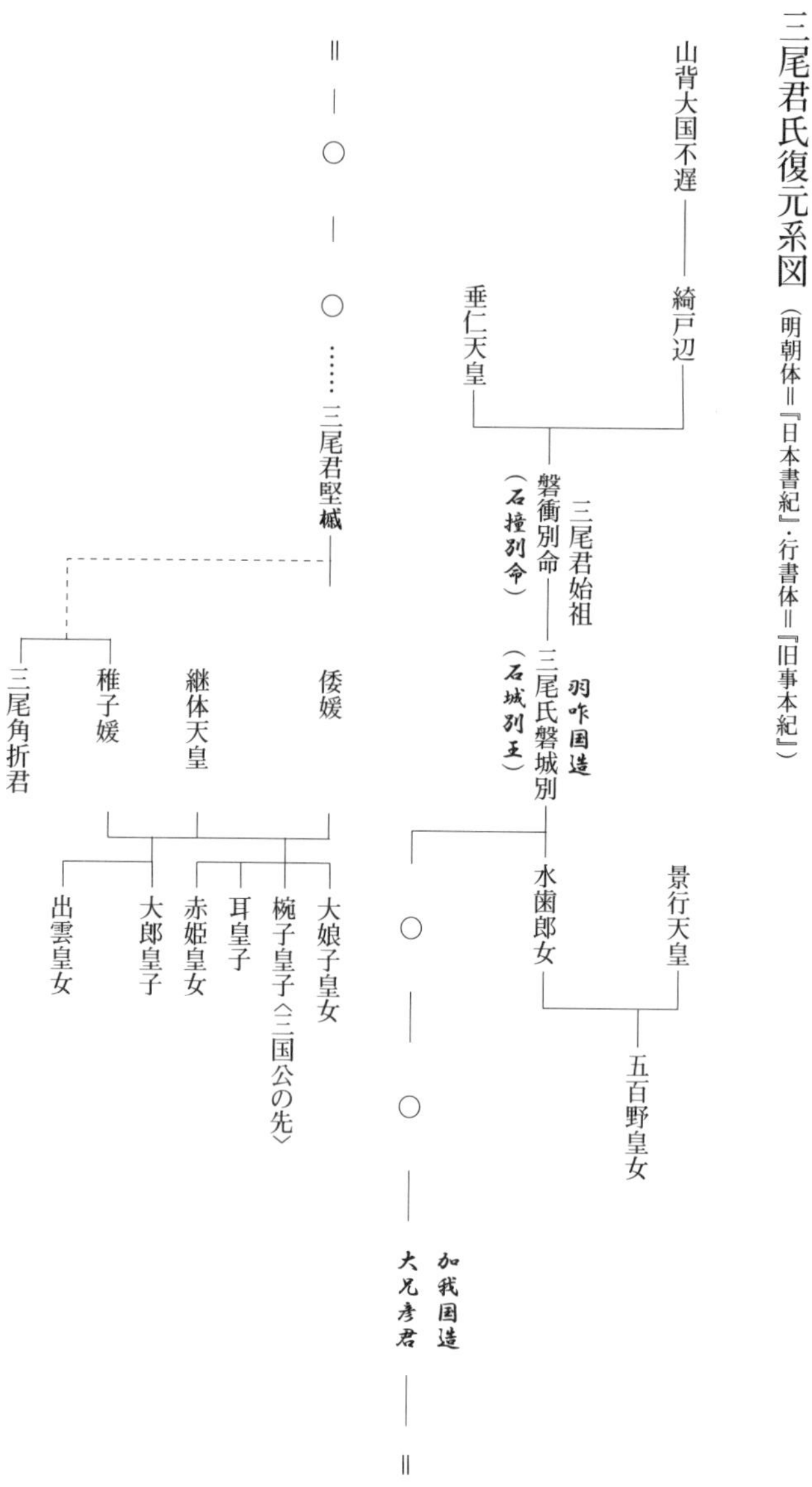

図4　三尾氏復元系図

三尾氏の系譜記事は、『書紀』に三ヶ所、『先代旧事本紀』国造本紀に二ヶ所みえる。『書紀』垂仁三十四年三月二日条にみえる三尾君始祖磐衝別命と、同景行四年二月十一日条の三尾氏磐城別とは、『先代旧事本紀』国造本紀の羽咋国造の系譜にみえる石撞別命・石城別王と同一人物とみられるから、その親子関係が復元される。また『先代旧事本紀』国造本紀の加我国造の系譜も、同じ理由により、磐城別の系譜に接続する。ただ、『書紀』継体元年三月二日条の継体妃に関わる系譜は、独立した所伝であって、三尾君堅樴と三尾角折君父子に接続する系譜は判明しない。

いっぽう振媛の始祖系譜については、その人名にカバネのワケをもつものと、カバネのキミをもつものの二つのグループに分類され、おおよそ前半部と後半部に区分される。そして人名に含まれる「伊波」とか「波智」といった用字からも、この系譜が一括成立したのではなく、何段階かの改変・統合を経た可能性が考えられる。そして実際、三尾君氏の始祖系譜と一致するのは前半部分に限定されるのである。私は振媛の出身氏族が保持していた始祖系譜は、少なくとも本来は後半部のみで、前半部については、後述するように、継体の父祖以来の支持勢力で、継体の外戚としてその即位にも大きな力のあった三尾君氏の始祖系譜を借用する形で、継体の母族としての過去を飾ろうとしたのではないかと考えている。

すなわち先にみたように、振媛の出身氏族は『書紀』『上宮記』逸文の記事により、越前国坂井郡三国の豪族とみられ、別に詳しく考証したように、後の坂井郡の郡領氏族三国君（真人）と考える。(14)三国君はおそらく継体の即位にあたって、その母族として大きな役割を果たし、その後中央に進出し有力な地位を得ていた可能性が高い。その一つの帰結が天武八姓における真人の賜姓であったと考える。先にみたように、『古事記』は、いわゆる若野毛二俣王の系譜において、息長氏などとともに、意富富杼王の後裔氏族としているが、『書紀』は、三尾腹の継体妃倭媛が生んだ椀子皇子を、「三尾公之先」とする異伝を載せている。そして、『古事記』の所伝が、後世の天武八姓を背景として構想されたことは明らかであるから、(15)『書紀』の所伝がオリジナルなものと考えられる。したがって私は、『書紀』の所伝は、振媛の母族である三国氏が、継体皇子を養子に迎えることにより、母族としてのステータスを高めようとしたことを示していると考える。

これも別稿で検討したように、三国という呼称が坂井郡をこえた広い地域を含む地名とみられるところから、同氏が越前の大首長として、また継体の母族として、新しく許されることになったウジ名であり、その本姓は、同じ坂井郡の郡領氏族である品治部君氏であったと憶測している。それは、その氏名に負う品治部が、垂仁天皇の皇子品治別皇子の名代・子代であり、品治部君氏はその地方的伴造とみられる。したがって、その始祖系譜も垂仁天皇の皇子品治別皇子に関わる可能性が、想定されるからである。しかもそれは垂仁天皇七世孫を自称する振媛の出身氏族に相応しいと考える(16)。

このように振媛の出身氏族の持っていた本来の系譜が、垂仁天皇に関わるものであったとするなら、もともと三尾氏と三国氏は共通した系譜をもっていた可能性が高いと考える。そして、ここからは全く憶測であるが、同じ垂仁に関わる系譜をもつ三尾氏と三国氏が、継体との関わりの中で、より親密な関係をもつことになり、しかも三尾腹の皇子を始祖とすることになった三国氏が、それを契機として、形成途上にあったその始祖系譜を、整備するため三尾氏の所持していた系譜を借用する形で増補したと考える。

したがってこのように考えることが出来るなら、振媛の出身氏族を三尾氏とする説は、その立論の根拠を失うと考える。そして、振媛の生んだ継体が、いくつかの偶然と、多くの幸運により、大王の地位に着くことにより、その母族であった三国(品治部)氏は、このような新しい事態に対応するため、継体皇子を養子とすることをはじめ、多くの努力を払うことになったとみられるが、その過程で三尾氏の系譜を活用して、その始祖系譜を整備することになったのではなかろうか。

おわりに

五世紀後半から六世紀にかけて、大和政権内部では王位をめぐって大きな変動があり、近江で生まれ、越前で育った傍系の王族と考えられる継体が、近江・越前に加え美濃・尾張という、近畿の東北部の諸勢力を基盤に、新しい王朝を樹立した。このような事態が実現した背景には、これより以前から形成されていた、広い地域間における、政治的・経済的・文化的な交流圏の存在が推定される。とくに近江と越前については、近江高島の三尾別業にいた彦主人王が、越前三国の豪族の娘を妻に迎えた背景として、彦主人王の三尾別業の経営を支えていた、近江高島の三尾氏と、三国の豪族三国氏の、これ以前に遡る密接な繋がり・交流を窺わせるし、彦主人王の死後、母に伴なわれ三国に帰り、その地で育った継体が、最初の后妃として三尾氏の娘二人を入内させていることも、こうした近江高島と越前三国の、長い交流を示していると考える。

別に詳しく検討したように、継体の父彦主人王の本拠は、近江や越前ではなく、真実の継体陵とされる今城塚古墳の所在する、摂津三島付近の可能性が高く、今城塚古墳に先行する大王墓クラスの前方後円墳、大田茶臼山古墳こそ彦主人王の墳墓と考えている。(17)それはそれとして、こうした継体をめぐる諸勢力のあり方から、大和・河内・摂津などの後の「畿内」とその周辺に拠点を構えていた、王統につながる一族が、各地の地方勢力と結び、その政治的・経済的立場を強化していた様相が浮かび上がってくる。

大王権力の超越化がすすむなかで、これとは別個に列島各地で、北部九州の筑紫君磐井にも見られたような、地域勢力の統合・広域化が形成・台頭していたとみられる。継体擁立勢力もそのひとつであって、それが傍系とはいえ有

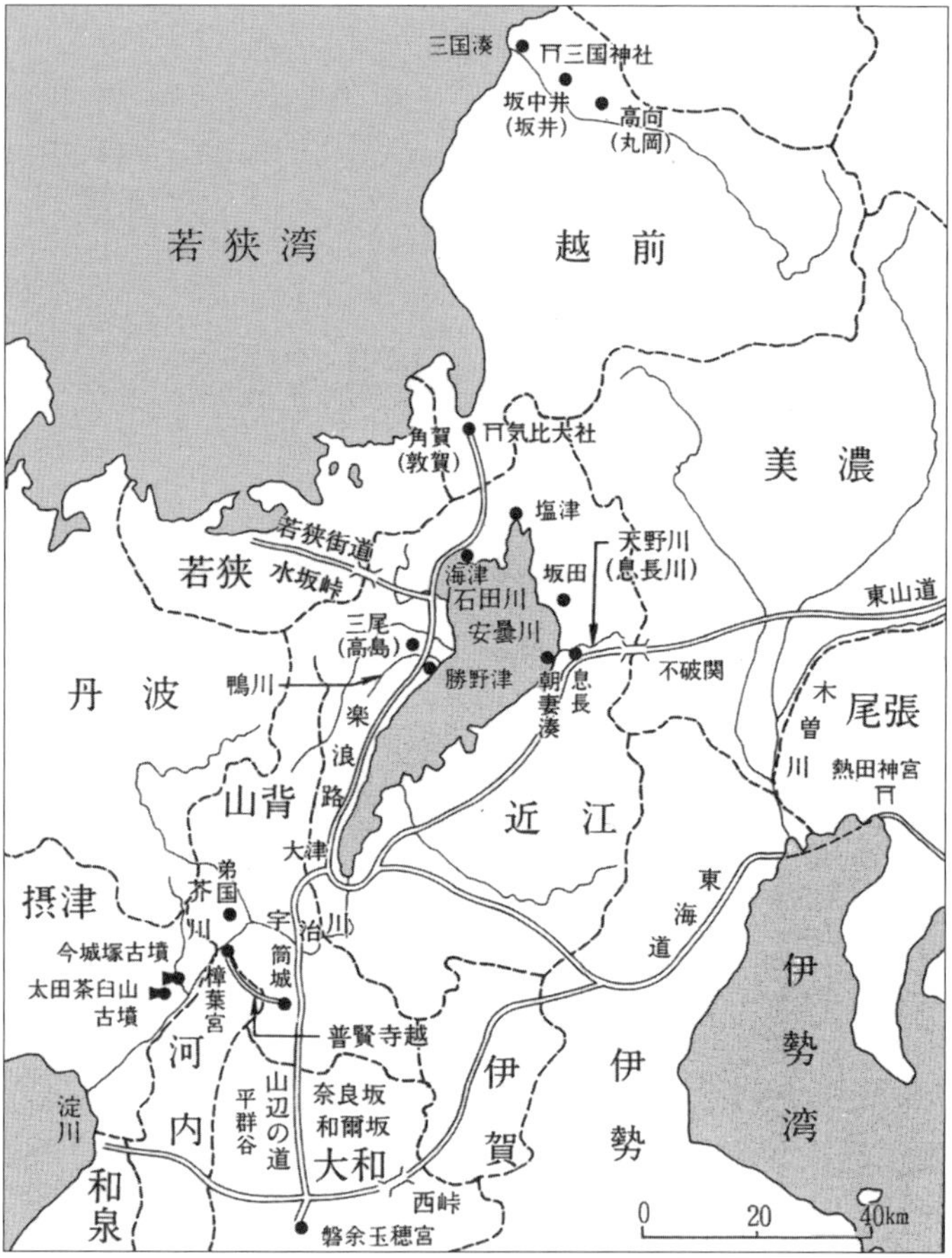

図５　継体天皇関係図

力な王族と結ぶことにより、大王を推戴するまでの力量を積み上げていたのである。継体以降の大和政権が、国造制・ミヤケ制・部民制など政治機構の整備・改編をすすめ、中央官制の強化・再編（オオオミ―マエツギミ制）を行ったのは、五世紀の王権が内在していた、こうした豪族連合的な政権構造を克服して、王権の強化・権力の集中を図ろうとしたことを示している。その過程で、継体即位に大きな力を発揮した、近江・越前・美濃・尾張の広域にめぐる交流圏は、しだいに大和政権の統制下に吸収・統合され、自立性を失うことになったとみられる。ただ王権による統制下になかった各種の交流は、その後も多様な展開を示したとみられる。

註

（1）大橋信弥「顕宗・仁賢朝の成立をめぐる諸問題―継体朝成立前史の研究―」（『日本古代の王権と氏族』吉川弘文館、一九九六年）。
（2）水野　祐『増訂　日本古代王朝史論序説』（小宮山書店、一九五四年）。
（3）直木孝次郎「継体朝の動乱と神武伝説」（『日本古代国家の構造』青木書店、一九五八年）。
（4）岡田精司「継体天皇の出自とその背景」（『日本史研究』一二八号、一九七二年）。
（5）黛弘道「継体天皇の系譜について」（『律令国家成立史の研究』吉川弘文館、一九八二年）。
（6）大橋信弥「三尾君氏をめぐる問題―継体擁立勢力の研究―」（『日本古代の王権と氏族』吉川弘文館、一九九六年）。
（7）米沢康「三尾氏に関する一考察」（『北陸古代の政治と社会』法政大学出版局、一九八九年）。
（8）山尾幸久『日本古代王権形成史論』（岩波書店、一九八三年）。
（9）水谷千秋「三尾氏の系譜と伝承」（『継体天皇と古代の王権』和泉書院、一九九九年）。
（10）註（6）参照。
（11）註（7）参照。
（12）水谷千秋「『上宮記一云』と記紀」（前掲『継体天皇と古代の王権』）では、余奴臣の造作した所伝とするが、具体的な論拠は示されていない。
（13）浜田耕作・梅原末治『近江国高島郡水尾村の古墳　京都帝国大学文学部考古学研究報告　第8冊』（京都帝国大学文学部）、小野山　節ほか『琵琶湖の六世紀を探る』（京都大学文学部考古学研究室、一九九五年）。
（14）註（6）参照。
（15）上田正昭「氏族系譜の成立」（『日本古代国家成立史の研究』青木書店、一九五九年）。
（16）註（6）参照。

（17）大橋信弥「日継知らす可き王無し—継体大王の出現—」（平成十五年度春季特別展図録『日継知らす可き王無し—継体大王の出現—』滋賀県立安土城考古博物館、二〇〇三年）。

北陸線の敷設と金沢市経済の変容

新本欣悟

はじめに

明治期は鉄道網の拡大により、国内の輸送体系が鉄道を中心に再編されていく時期である。石井寛治・山口和雄編『近代日本の商品流通』(1)は近代日本における商品流通を地域別分析・商品別分析という二つの視角で解明しようとした業績であるが、その第一章である石井「国内市場の形成と展開」では明治三十九年(一九〇六)の鉄道国有化前後に海上輸送優位から鉄道輸送優位に転換したとの見解が示された。しかし鉄道だけが国内交通を担えるわけではなく、多様な交通手段が総合され輸送体系が形成される。特に明治十年代に整備される汽船が沿岸航路網の充実に果たした役割は大きい。小風秀雅「鉄道国有化と運輸網の再編」(2)では、日露戦後の鉄道国有化以後鉄道幹線網の形成や輸送力の増強が達成され、大正初期に鉄道を中心とし沿岸海運との共存関係を有する(相互補完的な)輸送網が確立するとの見解が示された。

一方、鉄道敷設が地域経済や社会に与えた影響・変化については古くから注目されており、大正五年(一九一六)鉄道院は詳細な調査により『本邦鉄道の社会及経済に及ぼせる影響』を刊行した。(3)中でも鉄道の福井延伸にともない羽二重や生糸の輸送の日数・コストが半減し、福井県の羽二重業発展につながった事実の指摘は著名である。

鉄道・汽船網の整備にともない北陸地方で生じた物流の変化を明らかにした業績としては、山口和雄「近代的輸送機関の発達と商品流通」[4]があげられる。同論文では、汽船輸送の発達により明治二十年代に北陸三県の港湾移出入額が大きく拡大した点、北陸線敷設後の明治三十五年段階で、福井県からの移出がほぼ「陸運」に切り替わっていた点、さらに鉄道の発達にともない同県の移出入額が著しく増加し市場が拡大した点などが指摘された。しかし石川・富山県に関しては資料の制約から詳細な分析は行われていない。

次に小風秀雅は「鉄道敷設の進展と物流」[5]において、北陸線・山陰線開通の過程で生じた敦賀の物流の構造的変化を鉄道延伸の段階ごとに整理した。すなわち敦賀・長浜（・大垣）間の開通（明治十七年）により本州横断ルートが形成され、北海道・北陸・山陰と阪神・中京等を結ぶ物流の中継地となった敦賀が、福井・富山への北陸線延伸（明治二十九〜三十二年）にともない中継地としての機能を低下させる。さらに明治末以降山陰線延伸や北陸線全通（富山・直江津間開通）により、国内物流に占める敦賀の中継機能が喪失し、対岸貿易港としての機能が強化される点が指摘された。

このように北陸線の敷設は北陸地方の経済に多大な影響を与えた。筆者は鉄道敷設にともない北陸最大の都市である金沢市の交通体系や産業編成に生じた変化を明らかにしたいと考えているが、本稿ではその前提として金沢市の移出入や製造額に関する統計データを整理することで、鉄道開通前後の移出入状況を確認し、当該期に生じた金沢市の産業構造の変化を俯瞰することをめざすものである[6]。

一　北陸線敷設への期待

(1) 明治前期の金沢と北陸線敷設に至る経過

江戸時代の金沢町は日本最大の城下町であり、明治四年（一八七一）廃藩置県直後には一二万人余の人口のうち、四割前後が士族・卒族（家族を含む）であったと考えられる。[7] しかし維新以後身分規制が解除され自由な市場経済の仕組みへの転換が模索されるなかで、家禄支給など士族の特権が次第に奪われていった。このため膨大な士族人口を有する金沢は「斜陽都市」に転落せざるを得なかった。危機感を募らせる士族は様々な産業振興（士族授産）策を構想した。[8] さらに西南戦争以後インフレが進行し士族の生活難が深刻化するなかで、明治十三年（一八八〇）授産事業の内容を審議する旧藩士の会議を設立することを前田家に願い出た。その結果三〇人の議員を公選し「起業会」が組織され、授産事業に関する士族の意見を募った。多種多様な意見が提出されたが、鉄道建設を主張する一派と盈進社[9]など開墾を唱える一派が対立した。

さて殖産興業を進める明治政府にとって鉄道建設は最大の基盤整備事業であったが、すべてを官営で建設することは資金的に困難で、政府による鉄道建設は東京・大阪と貿易港を結ぶ路線などに限定されていた。一方、明治九年の秩禄処分により多額の金禄公債証書を支給された旧藩主（華族）は、有効な資金投資先を模索していた。明治十一年以降京都・大津間の鉄道建設を進めていた政府は、十三年四月琵琶湖東岸の米原から北陸の要港敦賀をめざす鉄道建設に着手した。こうした状況下、旧金沢藩主の前田利嗣は華族督部長岩倉具視の勧めを受け、起業会の議論を打ち切り鉄道事業に乗り出すことにしたため、盈進社など起業会の授産事業に大きな期待を寄せていた士族たちは激しく反発し、前田家の家政改革を求める騒動が起こった。結局明治十五年起業会が再建され、北海道開拓事業を行う起業社設立を決議、前田家から提供された一〇万円の資金を元手に岩内郡犂野無納の開拓に乗り出していった(10)。

さて前田家は明治十四年八月北陸地方の旧藩主や本願寺を発起人に糾合し、(琵琶湖北部の)滋賀県柳ヶ瀬と富山間を第一期線とする東北鉄道会社創設願を政府に提出した。本計画は四五〇万円という莫大な資本金をもって日本海と太平洋を結ぼうとする壮大なプランであり(11)、日本最初で最大の私設鉄道会社とされる日本鉄道株式会社(東京・高崎、東京・青森間)と同時期に出願された先駆的な鉄道計画であった。しかし計画はわずか三年余で挫折し、敦賀・富山間の北陸線が開業するまでには一八年もの歳月が費やされた、この間の事情は小谷正典「福井県における北陸線敷設運動の展開(一)・(二)(12)」、ならびに『金沢市史』通史編3を参照されたいが、北陸線開業に至る経過を以下に略述したい。

旧金沢藩主前田利嗣は十四年九月金沢へ「帰県」し、旧大聖寺藩主利鬯とともに加越能三ヶ国をくまなく巡回し、郡長・戸長、富裕者等へ株式募集への協力を呼びかけた。半年間におよぶ活動は石川県令千坂高雅や鉄道局長井上勝の理解・協力を得て行われ、「前田氏に係る募集額」は二〇〇万円に達するなど応募の動きが進んだ(13)。しかし政府は木ノ芽峠越えの難工事が予想される敦賀・福井間を後回しとし、福井・伏木間を優先して建設することを石川・福井両県令に指示した(14)。このため敦賀からの鉄道延伸を願う福井県の発起人が計画から脱落し、十七年四月東北鉄道計画は挫折した。

華族資本による東北鉄道会社が挫折する一方、琵琶湖岸から敦賀に向けての官営鉄道建設が進み、明治十七年四月長浜・敦賀(金ヶ崎)間が全通し、琵琶湖の水運を介して京阪神地方と北陸がつながった。この結果石川県では京阪神にアクセスする交通手段を確保するため、明治十九年五月金沢の外港である金石と敦賀を結ぶ加能汽船株式会社が

「県庁ノ奨励」[15]により創立された。同社は本社を金石に、支店を敦賀に置き、金石・敦賀間を定期運航した。さらに輪島港など能登外浦の各港との間にも月一便の航行を行った。その結果運賃が安くなり移入品の価格が低下した。さらに定期航路の開設により従来荷物一個につき七銭の港税を徴収していた敦賀港が港税を廃止するなど、同社は石川県下に大きな利益を与えたようである[16]。

さて明治十四年以来続けられた「松方デフレ」政策が終息すると金利が低下し、明治十九年以降「企業勃興」と呼ばれる株式会社設立ブームが到来した。特に日本鉄道の好調な経営に刺激され、鉄道会社が相次いで設立され、全国的に「鉄道熱」が盛り上がった。北陸三県においても明治二十一年（一八八八）一月ころから敦賀と富山を結ぶ北陸鉄道会社設立の動きがおこった。この動きは華族を主とする東北鉄道会社と異なり、北陸三県の平民を中心とするもので、石川県内では金沢の家柄町人森下森八（八左衛門）・江沼郡橋立の北前船主久保彦兵衛が主導した。同年五月には石川県会議事堂で「北陸三県連合発起委員会」が開催され、六月富山・武生間を第一期工事とする「私設北陸鉄道会社創立願書」が政府に提出された（資本金四〇〇万円）。東京・神戸を結ぶ東海道線の全通（明治二十二年七月）を目前に控える一方で、日清対立が激しくなり鉄道敷設を求める軍事的な要請も高まりつつあった。鉄道局長井上勝は官線鉄道網の整備をめざす方針から、親不知と木ノ芽嶺に隔てられ孤立した鉄道ができることには反対であった。その結果政府の意向を受けて武生・敦賀間を第一期線に繰り入れる形で計画の再編がなされ、二十二年末には線路実地測量の仮免状が下付された。しかし政党対立を主とする発起人の不和や景気悪化による株金払込の不調などにより明治二十四年十一月計画は挫折した。

明治二十四年十二月金沢市会は五人の議員を上京させ、逓信省・貴族院・衆議院を歴訪し北陸鉄道官設の意見を上申した。さらに翌二十五年五月「北陸鉄道官設ノ意見書」[17]を全会一致で決議し、内務大臣に提出した。意見書では官設を求める理由としてロシアの軍事的脅威への対応を第一に掲げているが、本音は「殖産興業ノ利器」としての鉄道に対する期待であり、その背景には「加能両越就中金沢市ノ病弊ハ殊ニ憫ムヘキモノ多シ」という現状認識があった。さらに金沢商業会議所も二十五年七月「北陸鉄道官設に関する意見書」を決議し、亀田伊右衛門会頭らが京都・大阪・東京地方に出張し援助を懇請した。石川県会でも二十四年十二月に鉄道官設を求める建議が可決されるなど、鉄道官設を求める運動が急速に広がった。

一方日清開戦を目前にした政府は軍事・経済両面から幹線鉄道の「官設官営」主義を打ち出し、明治二十五年六月鉄道敷設法を公布し、幹線鉄道を官営で敷設する方針を明らかにした。このなかで敦賀・富山間の北陸線が「第一期建設予定線」に選ばれ、北陸線敷設の道が開けた。二十六年四月から始まった北陸線建設工事は水害などの被害を受けながらも着実に進み、二十九年七月敦賀・福井間が開業し、三十年九月には小松、三十一年（一八九八）四月には金沢、翌年三月には富山へ到達した。さらに鉄道敷設法において「第一期線」から除外され早期に建設される見込みが立たなかった七尾[18]・津幡間の鉄道建設は私設鉄道形態で進み、明治三十三年に官鉄の津幡停車場に接続した。本線は日露戦後鉄道国有化法により政府に買収されることになる。

(2)　北陸線開業の経済効果に関する予想

明治二十九年（一八九六）七月金沢商業会議所は石川県知事からの要請に応じて「北陸鉄道貫通に付本市商業家の採るべき意向に関し石川県知事へ答申[19]」を行った。本文は六〇〇〇字を超える長文であるが、その冒頭に「金沢市ガ為メニ採ルベキ大体ノ方針ヲ陳ブルニ先チ、鉄道ノ貫通ハ当地方ニ対シ如何ナル影響ヲ来スベキカヲ説明スルノ適当ナルヲ信ズルナリ」と記されているように、鉄道開業に際し商工業家がとるべき態度を述べる前提として、鉄道開業が生み出す効果を予想している。すなわち商業会議所は鉄道開業の主な効果として以下の五点を挙げている。

一、金沢ニ於ル一般商工業ノ発達ヲ促スコト
二、貨物ノ集散旅客ノ出入ヲ誘引スルコト
三、金沢ニ於ケル金融ノ円滑ヲ助長スルコト
四、需用物品ノ供給ヲ便ナラシムルコト
五、人力ノ価値ヲ貴カラシムルコト

一点目では「京阪方面」と短時間で往来できるため、同地の「新空気」・「新智識」が流入することにより商工業全般に好影響が生まれることを予想している。特に鉄道開業により「京阪方面」や「隣県富山地方」から金沢付近で事業を行うために資本が投下されることを予想し、地元資本家・工業家の奮起を訴えている点は注目される。[20]

二点目では、北陸線および七尾港への支線敷設により「能越地方ハ更ニ金沢方面ニ向テ新通路ヲ開ク」ため、「従来未ダ認メザル貨物ガ能越地方ヨリ輸入シ来ル」こと、さらに「京阪方面ノ商品ニシテ能越地方へ輸出スルモノ」や「加越能ノ貨物ニシテ従来危険ナル北海ノ海運ニ依リシモノ」などが鉄道輸送されたため、金沢市に多様な貨物が集散することを予想している。反面「従来金沢ニ於テ集散シタル能越、若クハ京阪ノ貨物ガ鉄道ノ便ニヨリテ直送セラレ、旅客ノ一部モ亦彼ヨリ彼ニ直送スルモノアルニ至レバ、或ル種類ニ属スル貨物ノ集散、旅客ノ出入ニ減少ヲ来ス」との指摘から、鉄道敷設以前の金沢市は京阪地方と能登・越中（富山県）方面との物流の中継点としての役割を果たしていたことがうかがえる。

三点目では従来「海陸トモニ安全ナル運搬ノ便」が不備であったことを理由に「都会ノ金利」に比べ著しく高かった金沢地方の金利が、「平準ヲ得、金融ノ円滑ヲ招致スル」ことを予想している。

四点目には、

（前略）曰ク呉服類、曰ク金物類、曰ク和間小間物、曰ク砂糖、曰ク石油等、是等日用品ノ主ナルモノハ、重モニ之ヲ京阪地方ニ仰グガ故ニ、現今ノ如ク海陸共ニ運搬ノ便ヲ得ズ、冬季ニ於テハ殆ンド其運輸ヲ杜絶スルガ如キ場合ニ於テハ、啻ニ其価ヲ貴カラシムルノミナラズ、時ニ或ハ欠乏ヲ来タシ、為メニ格外ノ暴騰ヲ為シタルノ例ニ乏シカラザルナリ、然ルニ此鉄道貫通ノ暁ハ、凡テ是等ノ煩累ナキニ止マラズ、運賃モ亦之ヲ低減スベク、同業者間ニハ自然競争ヲ起スベケレバ、供給益至便ニシテ価格ヲ随テ低減スベキナリ、果シテ斯ノ如クナレバ地方ノ購買力ハ必ズヤ昔日ニ倍加スベシ（後略）

と記されている。すなわち金沢市の消費物資は主に京阪地方から移入されていたが、鉄道敷設により輸送コストが低下するだけでなく、冬期間における消費物資の不足や価格高騰が解消し、経済活動が活発化することを予想している。五点目では、維新以後「為スベキノ業ナク、従フベキノ事ヲ得ズ」、他地域に人口が流出し、[21]「人力ノ価値」（賃金水準）が著しく低廉な金沢市ゆえ、鉄道開通を契機に低廉な人件費を武器に多様な工業が勃興し、賃金水準も上昇、さらに「前年四方ニ離散シタル金沢人ハ争フテ帰来」すると予想している。

このように北陸線の敦賀・福井間開業を目前にした明治二十九年段階で、金沢・富山への鉄道延伸が大きな経済効果をもたらすものと予想している。そこで次節では統計資料の検討を通じて鉄道開業前後の金沢市の物流・産業の状況を俯瞰することで、鉄道敷設を契機に金沢市経済にどのような変化が生じたかを明らかにしたい。

二　北陸線開通と地域経済の変容

(1) 鉄道開通以前における金沢市の移出入

金沢市立玉川図書館には北陸線建設が開始された明治二十六年（一八九三）下半期における金沢市の移出・移入・製造高をまとめた『明治二十六年下半季間金沢市統計及商況』（金沢商業会議所編）が所蔵されている。これを基に、鉄道開通以前の金沢市産業経済の特徴を大まかにつかみたい。

表1に明らかなように二十六年下半期金沢市では移入額が移出額の一・七倍に達している。前述したように維新以後人口減少傾向にあるとはいえ、金沢市は九万人余が居住する大都市であった。市街地で農地に乏しいため、『石川県統計書』（以下「県統計」と略す）によれば、金沢市の米生産量は年間で一〇〇〇石余に過ぎなかった。このため膨大な米穀消費を充たすべく大量の米が近郊から移入され、その額は移入額全体の三〇％を占めている（石高では七万五〇〇〇石に相当）。次に全国の産地から移入される呉服太物類が一三％、砂糖・石油が各二％余を占めている。これら三品目の移出額は各々移出総額の一〇％、一％、一％を占めており、市内で必要な分を消費し、残りが能登地方など石川県内や富山県に移出されているようである。

製造額に注目してみると生糸（一三％）、羽二重（五％）、ハンカチーフ（九％）、双子織（八％）など繊維製品や半加工品が製造額全体の四〇％余を占め、移出額でも相当な比重を占めている。これらの原材料となるべき繭・生糸・繰綿・麻などの移入額が一定の比率を占めており、産地から移入した原材料・半加工品をより高次の製品に加工して移出する「生産地」としての金沢市の性格が垣間見える。ただし繭の移入額の七〇％余に相当する額が、福井・富

表1　明治26年下半期における金沢市主要品目別移出入額

単位：円

	移入			製造		A＋B	移出			
品目	積出地	価額(A)	(%)	価額(B)	(%)	価額(C)	価額(D)	(%)	仕向地	D/C
玄米	能美郡，石川郡，河北郡	513,240	(30)	0		513,240	84,211	(8)	伊勢，丹後，大阪，越前，北海道	(16)
呉服太物類	滋賀，東京，埼玉，京都，大和，大阪，河内，美濃，尾張，甲斐，山形，越後	391,850	(23)	0		391,850	97,960	(10)	越中，能登，市外各郡	(25)
繭	能登，近江，信濃，越後，飛騨，北海道等	204,000	(12)	25,500	(4)	229,500	153,000	(15)	越前，越中，信濃	(67)
生糸	越中，信濃，近江，越前，越後，上野，能登等	134,125	(8)	78,879	(13)	213,004	152,625	(15)	福井，越中，横浜	(72)
洋端物	東京，大阪，横浜，神戸	83,675	(5)	0		83,675	20,920	(2)	越中，能登，市外各郡	(25)
麻	下野，石川郡，河北郡	58,000	(3)	1,000		59,000	0			
繰綿	摂津，和泉，河内，尾張，伯耆	41,000	(2)	0		41,000	37,048	(4)	能登，市外各郡	(90)
砂糖	大阪，神戸，横浜	39,875	(2)	0		39,875	10,000	(1)	能登，越中，市外各郡	(25)
石油	越後，大阪，兵庫	35,875	(2)	0		35,875	13,279	(1)	能登，市外各郡	(37)
刻烟草	三府，越後，越前，鶴来	15,500	(1)	25,172	(4)	40,672	14,000	(1)	能登，越中	(34)
双子織	武蔵，越中，尾張	8,000		45,000	(8)	53,000	30,000	(3)	能登，越中，市外各郡	(57)
羽二重	越中	6,840		29,808	(5)	36,648	28,188	(3)	横浜，福井	(77)
清酒	摂津，和泉	4,225		73,575	(12)	77,800	2,546		越中，越後	(3)
金箔	京都	705		57,618	(10)	58,323	60,105	(6)	京都，大阪，名古屋等	(103)
漆器描金	山中,輪島	500		39,767	(7)	40,267	23,700	(2)	三府，神戸，横浜，越前，越中，越後，能登，美濃等	(59)
ハンカチーフ		0		51,480	(9)	51,480	45,900	(4)	横浜，神戸	(89)
菅笠		0		24,600	(4)	24,600	14,700	(1)	三府，名古屋，伊勢，近江，越中，越後，越前，能登，四国，九州	(60)
合計		1,737,673	(100)	589,697	(100)	2,327,370	1,030,803	(100)		(44)

注1『明治二十六年下半季間金沢市統計及商況』により作成した。

注2「積出地」,「仕向地」の表記は原則として史料の表記の通りにした。「市外各郡」とは石川県加賀地方を指すものと考えられる。

山・長野県に移出されており、生糸の移出額も大きい。明治後期以降金沢市は全国有数の輸出羽二重産地として繁栄するが[22]、当時は羽二重生産が漸く緒についた時期であり、二十六年段階では市内織物生産額の九〇％は綿織物が占めていた（「県統計」）。この他清酒の製造額も目立っているが大部分は市内で消費されている。一方金箔の移出額が生産額を上回っている点は理解しがたいが、金箔が金沢市を代表する移出品であった点は確認できる。

このように明治中期（日清戦争以前）北陸唯一の大都市であった金沢市は、「消費都市」としての性格を強く持っており、多くの消費人口を満たすため大量の物資が移入され、その一部が周辺地域に移出されていたようである。すなわち前節で取り上げた京阪地方など全国の各種産地と能登・富山県方面との物流の中継点としての性格が強く、工業生産地としての性格はまだ未成熟な段階であったと考えられる。

(2) 鉄道開通以前の輸送

「県統計」によれば明治二十四年（一八九一）から鉄道が開通した同三十一年（一八九八）にかけて、金沢市内の荷車台数は毎年五～一〇％ずつ増加しており、金沢市と他地域を結ぶ物資輸送、さらに市内における物資輸送量の増加を裏付けている。金沢市近郊や内陸部との間の輸送は人馬が挽く車輌に担われたが、鉄道開通以前北陸三県と遠隔地を往来した物資は主に船舶を用いて海上輸送されていた。

表2に明らかなように、石川県内各港の移出入額は明治二十五年頃から増加を続け、明治三十三年にピークを迎えている。同年は富山市への鉄道延伸（北陸線開通）の翌年であり、七尾鉄道が北陸線に接続した年でもある。一方金沢市の外港である金石港の移出入額は明治十年代から停滞していたが、北陸線や第九師団の建設物資が移入された明治二十九～三十一年に急増し、三十二年以後明治末まで停滞している。金石港は移入額が移出額の数倍以上に及ぶ圧

表2　金石港と石川県各港の移出入額

単位：円

	金石港			石川県全体		
	移出	移入	合計	移出	移入	合計
明治22(1889)	97,500	388,625	486,125	974,023	706,005	1,680,028
明治23(1890)	75,000	396,000	471,000	1,278,643	839,625	2,118,268
明治24(1891)	66,000	428,600	494,600	1,070,020	1,116,700	2,186,720
明治25(1892)	73,000	505,900	578,900	1,391,000	1,376,458	2,767,458
明治26(1893)	113,750	529,250	643,000	2,355,850	2,685,850	5,041,700
明治27(1894)	138,000	779,600	917,600	2,733,610	3,596,393	6,330,003
明治28(1895)	39,000	487,400	526,400	3,043,390	3,984,272	7,027,662
明治29(1896)	39,425	956,152	995,577	3,834,069	5,018,182	8,852,251
明治30(1897)	129,300	1,354,500	1,483,800	3,688,640	6,306,665	9,995,305
明治31(1898)	62,400	1,397,700	1,460,100	2,966,733	7,036,746	10,003,479
明治32(1899)	131,250	608,875	740,125	4,124,827	7,571,163	11,695,990
明治33(1900)	60,500	476,025	536,525	5,681,370	8,065,742	13,747,112
明治34(1901)	46,700	282,550	329,250	3,685,270	5,178,673	8,863,943
明治35(1902)	25,575	277,330	302,905	3,572,532	4,520,016	8,092,548

注1　各年度『石川県統計書』から作成した。

倒的な移入港であったが、移入品目は砂糖・材木・穀物類など金沢市の消費活動を支えるための物資の比重が高く、肥料移入額が大きい県内他港と対照的である。なお同港の移出品として確認できるものはほとんど米だけである。金石港は水深が極めて浅いため大型汽船の入港は不可能であり、大都市金沢の外港としての機能を十分に果たせる存在とは言い難かった。「県統計」に記載された同港の移出入額を見る限り、遠隔地と金沢市を結ぶ多種多様な物資がすべて金石港を経由していたとは考えにくい。

(3)　鉄道開通前後の金沢市移出入

明治四十二年（一九〇九）八月皇太子行啓にあわせて『金沢市統計書』が刊行される以前、金沢市では産業経済に係わるデータをまとめた「勧業統計概覧」が刊行されていた。石川県立図書館には明治三十一年、三十五年、四十年の三冊が所蔵されているので、『明治三十一年石川県金沢市勧業統計書』と『明治三十五年石川県金沢市勧業統計概覧』を基に、鉄道開通以後金沢市の経済に生じた変化を

表3　金沢市における主要な移出品（明治31年）　　単位：円

	県外		海外		合計	
品名	価格	%	価格	%	価格	%
金箔	1,463,040	(68)	0		1,463,040	(39)
羽二重	0		1,168,000	(75)	1,168,000	(31)
陶磁器	154,000	(7)	199,500	(13)	353,500	(9)
製茶	35,000	(2)	95,000	(6)	130,000	(3)
ハンカチーフ	0		76,000	(5)	76,000	(2)
売薬	45,650	(2)	0		45,650	(1)
醤油	32,500	(2)	0		32,500	(1)
菅笠	32,000	(1)	0		32,000	(1)
梨	28,000	(1)	0		28,000	(1)
絈糸染	27,250	(1)	0		27,250	(1)
総額	2,163,587	(100)	1,560,100	(100)	3,723,687	(100)

注1　『明治三十一年石川県金沢市勧業統計書』により作成した。

表4　金沢市における主要な移出品（明治35年）　　単位：円

	市外		海外		合計	
品名	価格	%	価格	%	価格	%
羽二重	0		5,120,655	(94)	5,120,655	(45)
製糸	2,357,200	(40)	9,860		2,367,060	(21)
綿紡績撚糸	226,000	(4)	0		226,000	(2)
陶磁器	44,000	(1)	148,000	(3)	192,000	(2)
梨	160,000	(3)	0		160,000	(1)
木綿織物	147,900	(2)	0		147,900	(1)
金箔	146,264	(2)	0		146,264	(1)
紡績撚糸	134,870	(2)	0		134,870	(1)
太物	130,500	(2)	0		130,500	(1)
絹織物染	126,960	(2)	0		126,960	(1)
総額	5,950,589	(100)	5,429,513	(100)	11,380,102	(100)

注1　『明治三十五年石川県金沢市勧業統計概覧』により作成した。

表5　金沢市の移入品出先（明治31年）

単位：円

出先場所	価　格	%
北海道	133,269	(2)
東北	250,275	(3)
新潟,長野	166,326	(2)
富山県	762,520	(9)
福井県	156,433	(2)
関西	2,520,955	(31)
中国,四国,九州	68,370	(1)
名古屋,中京	278,181	(3)
東京,関東	301,688	(4)
石川郡,河北郡	2,513,865	(31)
能美郡,江沼郡	304,839	(4)
能登地方	614,908	(8)
石川県合計	3,433,612	(43)
総　額	8,179,869	(100)

注1『明治三十一年石川県金沢市勧業統計書』により作成した。

明らかにしたい。**表3**によれば、鉄道が到達した明治三十一年金沢市を代表する移輸出品目は国内向けの金箔と海外向けの羽二重で、金箔は生産額の八〇%が京阪に移出されていた。この両者を合わせると移輸出総額の七〇%に達する。さらに国内・海外向け陶磁器生産が主要産業であった。

　四年後の三十五年には移輸出総額が三倍になり、海外向け輸出額が三・五倍に成長している（**表4**参照）。特に羽二重の移出総額は四・四倍となり、三十五年には海外輸出額の九四%、移輸出総額の四五%を占めている。製造戸数は九三戸、職工人数は三二三四人（職工総数の一四%）であり、輸出羽二重生産は金沢を代表する産業に成長した。さらに国内向け製糸移出も急増しており、移輸出総額の二一%を占めている。これに対し金箔の移出額は極少額にとどまっているが、「県統計」によれば明治三十二年以降金箔生産額は減少傾向にあり、特に三十五年は「内地不況」の影響で生産額が前年より二六%減少していた。このように鉄道開通後四年余で金沢市の産業構成が繊維産業中心に大きく転換したことがわかる。

　次に移入状況を確認したい。『明治三十一年石川県金沢市勧業統計書』では各移入品目ごとに「出先場所」別に移入額が記載されている。これを地域別に整理したのが**表5**である。これによると移入総額の四三%は石川県内からであり、特に金沢市に隣接する石川・河北郡が三一%を占める。一方京阪神を主とする関西地方が三一%と大きな比重を示している。同年四月金沢に鉄道が延長されたため、これを鉄道開通による影響と見ることもできるが、前節で確認したように開通以前から京阪神との物流の占める比重は極めて大きかった。一方鉄道延長工事が進む富山県からの移入額も大きい。反面北海道・東北・新潟・山陰など海運の便が求められる地域からの移入額は少額である。同時期富山県や石川県内他港には膨大な鰊肥料が移入されていたが、農業生産の比重が小さい金沢市ゆえ北海道からの移入額が少なくなっている。一方東北地方からは主に木材が移入されている。

次に明治三十一・三十五年の移入品目の内訳を確認してみると（**表6**参照）、三十一年には繊維製品の移入が二〇%、米穀類二〇%、海産物一八%と続く。繭や生糸・紡績綿糸など繊維原料・半加工品の移入額は小さく、まさに「消費都市」としての性格が確認できる。一方三十五年になると移入総額が二・三倍に増加する。米穀類（二〇%）の比重が大きい傾向は変わらないが、呉服など「繊維製品類」の移入額が減少する一方、製糸（二五%）や羽二重（一四%）の移入額が激増しており、その他の比重を相対的に低下させている。このように明治三十五年段階になると「消費都市」としての性格に加え、「生産地」としての性格が大きくなっている。

表6　金沢市の主要移入品

単位：円

	明治31(1898)		明治35(1902)	
品　名	価　格	%	価　格	%
繊維製品類	1,634,960	(20)	1,487,150	(8)
羽二重	0		2,627,000	(14)
製　糸	48,000	(1)	4,687,000	(25)
繭	78,695	(1)	71,690	
紡績撚糸	160,000	(2)	207,500	(1)
米･糯米	1,065,000	(13)	2,295,500	(12)
外国米	313,600	(4)	105,000	(1)
豆類･麦類	216,360	(3)	1,375,450	(7)
野菜･果実類	421,780	(5)	775,600	(4)
加工食品･嗜好品	687,250	(8)	887,563	(5)
海産物	1,495,026	(18)	1,318,495	(7)
木材･同加工品	570,680	(7)	595,700	(3)
総　　額	8,179,869	(100)	19,068,213	(100)

注1　『明治三十一年石川県金沢市勧業統計書』・『明治三十五年石川県金沢市勧業統計概覧』により作成した。

注2　明治31年の「繊維製品類」には以下の品目が含まれる。
呉服，太物，洋反物，糸織，甲斐織，木綿織，奉書紬，奉書綿縮，絽繻子，米沢，栃尾紬，越後縮，綿ネール，阿部屋縮木綿縞，秩父，金襴，ケット，羅紗，古着，足袋

(4)　鉄道開通の影響

このように鉄道開通後四年余、金沢市では輪

出羽二重を中心とする繊維産業が大きく発展するなど産業構成に大きな変化が生じていた。これを鉄道敷設の影響と見なすことは強引であるが、鉄道により消費物資や原材料の移入が促進される一方、生産品の販路が拡大したことの影響は大きい。『明治三十六年度鉄道局年報』[23]からは金沢駅に到着した貨物量や積出駅名が確認できるが、米穀や繭・生糸などが能登地方や富山県方面から移入される一方、肥料や塩・野菜などが鉄道を利用して遠隔地からも移入されていることがわかる[24]。

一方鉄道開通の結果加能汽船の経営は悪化し、明治三十三年に同社は解散した。さらに維新以後大手汽船会社に対抗し活動を続けてきた北前船主の利益も同二十年代以降減少し、海運業を継続した江沼郡瀬越の大家・広海家などを除き転業を余儀なくされるようになる。しかし海上交通の役割が消滅したとはいえない。『明治三十九四十年日本帝国港湾統計』[25]からは、鉄道開通後の金沢市近郊の港（金石・大野港）の物流状況が確認できる。両港の移入品は北海道（鰊肥料）・東北（木材）・新潟（石油）・能登（塩・木材）・若狭（石灰）・九州（コークス）など鉄道未開通地域からの物資に限定されているが、国内鉄道網整備が進行中の段階で海上交通は未だ一定の役割を担い続けた[26]。

おわりに

明治三十七年（一九〇四）金沢商業会議所は、『金沢商業会議所月報』四八号以降「金沢市実業資料」なる記事を連載した[27]。その「緒言」には以下のように記されていた。

古来金沢市は生産地若くば商業地といはんよりは、寧ろ消費地なりき、王政維新以来時勢の進運は旧態の墨株《ママ》を許さゞるべきを悟り、先覚の士競ふて産業の啓発に勉め、大に企画勧奨する所ありしと雖も、当時我国の産業未だ一般に幼稚の域を脱せず、交通の機関亦完からずして、商取引の連絡更に開けざりければ、計策多く齟齬して志士幾多の辛酸を水泡に帰せしめたり、実に悲痛の極なりといへども、亦自然の成行如何とも為し能はざる次第なりし、消費地を変じ生産地たらしめんとして成らず、而して金沢藩士の禄券壱千七百余万円の大部分は奪ひ去られたり、失敗の結果は拾四万以上の市人口を殆んど半減ならしめ、企業心を破壊し、去る十七八年交に於て金沢市の衰頽其の極に達したりき、然りと雖も物窮すれば則ち変じ、変ずれば則ち通ずるの譬に漏れず、其後漸次恢復の運に向ひ、且つ失敗は最も良き教訓を与えたれば、此の大経験を踏みたる市民は大に奮興の勇気を生じ、機業を始めとして、其の他の工業に熱心従事するに至れり、爾来多少の波瀾を免かれざりしと雖ども、比較的秩序ある発達を為し、今や一の工業地を以て目さるゝに至る、是れ実に積年辛苦の報酬に外ならずして、金沢市は茲に其の目的の一部を達したるものと謂ふへし

工業の進歩に続いて鉄道の開設あり、師団及び官立学校等の設置あり、市の形勢は茲に全く一変し、油然として繁栄の境に進み、今や人口十有余万を唱ふ、志士の辛苦是に至りて空しからずと謂ふべきなり（後略）

維新以後「消費地」から「生産地」への転換をめざし進められた様々な取り組みが漸く功を奏し、「工業地」としての実態を備えるに至ったとの認識が披瀝されている。実際北陸線建設期（明治二十年代末～三十年代初期）の金沢は維新以来継続した衰退傾向が反転する時期に当たる。具体的には明治三十一年の北陸線延伸や第九師団設置とともに、明治二十年代後半以降羽二重産業が勃興、明治三十年代後半以降力織機が徐々に普及し明治末にかけて機械制生産が一般化していった。

一方、金沢市の移出入額の変化等に関する前節の考察により、①北陸線開通前後を通じて金沢市は地域を代表する消費地としての重要性を高め続けた。②鉄道開通後には輸出羽二重に代表される繊維工業の加工地としての性格が著

しく高まった。③鉄道を利用し金沢市と周辺地域との物流が盛んに行われる一方で、鉄道未通地域との海運も一定の役割を担い続けたことがわかった。②の要因としては、鉄道敷設に伴い京阪神や横浜（貿易港）との物資（原材料や製品）輸送が安定したことが挙げられよう。

個々の産業分野において鉄道敷設が果たした効果や、鉄道を中心として如何なる地域交通体系が編成されたかを明らかにする作業は、今後の課題としたい。

註

(1) 東京大学出版会、昭和六十年。
(2) 高村直助編『日露戦後の日本経済』（塙書房、昭和六十三年）所収。
(3)『近代日本商品流通史資料』第一二巻として翻刻（日本経済評論社、昭和五十四年）。
(4) 前掲『近代日本の商品流通』所収。
(5) 高村直助編『明治の産業発展と社会資本』（ミネルヴァ書房、平成九年）所収。
(6) 近代金沢市の概要は『金沢市史』通史編3　近代（平成十八年）参照。また橋本哲哉編『近代日本の地方都市―金沢／城下町から近代都市へ―』（日本経済評論社、平成十八年）は市史編纂の過程を通じて確認された論点を掘り下げた論集である。さらに大石嘉一郎・金澤史男編『近代日本都市史研究』（日本経済評論社、平成十五年）は、人口構成・産業構造・就業構造など経済構造・市政担い手層・行財政機能に焦点を当て近代日本の都市像を明らかにしようとした業績であるが、水戸・静岡・川崎・川口市とともに明治～大正期の金沢市が分析対象となっている。
(7) 前掲『金沢市史』通史編3。
(8) 後に第二代金沢市長になる長谷川準也らにより、明治七年に金沢製糸場が設立されるなど、近代工業の導入をめざす様々な先駆的な取り組みが行われたが、「松方デフレ」による不況下でほとんどが失敗に終わった。

（9）明治十三年四月遠藤秀景らが国会開設運動などに関わった士族民権家などを結集して組織した盈進社は、金沢最大の士族結社であり政界に大きな影響力を行使したが、その暴力的行動から明治二十三年内務大臣の命令で解散させられた。

（10）明治前期における金沢士族の動向や士族による北海道入植事業については、前掲『金沢市史』通史編3参照。

（11）「東北鉄道会社創立規則」には、第二期・第三期工事により、富山・新潟間、長浜・四日市間を建設、さらに能登国七尾への支線建設の可能性も記されていた。

（12）『福井県史研究』七・一五（平成二年・九年）。

（13）『石川県史』第四巻（昭和六年）。

（14）伏木は高岡の外港であり、近代富山県における最大の港湾であった。

（15）『石川県議会史』第一巻（昭和四十四年）。

（16）明治二十四年七月石川県会における三野昌平議員（鹿島郡田鶴浜村）の発言（『石川県議会史』第一巻）。

（17）『金沢市議会史』上巻（平成十年）に全文掲載。

（18）シベリア鉄道開通による対岸貿易振興に大きな期待をかけた金沢商業会議所や七尾町民の運動が実り、明治三十年七尾港が開港場（貿易港）に指定され、三十二年に開港した。

（19）『金沢商業会議所月報』七号（明治二十九年八月）・『金沢商業会議所五十年史』（昭和十七年）に全文掲載。

（20）本資料では「先年金沢ニ於ケル諸会社ノ破産、経済界ノ恐慌ハ、深ク金沢資本家ノ脳裏ニ印シ、躊躇逡巡、資ヲ事業ニ投ズルノ勇気ニ乏シキ」としており、外部資本との競争を契機とし金沢資本家の活動が活発化することを望んでいた。明治末期～大正期でも金沢市実業家の消極性や不一致は市街鉄道建設や「精練合同」などの動きを阻害しているとの認識があった（『金沢市史』資料編11近代一　第三章「金沢論史料」参照）。

（21）明治四年に一二万人余であった金沢市の人口は、同三十年には八万五〇〇〇人余となった。金沢市の人口変動について

は『金沢市史』資料編12近代二（平成十五年）巻末付録参照。

(22) 石川県における近代絹織物業展開過程の概略は、拙稿「『繊維王国石川』の成り立ちを学ぶために」（『石川地域研究』二〇号、平成十八年）参照。

(23) 明治期の『鉄道局（庁）年報』は『明治期鉄道史資料』として翻刻（日本経済評論社、昭和五十五～五十六年）。

(24) 肥料の積出駅としては伏木（二八％）・神戸（二六％）・野田（一五％）が主である。食塩は笠岡（一七％）・松永（一四％）・伏木（一二％）、野菜は大阪（三六％）・清洲（一〇％）・安治川口（六％）となる。

(25) 『日本帝国港湾統計』は『近代日本商品流通史資料』第九巻として翻刻（日本経済評論社、昭和五十三年）。

(26) 大正二年（一九一三）富山・直江津間が全通し、北陸は東廻りでも東京市場に接続した。さらに同十三年（一九二四）には羽越線が全通し、青森に至る日本海縦貫線が完成した。これらにより北陸地方の交通体系には新たな変化がおこる。

(27) 『金沢商業会議所月報』などは、雄松堂マイクロフィルム（「本邦商業会議所史料 東日本編」七七～八一巻）で確認できる。また「金沢市実業資料」は未完に終わったようで、現在確認できるのは、ほぼ明治三十六年の金沢駅発着貨物調査結果のみである（その大部分は前掲『近代日本商品流通史資料』第六巻として翻刻されている）。

ダイジョコと大将軍―若狭と近江の事例から―

金田久璋

一　ダイジョコという神

おそらく都市の生活にあっては、ダイジョコという神名をふだん耳にすることはまずはあるまい。この民俗神はなによりも俗信を土壌にして、村落共同体の強固な社会紐帯のなかで長い年月をかけて育まれてきた神であり、したがってもっぱら弥陀一仏の信心を説く浄土系を宗旨とする地域には皆無にひとしく、若狭や近江の真言宗や禅宗地帯に広く分布する。

ダイジョコとはなにか。どのような神なのかについては、かつて『日本民俗大辞典』の「ダイジョウコ」の項の冒頭で「大将軍が転訛したと考えられる神。主として近畿地方に分布する。神符や古文書、地名から、ダイジョウコは陰陽道の方位の神『大将軍』の転訛と考えられている」と解説した(1)。しかし、研究の緒についてすでに三〇数年が経過しているが、当初からダイジョコと呼称される神が、陰陽道の凶神「大将軍」であるとの確信があるわけではなかった。

なにぶん俗信であることから、祭神の呼称も地域ごとに異なり、ダイジョコ・ダイジョゴをはじめ、ダイジョウゴ・ダイジゴ・ダイジョウゴン・ダイジング・ダンジョコ・ダイジョウモンなどとさまざまに呼ばれ、その神名の表記も、小祠に安置された神札や分布する地名によれば、大将軍・大神宮・大地権・大地護・大上宮・大上郷・大城護・大常宮・大上皇・大縄号・大乗子・大政護・大聖権現などと思いつくかぎりの多様な当字がこらされている。祭祀の内容は、普遍的に霜月二十三日を祭日としており、カブ・マキ・イッケ・苗などと呼ばれる同族組織によって講が営まれ、先祖祭りが行われる。森神・祖霊信仰・作神・二十三夜待ち・大師講などと著しく習合しており、とりわけ近江の湖西から湖北、若狭にかけて、社地がタブや椎、ヤブニッケイ・椿などの照葉樹の森を形成し、祠堂を設けないものも散見する。ダイジョコ特有の神饌として、小豆飯・ボタモチ・煮しめ・二股大根を供える。社地が墓域や墳丘上に位置、もしくは隣接するものや、三十三回忌の弔い上げがすむと先祖神や地の神になるとの伝承もあり、葬墓制との関連も見られる。霜月二十三日は「ダイジョコ荒れ」と呼ばれる荒天になることが多く、片脚神の足跡を消すために雪が降るとされ、この跡足隠しの雪の伝説には大師講との関連が認められる。

二　大将軍という神

では、おおよそダイジョコが社地の地名や、小祠のなかに納められた神符や棟札から、陰陽道の方位の神大将軍にもっとも濃厚に関連が求められるとして、『日本の神仏の辞典』のなかで「大将軍」についてつぎのように解説した。だいしょうぐん［大将軍］「たいしょうぐん」とも呼ぶ。陰陽道の方伯を司る八将神の一つで、西方の星太白の精とされ、三年間一方位を占め十二年で一巡する。俗に「三年塞がり」といって、新築・結婚・旅行などの人生の大事に当たってはことさら大将軍が支配する方向を忌避した。京都には大将軍神を祀る大将軍社が、東は岡崎大将軍社、西は西京大将軍社、南は藤森神社境内社、北は紫野大将軍社の四社があり、桓武天皇の平安遷都の際、王城の四方を鎮護するべく春日山より移したとされている。なかでも八将神を併祀する西京大将軍社は、中世以降祇園社の末社とされ、牛頭天王と習合し行疫神として御霊信仰の発展とともに方除けの信仰が普及した。民俗信仰としての大将軍信仰は、北は新潟・関東、南は鹿児島・大分にまで分布するが、特に京阪神から若狭にかけて今もなお小祠や地名に跡をとどめている。とりわけ江州と若狭のダイジョコは祖霊信仰や杜神信仰との習合が著しい[2]。

辞典類の語釈や定義は文字数が限定されることから、どうしても最大公約数的な表現になりがちである。「民俗信仰としての大将軍信仰」云々は、民俗神ダイジョコの分布であって、和暦に見える大将軍の俗信は今なお広く全国に普及し、「いさ、今宵御方違へに御幸なるべし」(『とはずかたり』[3])というような、中世の時代がかった方位信仰はさすがにないが、時には結婚・新築・工事などの局面において日常生活に支障をきたすことがあったりする。

また、「桓武天皇の平安遷都の際、王城の四方を鎮護するべく春日山より移したとされている」との解説も通説であって、当該社の史料は焼失していることから、この間の遷祀の経緯については未解明な部分が多い。なお、中国から大将軍信仰がどのように伝来したかについては、任東権『大将軍信仰の研究』を参照されたい。氏によれば陰陽五行思想が大陸から伝播し、やがて陰陽道が日本で成立することになり、百済系の渡来人によって韓国の長栍《ちゃんすん》(天下大将軍)が国内に持ちこまれて、日本における大将軍信仰が普及したとする。その理由として、(1)韓国の長栍(天下大将軍)と日本の大将軍の名称・機能面において防塞神・防疫神・鎮護神・祖先神・牛馬神との複合、類似性が指摘されること、(2)日本の大将軍信仰は桓武天皇の平安遷都に際して王城の鎮護神として祀られ、普遍化したが、桓武天皇と百済系の渡来人との関係が緊密なことから、故郷の守護神である長栍を導入したと考えられ、(3)日本における大将軍の分布は百済系の渡来人の定住地に多く見られることなどを証左としている(4)。さらに今後の史料的な位置づけに大いに期待したい。

三 若狭のダイジョコと大将軍

ともあれ、民俗信仰の典型ともいえるダイジョコ信仰がきわめて重層的なのは、陰陽道の方伯の信仰が土着化に伴ってさまざまな在来の民俗信仰を取りこんだ結果派生したものであることには相違ない。

では、隣接する若狭と近江において、ダイジョコ信仰がどのように伝えられてきたのか、その祭祀形態の変遷と信仰伝承について、最近の調査をふまえて紹介する。

まず、若狭については在住地であることから、三〇数年をかけて全域をくまなく採訪をし、問題提起を行ってきた。霜月二十三日を祭日とし、同族神としての発展形態が認められる民俗神としては、ダイジョコをはじめ、ニソの杜・ジノッサン(地主様)・地の神・地神・地主荒神が若狭に分布している。このうちニソの杜は大飯郡おおい町大島に、またジノッサンは同おおい町左分利川上中流域に主に限定され、地主荒神も大飯郡一帯から丹後・丹波、さらには中国地方に広く分布が見られる。一方、ダイジョコや地の神は小浜以東に顕著に点在するが、ダイジョコについては神名の呼称に転訛と差異が認められるものの、若狭全域に普遍的に祭祀されている。敦賀以北の越前地方では、浄土系の教化によって俗信が排斥されたためか個人祭祀がわずかしかなく、氏神かもしくはその境内社、末社、およびほぼそと小地名にかつての面影をとどめているにすぎない。しかも、広く若狭一円に見られるような祖霊信仰の要素はまったく認められず、さりとて陰陽道の方位信仰を今に伝えているわけではない。このような分布上の差異は近江においても見られるが、民俗信仰が内包するこれらの現象をどのように理解するかは根本的な課題である。

さて、本稿においては、その若狭と越前の境界ともいえる、福井県三方郡美浜町和田のダイジョコと町内のおおよその祭祀傾向をとりあげ、その現状と変遷について分析を試みることとする。

(1)　美浜町和田のダイジョコマツリ

当地は若狭湾に面した耳川河口の半農半漁の三三五戸の集落で、山頂に広峰神社をまつる神奈備型の秀峰、天王山(三三一メートル)の西側山麓に位置している。宗旨は曹洞宗。小規模ながら二代にわたって町長を輩出しており、行政面においてよくまとまった集落といえる。氏神は常神社(旧無格社)で若狭町常神に鎮座する常神社(祭神は神功皇后)の分霊をまつる。元旦の神事の際に、神事当番によって高盛りの白蒸飯(シラムシ)を献饌し、その直会をいただくと安産をするとされ、かつては近郷から多くの参詣者が訪れた。別称子安明神と呼ばれるのは、神功皇后の出産の故事によるものである。ほかに胸肩神社(宗像神社)・袴かけずの大明神・金比羅大権現・八幡神社・山上社(山神大神)・神明神社が境内社、末社としてまつられており、主に漁業神の信仰が基層に認められる。

当区はまた宮代に鎮座する郷社(式内社)、弥美神社の祭祀圏に所属しており、毎年五月一日(旧四月朔日)の春季例大祭には、隣接する河原市とともに四年に一度大御幣の幣押しを担当する。アゲ番とサゲ番にわかれ、神輿替わりの神霊が宿るとされるヨボの木(リョウブ)で作った大御幣を長時間小競り合いしながら社殿に納める役割である。当社の神饌は御膳と呼ばれ、各区から餅菓子で作った日・月・鳥居・鎌・斧・鉈などの特種神饌が供えられるが、当区はいかにも漁村らしく餅を木型にはめて食紅であざやかに色付けをした鯛一尾と、稲穂を象ったハナモチを五本お膳にならべて本殿に納めることになっている。魚を象った餅菓子の神饌は他区には見られない。餅を固めて作った鯛とハナモチは当区が半農半漁の村であることをよく表している。

さて、このようにいまなお敬神の厚い集落ということもあり、多くの家々でダイジョコ（ジノカミ）が屋敷神としてまつられている。三五戸中半数の家にあり、戸数から見てその密度は町内でも最多を占める。

当区には今安・早川・伊藤・藤原・近藤・綿田と称する名字が大半を占め、それぞれが「カブ（株）」と呼ばれる本分家の同族関係を有する。なかには藤川彦兵衞家のように、藤原家と早川家の双方が姻戚を結んであらたに家をおこしたと伝える事例もある。本家を名乗る一〇戸（今安孫兵衞・藤川彦兵衞・伊藤太郎兵衞・早川伊兵衞・藤原弥治兵衞・近藤五郎助・近藤三郎右衞門・綿田太郎右衞門・早川弥太夫・武長弥左衞門）を中心に、個々のダイジョコマツリの実態をふまえて、以下にその概要をまとめた(5)。

(1)呼称　主に本家筋の家では「ダイジョコ」と称するが、分家や比較的に若い世代になると「ジノカミ」と呼ぶ傾向が見られる。呼称が混在していても祭祀内容に何ら差異があるわけではない。

(2)祭日　本来は霜月二十三日にダイジョコマツリが行われたが、改暦後一ヶ月遅れの十二月二十三日が当てられている。三方郡以東から敦賀市にかけて師走への移行が普遍的に見られる。

(3)社地　ほとんどが屋敷の鎮守として敷地内の一角に一坪ほどの社地が設営され、石仏や五輪、自然石を安置するか、もしくは木造の小祠を設けて神札（棟札）を納める。なかには男根型の石棒を置く家もある。鬼門除けとしての伝承は特になく、方位に法則性は認められない。タモ（タブ）や椎などの神木を有するものは一ヶ所しかなく、従って現在の景観としては森神的な要素はほとんど具備しない。

四〇年以前に山麓の砂防工事が行われ、崖下の屋敷裏に移設したものも二、三見られる。また古くは、当区は天王山の西側山麓の台地に集落を構えていたが、寛文二年（一六六二）五月の大地震の際に海岸が隆起し、山麓下の崖下に耳川河口にそって砂浜が形成され、次第にその空き地に山麓の台地から民家が移築されたと伝えられている。近藤五郎助家の元屋敷も七〇年以前までは西麓の畑地にあり、もとのダイジョコの社地付近から多数の石仏や墓石が出土するという。久々子のお大師さんと呼ばれる祈祷師におうかがいをたてると、すでにお性根が入っていないため放置しても構わないとのお告げがあった。弥美神社の宮司に祈禱をしてもらい、崖下の畑の一角に社地を移した。

⑷神饌など　前日までに磯浜からマナゴ（真砂と書くが細かい砂ではなく、碁石状の砂利を指す）を拾ってきて社地の周囲に敷き、塩をまいて清めておく。お花を生け、線香・ロウソクをたてて当日早朝暗いうちに「ダイジョコサン、ダイジョコサン、起きてボタモチあがらっしゃい」とダイジョコに呼びかけ、ボタモチ（オハギ）か赤飯（オコワ）、お神酒・お水を供え、家内安全を祈る。ボタモチが大きいほど土地が増えるという。分家の場合、本家のダイジョコに参拝する際にはボタモチを二つ供え、一つは本家用としてそのまま置いておく。

近藤五郎助家のジノカミ（ダイジョコ）（美浜町和田）

⑸神名の表記　小祠は二ヶ所あり、藤原弥治兵衞家の祠中には「奉請土地大善神」、早川伊兵衞家のタモの木のしたの小祠にはつぎのような文化十五年（一八一八）と、明治二年（一八六九）の銘のある棟札が安置されている。

①（表）　奉勧請大将軍鎮座所

（裏）文化十五戊寅年

七難即滅　瑜伽者

七福即生　青蓮寺

定雄謹言

五月如意日

②（表）　奉納大上宮　早川伊兵衞大工常吉

（裏）　明治二巳年　大工常吉

正月廿四日

早川家では現在「ジノカミ」と呼んでいるが、本来は「ダイジョコ」＝「大将軍」が祀られていたことが確認できる。また②の「大上宮」もダイジョコ（大将軍）の当字であり、町内では窪家の文化十五年（一八一八）と文久三年（一八六四）の棟札に、及び大飯郡おおい町大島のニソの杜の祠中にも同様の神名の表記が見られる。

(6)祭神の伝承　古老の伝承では先祖を祀るとする意識が残存するが、「ダイジョコ」という不明確な呼称から「ジノカミ」へと改称が進行し、土地（屋敷）の守護神として認識される傾向がある。いずれも家の永続を願う心意にかわりはない。

(7)同族関係　当区は江戸時代初期に七戸の開拓先祖によって開かれたとされ、現在もほぼ同数の本家筋の旧家が継続している。ほとんどの家は本分家関係が明確に伝えられており、分家の創出もそれぞれ二、三戸を数えるにすぎない。これは当区が天王山山麓と耳川河口にそって細長く位置する、和田海岸の狭隘な土地に屋敷を構えているためである。そのなかで六戸の分家を有する今安孫兵衞家の場合は、今安孫太夫家との間に系譜意識の混乱が見られる。二三男を伴って隠居をした際の双方の主張が本分家関係に跡をとどめており、このような現象は若狭一円にもたまたま発生しているが、一方屋号上、兵衛—太夫—衛門を正統な系譜とする位置づけも行われている。分家が本家のダイジョコマツリから分離独立して、ジノカミを屋敷神として祀るようになったのは戦後の傾向にすぎない。

(2) 美浜町内のダイジョコマツリ

町内に分布する屋敷神は、ダイジョコ（一〇八）・ジノカミ（四五）・稲荷（五〇）・チンジュ（九）・その他（セドガミサン・天神・愛宕・白竜・金比羅・八幡・猿田彦・神明など、一二三）が祀られているが[6]、稲荷以外はダイジョコ・ジノカミ・チンジュが多数を占め、これらは概して先祖神、もしくは土地の守護神とされ、いわば「カブ」の神、同族神として生成発展を見た。東北地方に見られるようなマキ稲荷と異なり、当地の稲荷は近世以降に伏見稲荷や豊川稲荷を勧請し商売繁盛、家運繁栄の祈願の対象として祀られていて、同族神としての要素はまったく認められない。したがって、圧倒的に多数を占めるダイジョコ・チンジュと呼ばれる屋敷神が、町内に広く分布することは特異な現象であり、普遍的に祖霊信仰が基層を占めていることが理解できる。

もっとも、小規模の照葉樹林の社叢をもつダイジョコが町内にもいくつか点在するが、ニソの杜のような厳格な禁足地のタブーがあるわけではない。しかし、河原市の高木嘉左衛門家のダイジョコの祠中には、台座つきの神符が安置され、「（表）奉勧請木神地神大将軍鎮座守護」「（裏）文化十三年（一八一六）願主（以下不明）七難即滅　七福即生子　五月」とあり、前栽の一角の小祠の傍に椎の古木があることから、当時の「地神」「大将軍」の神名とともに「木神」としても認識されていたことがわかる。すなわち森神信仰としても位置づけられていた[7]。同じく、河原市第四五号字磊に鎮座する「アオモリサン」と呼ばれる青森神社は、金吾カブ四戸で祭りが営まれる。当地は先祖青森金吾角太夫の屋敷跡とされ、畑の一角に六坪ばかりの、タモやケヤキ・ヤブニッケイ・モチ・ツバキ・アオキ・ネズミモチ・ヤツデ・エノキ・トベラなどの小さな森があり、照葉樹のなかに赤い鳥居と小祠が建てられている。金吾カブは金吾太郎左衛門家（本家）―金吾太郎助家（分家）と、金吾作左衛門家（本家）―金吾吉太夫家（分家）の二つの系統があり、この四戸のインキョ・オモヤがカブウチを形成している。上屋のなかに小祠があり、祠中には「青森神社」

と刻まれた石柱（約三〇センチメートル）が白布に包まれて安置されているが、改築時の棟札のほかに神札の類いはない。当社はオイナリサンとされ、戦前までは初午祭が行われていた。現在は毎月一日、十五日、末日のほか、二月七日を「ご命日」として、お神酒や水を供える。なお当社の一角に「ダイジョゴサン」と呼ばれる石仏が一基あり、元来は金吾カブの同族神として先祖祭りが営まれ、後に稲荷神社が勧請され「庇を貸して母屋を取られる」ように主客が転倒したものと考えられる。(8) いずれにしても町内においては典型的な森神信仰にほかならない。

和田・河原市は耳川下流域に所在するが、その上流域の新庄には典型的なダイジョコマツリが今なお行われている（当区のダイジョコについては、すでに拙稿「同族神の試論的考察―若狭におけるダイジョコ・地荒神・杜神をめぐって―」のなかで詳細に取り上げており参照されたい）(9)。耳川沿岸の谷筋に、松屋・浅ケ瀬・馬場・岸名・田代・寄積・奥の七つの字が点在し、「オヤカブ五十軒」と呼ばれる本家筋の旧家を中心に同族神としてのダイジョコマツリが毎年十二月二十三日に行われる。

ダイジョコサンは「タチハジマリのご先祖」とされ、本家（オモヤ）から分家（インキョ）をして、その初祖が五十回忌の弔い上げがすむと「ダイジョコサン」と呼ばれる先祖神になると伝えられている。主に本家筋のダイジョコは屋敷地の背後の山裾、田の一角などに社地を設けており、それを「ソトマツリ」と呼ぶが、分家の多くは「ウチマツリ」、すなわち屋内の床の間や納戸に祀られている。このような変化は、本家から分家が創出されるたびに供物も簡略される傾向が認められる。本来は赤飯や小豆飯に二股大根が供えられるが、分家筋の家いえでは同族の分化にしたがって二股大根→葉付き大根→ワンギリ・キザミ大根→煮しめ→大根飯→デキアイ・お洗米へと移行するパターンが見られた。

また、社地の売買により祭祀権が異動する事例もあり、血縁から地縁へと祭祀組織が分化拡大する傾向は若狭一円に普遍的な特徴と思われる。さらにダイジョコサンを「ツンボダイジョコ」と呼んだり、「スリコギカクシの雪」の伝説を伴っていることから、大師講や田の神信仰の要素もあり、当地におけるダイジョコマツリが、ただ単に陰陽道の大将軍信仰に限定して結論づけることはできない。

信仰施設としてのダイジョコの社地を、古墳や遺跡のように発掘調査をすることは、今なお「あらたかな神」として信仰の対象であることや、祟りの伝承が濃厚に付随していることから、余程のことがないかぎり実行されることはまずはない。ところがたまたま国道二七号線の美浜東バイパス建設工事の着工に伴い、路線上にある佐柿区の武長伝兵衛家のダイジョコが美浜町教育委員会によって、平成十六年二月二十三日から三月十九日にかけて断続的に発掘調査が実施された。『美浜町佐柿所在・ダイジョコ（大将軍）調査概要報告』の要点はつぎの通りである。

ダイジョコの発掘調査（美浜町佐柿）

ダイジョコの石仏

東西五・二メートル、南北四・二メートルの土盛りの表土層を除去すると礫混じりの暗黄褐色土が敷き詰められ、摩滅した平安時代の須恵器が数点出土したことから、近辺にこの時期の遺跡が潜在すると考えられた。さらに掘り進めると「土盛り東側斜面から石仏一点が出土した。土盛り直上に斜めに立て掛けているような出土状況を示しており、比較的元位置を保っているものと考えられることから、後世に搬入されたものではない」として、つぎのように結論づけている。「ダイジョコは民俗学的に祖先神、同族神を祀ったものとして解釈されている。今回の調査では、土盛部分に平坦面を持ち、礎石上の礫を埋め込んでいる状況を確認した。かつてはこの部分に巨石を立てていたものと推測され、これらの構造物、土盛部分を含めた全体が信仰の対象であったものと思われる（略）[10]」

当家のダイジョコは国道の路肩に隣接して、畑地の一角に土盛りの社地があり、早稲柿の木の下に丸石を安置、十二月二十三日の早朝、赤飯を供えて参拝していたが、現在は集落側の畑の隅に小祠を設け遷祀したものである。

村びとの伝承では、当地周辺は関所跡で首切り場とも伝えられ、交通事故が起きるたびにダイジョコの祟りと畏れられた。社地の所有者も移動があるという。今回の発掘調査で出土した石仏は近世以降のものであり、死者の供養のために安置されたものと考えられる。いずれにしても、和田のダイジョコやジノカミは、美浜町内を縦断して流れる耳川流域のダイジョコマツリの範疇にあり、祖霊信仰を基層にもつ同族神祭祀の形態を今に伝えている。

四　近江のダイジョコと大将軍

若狭に隣接する近江（滋賀県）は、琵琶湖を中心に湖南、湖北、湖東、湖西の四つの地域に区切られ、それぞれ豊かな民俗文化を今に継承している。浄土真宗を宗旨とする地方が多いにもかかわらず、真宗王国と呼ばれる越前に比して民俗信仰が案外よく残存しており、湖北から湖東にかけて各地で行われる年頭のオコナイや、華やかで壮大な曳山や神輿、ホイノボリ、馬頭人祭の巡幸など、きわめて大掛かりな祭礼が行われるところに特徴がある。『滋賀県神社誌』によれば、大将軍神社は湖東と湖西に九社記載されているが、末社、小社などをあげると県下全体に分布しているはずである。その証拠に「大将軍」と正確に記した神名のほかに、大上宮・大上軍・大正権・代浄権・大上権・大乗軍・大上郷・大正言・大正五・大上皇・大上後・大乗門・大浄宮・大定権・弾正郷・大ジョコウ・大乗グン・大正ゴンなどとさまざまに当字された地名（小字・小地名）が約一六〇ヶ所数えられる。[11] 区画整理や圃場整備で消滅した小字も多い。また通称は公簿には記録されないことから、大将軍地名の分布は予想以上の広がりが認められる。

いまだ調査過程にあって、近江のダイジョコマツリの特色を全県を通して結論づけることは出来ないが、おおよその傾向として、湖東・湖南には集落神化した大将軍神社が広く分布し、湖北・湖西には若狭に見られるような個人祭祀のダイジョコ（主にダイジョウゴウと呼称）祭祀の形態が見られる。これまで湖北の西浅井郡西浅井町塩津中のダイジョウゴ（ダンジョコ）について紹介をしたことがあるが、[12] 本稿では東近江市葛巻（旧蒲生町）と大津市栗原（旧志賀町）の大将軍信仰を取りあげ、同族神から地域神への過程を明らかにしたい。

（1）東近江市葛巻のダイジョモサン

蒲生郡を縦断して流れる日野川の中流、佐久良川の合流点付近の平野部に位置し、戸数五〇戸の純農村で、旧蒲生町に所属。全戸が浄土宗を宗旨とする。

当区の北面にあたる村はずれの一角に、杉・檜に囲まれた約百坪の社地があり、永見神社（名上神社）が鎮座している。当社は隣りの宮井にある氏神八幡神社の末社で、現在は葛巻の集落神とされているが、もともとは「ダイジョ

氷見神社の森（手前はサンマイ）

モンサン」と呼ばれる、安田イットウの守り神として祀られてきたものである。「イットウ」は「カブ」とも呼ばれ本分家の同族関係を指す。

当区の八割方を占める安田イットウは長左衛門・正右衛門・嘉兵衛の三つの同族団があり、それぞれ五戸の本分家によって構成されている。これらの三つのイットウのうち、安田嘉兵衛家のイットウは先住者の家系とされ、もと庄屋を勤めていた。したがって同姓とはいえまったく別系統のイットウとされている。一方、安田長左衛門家と安田正右衛門家の両家のイットウの先祖は、小野毛野（妹子の子）の三男、小野永見からかぞえて一〇代目の正廣とし、両家はその別れとする。承久の乱をはじめ戦乱のたびに一族郎党が敗亡し離散して、落武者となり当地に住み着き安田姓を名乗ったといわれている。両家とも鼻轡を家紋とする。

元来、二つの安田イットウの守護神、先祖神とされる「ダイジョウモンサン」は正しくは氷見大将軍を祭神とし、毎年一月二十三日に「シモツキマツリ」を行う。近年は勤め人が多いこともあって、参拝に都合のよい休日に変更された。神官は呼ばずシャモリが朝晩灯をともしてトウシアゲをし、当日は祝詞を奉上し供えた重詰めを直会とする。シャモリは区民が結婚をすると届け出、毎年順番で奉仕をすることになっている。この定例祭をシモツキマツリと呼ぶのは、本来旧暦の霜月祭りが年頭に移行したものと考えられる。『蒲生町史』第三巻（考古・美術・建築・民俗）第三節「村の小祠と祭祀」ダンジョゴサンの節に「葛巻の集落内にある名上社は昔はダイジョモサンと呼ばれていた。

これは『在所の宮さん』が訛ったものなどともいう。もともとは安田家の先祖を祀った社であったが、いつのころから厄除けに利益があるとの評判が立ち、現在では村の社のひとつとして社守が灯明をあげに行くなどの世話をすることとなっている」とあるように、[13]当社を崇敬している家は疫病に罹患しないといわれている。

当社の例祭のほかに、安田正右衛門家のイットウでは、正月から三月にかけて神明講を営み、床の間に「永見大将軍」の掛け軸を掲げ歓談する。ほかにもグループごとに神明講が行われていたが、戦時中に廃絶した。

「永見大将軍」とは何か。安田正右衛門家には武清筆になる「安田氏系譜」（一二五七七丁巳八月）と記された家系図があり、[14]「永見大将軍十代　正廣」を初祖として掲げている。併せて記された「安田氏系考」には「人皇三十代敏達天皇　皇紀一二三二即位」を巻頭に、春日皇子、妹子、毛野、の官位を記し、続けて「永見　毛野三男　陸奥介従五位下　征夷大将軍」の名があり、陰陽道の方伯の神である大将軍との習合が意図されていることが透けて見える。なぜ後来の安田イットウが小野永見を先祖神としたのか、その理由はよくはわからない。大津市小野（旧志賀町）には小野篁神社があり、近江と小野氏の所縁がまったくないわけではないが、当家の伝承とどのように関連するのかは今後の課題である。ともあれ安田イットウに伝えられてきた落人伝承と系譜観念を基層に、大将軍を同族神として祭祀することで祭神の整合性がはかられ、やがて疫病神に祀りあげられて、その霊験によって集落神へと変貌したことがおぼろげながら跡づけられる。

なお、旧蒲生町内には、稲垂にダイジョモン、市子川原の古市子にダイジョウモン（大将門）、市子松井にダイジョウゴ、川合東出にダイジョゴ（大将軍）があり、古い氏神跡や小森、田の一角に小祠や石碑を安置する。市子松井には「この森には白蛇が住んでいてどんな日照りの年でもそこだけ雨が降るであるとか、昔先祖がこの土地を測った際に使用した縄が埋められているなどといった伝説がある」[15]とされ、白蛇（巳さん）や検地埋縄の伝説は若狭と共通している。葛巻のダイジョモの社地もかつてはホスノキ（メボソ・櫟）の巨木や杉の古木、ハンノキが群生しており、こぢんまりとした社叢を形成していた。

なおまた、『近江蒲生郡志』巻六第二十七節「大将軍神社」に「大将軍神社は郡内所々に在り之れ陰陽道の信向《ママ》より祀られし古き神なり、平安京の鎮護に将軍塚を築しと同じ信仰により悪神の入るを防ぐ為に村の四方に同神を勧請したり、本郡には今猶神社の儘に祀らるるあり又荒地に二三の樹林を為し大将軍と称するもあり、現在の状況一様ならずと雖も始めは信仰の風潮に乗じ各村競ひ祀りしものなり」との(16)べ、よく大将軍信仰の本質を分析している。さらに「鏡山村須恵八幡神社文書暦応四年（一三四一）十一月某村の大将軍の森伐採の免状ありこれ何等かの必要により其神木を地頭より伐らんとせしに村民嘆訴せしにより免除せし時の文書なり」とあり(17)、この中世史料からはすでに森神信仰と大将軍を祟り神とする俗信が濃厚に認められる。また郡内には大将軍地名が二八ヶ所掲載されている(18)。

(2)　大津市栗原の大将軍社

比良山系の南嶺、竜仙岳（霊仙岳）山麓の喜撰川上流に開けた丘陵地にあり、鎌倉期の康元年間に開発され、当初和邇新庄と称した。栗原野とも呼ばれる。戸数七五戸の山村。宗旨は天台宗。旧志賀町に所属し、平成十七年三月に合併により大津市となる。

集落は竜仙岳山麓のなだらかな傾斜地にあり、その上手の森に氏神水分神社が鎮座する。当地の大将軍神社は、境内社とお旅所に小祠があり、そのほかに畑友行家の屋敷神として還来《もどろき》神社、弁天社とともに大将軍神社が祀られている。『校定頭註近江輿地史略全』の栗原村の項に「大将軍社　同村にあり　畑氏の祖神なり。祭祀毎年四月三日」とあるように(19)、先祖藤原友重の霊を祀るとされ、祠中の紫色の箱のなかに臍帯状のものが安置してあるという。社地は杉や檜、椿に囲まれた築山にあり、還来神社を併祀しているため、戦時中出征兵士が無事帰国できるようによく参拝に来たことがあった。例祭は還来神社の「命日」とされる六月五日に毎年行われる。上龍華の「畑屋敷」と呼ばれる「家督の寺」（清泉寺）の墓地に、当家の先祖とされる藤原友重の墓がある。

当家所蔵の畑友行家文書に天文十五年（一五四六）銘の「大将軍社記」が伝えられており、大将軍社の由緒がつぎのように記されている。

大将軍社記(20)

還来大明神附社大将軍社者、畑某氏之遠祖而、淳和天皇之朝臣、従三位藤原友重之霊也。（桓武天皇が霊夢によって娶った寵姫、蓮華夫人〈藤原旅子〉は若くして仏門に帰し—執筆者註）仁明天皇承和六巳未年五月十八日没、年三十三。遺命於友重曰。吾死、還於産地龍華縣。建殿以祭祀也。長為宝祚遠長天下太平之守衛生矣。友重、因奏遺命、帝可之、令建廟於縁地以祀。勅謚還来大明神矣。即取送骸、還来於産地之義也。重詔。友重以宣住龍華縣。主管廟田祭祀一切也。尓後、子胤繁昌、住於龍華縣。至友康既九世。家干山畑々際居。民貴重、號曰畑殿、以故為称號云。承和十二乙丑年五月十七日、友重逝。嫡子直作大尹友親、奉　制勅建廟而従祀於還来神。勅謚大将軍矣。是乃御以大将軍社、為畑氏之祖神也（後略）

以上、長文にわたるため必要箇所のみの引用にとどめたが、桓武天皇の后で淳和天皇の母、藤原旅子を祭神とする還来神社の縁起と、当家の先祖とさ

畑家の屋敷神の森

還来神社（大津市途中）

れる、淳和天皇の朝臣藤原友重を祀る大将軍社の縁起が併記されており[21]、いずれにしても陰陽道の凶神大将軍神の付会にすぎない。ただ、大津市途中の還来神社の由緒には、従者畑丹波守の名があり、それなりの歴史的背景に基づいて祭神の縁起が作られたことがわかる。当家の分社とされる途中の還来神社の境内社にも、山王、若宮、下司神社とともに、かつて大将軍社が併祀されていた。またお旅所の大将軍社はダイジョモンと通称される旧家（転出）の屋敷神で、ダイジョモンのモリと呼ばれ、村の鬼門に当たるという。

なお、高島市太田（旧旭町）字若宮（旧大将軍）には阿曇比羅夫の墓とされる大将軍塚があり、石碑に「大将軍墓補川妻善太夫　宝永三年丙戌十一月二十四日」と刻まれている。『新旭町誌』は阿倍比羅夫と阿曇比羅夫を考証して「太田の大将軍塚の主は阿曇比羅夫の方である。いずれにしても一三〇〇年以上の大昔に、多数の軍船を率いて北辺の地のみならず、外国にまで遠征したのであるから、沈着豪胆、武勇絶倫の大将軍であったことは確か[22]」としているが、もとより陰陽道の凶神、大将軍に歴史上の征夷大将軍を擬する付会の説にすぎない。畑家の大将軍社も、いわば同様の系譜意識にもとづいて祖先神に祀りあげられたものと考えられる。

五　ダイジョコと大将軍のあいだ

このように若狭と近江のダイジョコ―大将軍祭祀の事例を概略紹介したが、いずれも代表的であるというわけではない。代表例とすること自体、論者の恣意が入りかねないため、比較的によく伝承され、しかもなにがしかの史料があり、今なお信仰されているものを選んだ。

民俗信仰の研究者として三〇年ばかり調査研究を続けてきて、今なお判然としないのは、陰陽道の祭神である大将軍神の信仰が、どのように都から地方へと伝播、波及していったのか、その過程で下級陰陽師や民間祈禱師の関与をどう位置づければいいか、の二点に尽きる。

重ねていうように大将軍は陰陽道の方伯の神とされ、日常生活全般に相渉り吉凶禍福を説いているが、現行の祭祀伝承に方除けに関連づけて伝えられたものは皆無に等しい。屋敷地の鬼門除けとして戌亥がわずかにえらばれているにすぎない。

さらに、大将軍が小祠まで設けて信仰される、その契機とはなにか。『わかさ名田庄村誌』のなかで、「奉祀が名という同族的結合性の強い単位で行われたために、この神が次第に祖霊的なものとして奉祀されるに至った事情も推測できる。したがって地の神の信仰は、時代の下降とともに、厄払い的な守護神として、両者を混在させるに至ったものと思う」と重松明久はのべており[23]、三重（現おおい町）周辺の地の神（株講）や大将軍を　同族的結合を契機として祖霊化がはかられたと推断する。名田庄村納田終の土御門陰陽道の関与はむろん否定しがたい。しかし、これはあまりにも拙速な結論といわねばならない。ダイジョコ（大将軍）がカブ（同族）によって祀られるとは限らないし、同族神が必ずしも先祖視されるわけでもない。氏は祠中の棟札の表記をもとに変遷を推測しているが、それらがはじめて創建された当時のものでもない。むしろ、祖霊信仰が基層にあってダイジョコやジノカミが勧請されたと考えるべきではないか。葬墓制との関連はつとに指摘されてきた。たとえば、再々の引用になるが『若州管内社寺由緒記』は「上野木村　大将軍」についてつぎのように記している。

一　大将軍　元来土屋殿と申人の墓にて候由七十年以前村中へたたり申に付大将軍にいわひ籠申候　当村小太夫彦右衛門など先祖と申候(24)

わずか五七文字の延宝三年（一六七五）の書き上げが、わたしの三〇余年にも及ぶ調査研究を嘲り笑うように無化し、簡勁に土地の情報をまとめあげている。いわく、もともと土屋殿という貴人のお墓であったが、おろそかにしたものか、今から七〇年前（慶長十年のころ）に村中に祟り、災難に見舞われた。そこでその祟りを封じ込めるために、陰陽道の大将軍を墓に斎い籠めた。大将軍と呼んでいるが小太夫や彦右衛門家ではご先祖と申しております、と言ったところか。

当地の大将軍は、現在「天山さん」と通称され、天山カイトと呼ばれる村の講組によって十二月二十三日に祭りが営まれており、いわば墓―祟り―大将軍―霜月祭り―先祖とする伝承の体系が、血縁から地縁、近隣の祭祀へと拡大し発展を見たことが跡づけうる。祟りの発現を契機にして、陰陽道の凶神大将軍を勧請し悪霊を鎮撫調伏した経緯がもののみごとに読みとれよう。よって大将軍は先祖神となるのである。なにも同族団の祭祀組織によって祖霊化がはかられるのではない。それはあまりに脆弱な結果論にすぎない。土屋殿と呼ばれた貴人が、はたして悲運の死者なのかどうかはわからないため、必ずしも御霊信仰とはいえないが、手厚く崇敬されることで何らかの霊験がもたらされたに相違ない。それらの契機づけをしたのも、名前こそとどめてはいないが地方陰陽師の影が見え隠れする。「ちいさなデーモンである土地の精霊を征服支配する大きなデーモン、すなわち神を呪術師は所有していなければならなかった」[25]と『魔の系譜』のなかで谷川健一はのべている。その神こそ大将軍にほかならなかった。

とはいえ、実際だれがどのように祭祀に関わったのかは、具体的に証明をする史料をいまだ持ち合わせてはいない。信仰の古層に横たわる片脚神の伝承と大師講との関わりとともに、今後の課題としておく。旧名田庄村西谷のジノカミにも跡足隠しの雪の伝説がついている。ダイジョコ＝ダイシコ（大師講）の触媒がないにもかかわらず。

註

（1）拙稿『日本民俗大辞典』下巻「ダイジョコ」の項、一二頁（吉川弘文館、二〇〇〇年）。
（2）拙稿『日本の神仏の辞典』、大将軍（だいしょうぐん）の項、七七五頁（大修館書店、二〇〇一年）。
（3）筑摩叢書『とはずがたり』（冨倉徳次郎訳）、二〇六頁（筑摩書房、一九七五年）。
（4）任東権『大将軍信仰の研究』第二章「日本の大将軍と信仰」、一九三〜一九四頁（第一書房、二〇〇一年）。
（5）拙稿『わかさ美浜町誌』美浜の文化第二巻「祈る・祀る」第一章「山の信仰・野の信仰」参照、一八八〜一九二頁、（美浜町、二〇〇六年）。
（6）前掲（5）「美浜町の屋敷神一覧」、一七六頁。
（7）前掲（5）「野辺の神々—民俗信仰の諸相—」、一九三〜一九四頁。
（8）前掲（5）「青森神社」の項、二一二〜二一三頁。
（9）拙稿『民衆宗教史叢書㉖祖霊信仰』、二八三〜二八九頁（雄山閣、一九九一年）。
（10）『美浜町佐柿所在・ダイジョコ（大将軍）調査概要報告』、二頁（美浜町教育委員会、二〇〇四年）。
（11）『角川日本地名大辞典25・滋賀県』小字一覧表による（角川書店、一九七九年）。

(12) 拙稿『現代民俗誌の地平2 権力』第七章「同族神の地政学」、一七四～一七六頁（朝倉書店、二〇〇四年）。
(13) 『蒲生町誌』第三巻（考古・美術・建築・民俗）、六五九頁（蒲生町、二〇〇四年）。米田實執筆。
(14) 安田勲家所蔵、皇紀二五七七年とすれば大正六年に筆書されたもの。
(15) 前掲（13）に同じ。
(16) 『近江蒲生郡志』巻六、七八〇頁（滋賀県蒲生郡役所、一九二二年）。
(17) 同右、七八〇頁。
(18) 同右、七八一～七八二頁。
(19) 『校定頭註近江輿地史畧全』、三四五頁（歴史図書社、一九六八年）。
(20) 『比良山系における山岳宗教の調査報告書』、一七〇～一七一頁、〈財〉元興寺文化財研究所、一九八〇年）。
(21) 大津市途中の「還来神社御由緒」には当地龍華荘を祭神の藤原旅子（七五九～八八）の生地とし、死去に際し「余が出生後比良南麓に梛の大樹あり。其の下に葬るべしと、ここに於て従者畑丹波守遺命を奉じて降誕の地に還り来りしより祭祀して還来大明神と尊崇し龍華荘の鎮守となす」としており、一方「大将軍社記」は還来神社を遷祀して藤原友重の霊を祀り畑氏の祖神とする。なお、『国史大辞典』第十巻「近陵・近墓一覧」は旅子の陵墓を宇波多陵（後大枝陵）としている。『還来大明神縁起』には空鉢上人（静安）と淳和天皇の后の出生譚が出ているが、淳和天皇の母の誤伝であろう。また、中国文学者の前川幸雄氏の教示によれば、「大将軍社記」には「徙」を「従」と誤記するなど、数ヶ所誤字が認められた。
(22) 『新旭町誌』第二節「安曇海人族の足跡―大将軍塚―」、一八四頁（新旭町、一九八五年）。
(23) 『わかさ名田庄村誌』第二編歴史第七章近世、二二〇頁（名田庄村、一九七一年）。
(24) 『若州管内社寺由緒記』、一二五頁（若狭地方文化財保護委員会、一九五八年）。
(25) 谷川健一『魔の系譜』「怨念の序章」、一五頁（紀伊国屋書店、一九七一年）。

民俗芸能分布に見る若狭と近江の交流の諸相

入江宣子

はじめに

今大会のテーマに関する事務局からの呼び掛けメッセージに、「日本海～琵琶湖、風の通り道」という語が使われている。毎冬、東海道新幹線関ヶ原付近で突然現れる雪雲は、日本海上空のそれが若狭から近江へという「風の通り道」を通り抜けてきたものである。若狭と近江との国境の山々は中部山岳地帯と異なり、雪雲が容易に乗り越える高さしかない。では民俗文化にとってこの国境の山々はどんな存在だろうか。

繰り返すが、近江と若狭との国境地帯は一〇〇〇メートルを越える山なみはなく、谷筋には何本もの街道が通じている。小浜からの九里半街道は国境を越えた保坂で若狭街道を分岐するが、都に直結した道としては通称「鯖街道」と呼ばれるこの若狭街道が最短距離である。物資を運んだり、負け戦の逃げ道としては有用な若狭街道だが、文化の通り道としては山中を通る若狭街道より、琵琶湖畔の今津に通じる九里半街道の方が重要であろう。古来より若狭に上陸した大陸文化は近江を経由して京・大阪あるいは奈良へと運ばれ、都の文化や芸能は逆のコースをたどって両地域へ運ばれ、若狭に定着あるいは独自の変容をとげた。少数ではあるが国境の山なみの近江側朽木村には峠を越えて若狭からの影響が見られる。敦賀と琵琶湖畔を結ぶ道としては、塩津へは塩津街道、海津へは西近江街道が通じ、琵琶湖を船で運ばれた都からの物資は陸送に切り替えられて敦賀に運ばれた。

周知のとおり、明治九年（一八七六）八月から十四年二月までの四年半、越前敦賀を含む若狭と近江は滋賀県として一つにまとまった時期があった。近江八二万石は、彦根藩三五万石の外はさまざまな小藩分立の国であったので県庁を彦根に置き、早速に長浜・敦賀間の鉄道工事に着手するなど海へ開かれた滋賀県へとスタートしたのもつかのま、住民の意向に反して若狭は越前と合併して福井県となってしまった。もともと経済的にも交流のあった若狭・近江であり、以後約一〇年間若狭の人々の滋賀県への復県運動は続く。現在でも若狭の人々は滋賀県を通って京都へつながる文化を誇りに思い、民俗芸能の分野でも同じ県内の越前との交流は語られず、もっぱら京都との直接間接のつながりを語ってきた。

本論では、福井県という枠をはずして若狭・近江を一つの地域として鳥瞰し、民俗芸能の分布地図を種目別に作成して交流の諸相を見ることにより、若狭の芸能の特色を探っていきたい。なお敦賀市は越前であるが、江戸時代を通し若狭とともに酒井氏の統治を受け、文化的にも地理的にも嶺南に属し(1)、降雪も越前に比べれば少ない。本論では敦賀市は若狭に含めて取り上げる。筆者は若狭の調査には二〇年以上関わっているが、残念ながら広い近江地域の実地体験は不十分である。幸い滋賀県からは充実した民俗芸能調査報告書がたくさん刊行されているので、諸先輩の成果やデータを大いに活用させていただく。なお町村名は平成の大合併前の旧名を使用する。

一　若狭・近江の民俗芸能の種類

まず両地域に分布する芸能を列挙する。両地域の共通項として、出雲流神楽や伊勢流神楽など全国的に圧倒的な数を誇る神楽能がないこと、また地芝居や人形芝居など浄瑠璃系の演劇が非常に少ないことがあげられる。一方で、両地域それぞれ別の種類の芸能が密に分布していることが分かる。

(1)　若狭の民俗芸能

非常に密な分布をもつものとして、まず六斎念仏、棒振り大太鼓、そして王の舞があげられよう。六斎念仏は旧行も合わせればほとんど若狭全域に分布している。しいて言えば念仏を唱えるのみのものが周辺に、太鼓芸を伴うものが主に中央部に残る。棒振り大太鼓は現在若狭でもっとも人気のある芸能であり、近年の復活もある。二人あるいは三人のしゃぐまをかぶった唐子スタイルの若者が振り回す棒の打ち合いと大太鼓芸が合体し、鉦の伴奏が付く。同系のものとして、太刀振りがある。王の舞は中世末期の都で流行った芸能で、鼻高面をつけた若者あるいは子供が鉾を持って舞う王の舞と、獅子舞、田楽、巫女舞などがセットになって演じられるのが特徴である。忘れてならないのは、祭礼山車に伴う囃子である。小浜ほうぜ祭や高浜七年祭の華やかな山車の上で囃されるものから、王の舞の道行に随伴する大太鼓の山車まで、さまざまな囃子が若狭全域で演奏されている。

逆に非常に少数、あるいはほとんど唯一の芸能をあげる。まず若狭だけの芸能として、一人翁を含む倉座能と和久里壬生狂言があげられる。倉座能の演技者は現在三方町に住み、若狭ばかりでなく近江北部にまで出向いて演じている。和久里壬生狂言は京都の壬生狂言が飛び火したもので、六年に一度子年と午年に小浜市和久里の通称市の塔広場に舞台を組み立てて演じられる。同種の芸能は越前にも近江にもない。近江に多い太鼓踊は唯一越前敦賀市池河内に残っている。人形芝居・地芝居など浄瑠璃を伴うものは、唯一美浜町早瀬の子供歌舞伎（三番叟）をあげるのみ。神楽能はない。越前の丸岡町にある（九州延岡から移ってきた有馬氏が連れてきた）長畝神楽が福井県下唯一の神楽能であり、福井県で神楽といえば、太神楽系獅子舞を指す。

分布としては前述二者の中間的存在、すなわち数は多くはないが現行旧行合わせ複数箇所存在が確認できる芸能としては、若狭西部の太神楽系獅子舞、小浜市中心部の三匹獅子舞、敦賀市野坂の田遊び、敦賀市気比神宮の田植神事などがあげられる。田遊びと田植神事は他に敦賀市内に旧行が複数ある。

(2)　近江の民俗芸能

近江といえば、湖南を中心とする風流囃子物（サンヤレ・ケンケト）、湖北を中心とする太鼓踊が圧倒的存在である。太鼓踊は本来雨乞い祈願成就の返礼踊だが、オコナイや野神さんなど年中行事にもしばしば伴っている。湖西の冬から春先にかけてのオコナイ行事もほとんどの集落で規模の差はあれ行なわれている。芸能としては餅つきの際の囃子や伊勢音頭などの歌が付随する。越前のように田遊びを伴う例はない。曳山に伴う祭礼囃子は大津祭、水口・日野祭、長浜祭、大溝祭など主な祭以外は、湖北・湖東に散らばっている。

数は多くはないが、存在感のあるものとして、長浜、米原の曳山に乗る子供歌舞伎があげられる。春の長浜祭は全町揃えば一三台の曳山があり、子供達も春休み中かけて稽古に励む。六斎念仏は湖西に念仏六斎、朽木村には若狭型芸能六斎がそれぞれ複数箇所残っている。その他、奴振りも数がある。

非常に少ないか、あるいは極度に形骸化しているものとして王の舞がある。近年王の舞の研究が進むにつれ、以前は単に天狗の舞などと呼ばれていたものが、実は形骸化した王の舞と認識されてきた例がいくつか存在する。また田植神事は大掛かりな多賀町多賀大社の事例がほとんど唯一。田遊びも形骸化したものが数ヶ所残っているだけである。人形芝居は湖西びわ町の富田人形が一ヶ所のみ。神楽能と大人の地芝居はない。伊勢太神楽社中が定期的に廻ってくる地域故か、地域芸能としての太神楽系獅子舞は育っていない。

二　芸能別交流の諸相

次に具体的に個々の芸能別に分布をみながら交流の諸相を述べる。

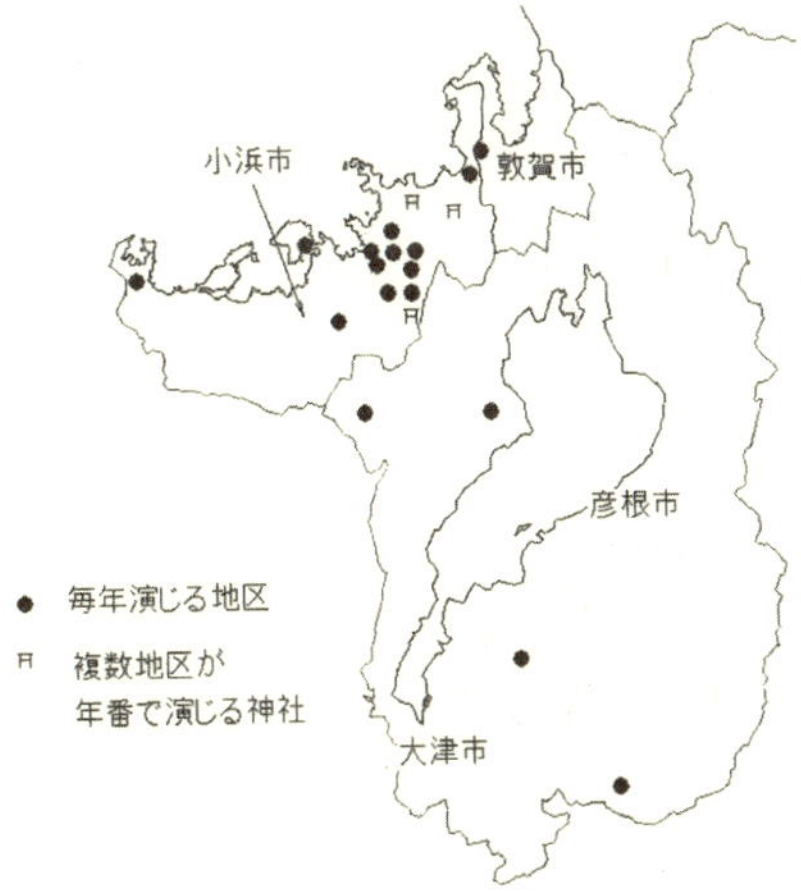

図1　王の舞

(1)　王の舞（図1参照）

本論で論じる芸能の中では歴史的にもっとも遡れるのは、王の舞であろう。鼻高面を付け鉾を持って舞う王の舞は獅子舞や田楽と共にセットで演じられ、平安末期の京の都を描いた「年中行事絵巻」にも登場し、そのルーツは未解明ながら古代に渡来した舞楽の影響を多分に受けていることは否めない。若狭では現行一六ヶ所が、越前敦賀市沓見を東限に高浜町小和田まで点々と連なっているが、中央部三方郡にやや集中している。その他明治初期までは小浜市加茂でもやっていた。ほかにも三方町には王の舞面と獅子頭が残っている所が複数あり、小浜市には江戸時代の文書に登場する王の舞が三ヶ所ある。[2] 三方町宇波西神事あるいは美浜町弥美神社の文書記録は一五世紀以降だが、[3] 祭祀圏が中世荘園の地域割と一致することから、荘園鎮守社の芸能として十五世紀をさらに遡る時期に都から直接移入されたと考えられる。現在も伝統的な宮座組織によって支えられており、舞の家、楽の家など担当が家に伝わっている例もあるが、多くは集落ごとに王の舞担当、獅子舞担当など芸能が決まっており、複数の村が集まってひとつの祭礼を執り行っている。なお越前には鼻高面が数ヶ所存在するものの、芸能としての王の舞は残っていない。

一方近江では形骸化した王の舞が、「滋賀県民俗芸能緊急調査報告書」によれば四ヶ所確認されている。野洲町三上のずいき祭、安曇川町常盤木の「王之鼻・オシシ」、甲南町池田お田植祭、朽木村能家ニョンニョン祭がそれである。その他鼻高面のみ残るところも複数ある。朽木村ニョンニョン祭は昔は単に「天狗舞」と呼ばれており、天狗のみで獅子舞はないが、若狭から峠を越えて伝わった王の舞の残存であることが橋本裕之氏によって確認されている。

王の舞の分布は若狭から丹後（舞鶴市河辺中）を経由、播磨にもまとまった伝承地があり、[4] 近畿圏にも広く拡がっていたのであろうが、都に近く常に新しい流行がじかに伝わる近江には形骸しか残らず、近世の経済発展から取り残された若狭ではしっかりと継承され、かつ若狭中央部では舞人が子供という若狭独自の変容をとげたと考えられる。

橋本裕之氏は『王の舞の民俗学的研究』で次のように述べている。

王の舞を童児の芸能につくりかえることになった直接の契機は、京都や奈良の大社寺の祭礼で評判を呼んだ一つ物が若狭に伝播したことに求めてよいと思われる。じっさい、今日にいたるまで童児の王の舞を保持してきたところは、多くのばあい、京都に通じる街道沿いの集落であった。しかも、地理的には京都に最も近い、比較的狭い地域に密集していたのである。この一帯は、さまざまな経路で京都から流入する情報や文化の影響を最も強

く受けた地域であったとも考えられるから（後略）（一三九頁）

直接それを証明する文書はないが、子供舞人の地域は、近江湖西からの九里半街道が若狭を横断する丹後街道と合流する地点を含み、地理的には都に最も近い。

(2)　六斎念仏（図2参照）

永江秀雄氏の長年の調査によれば、現旧行合わせて若狭全域で一〇八ヶ所が確認されており、さらに昔はもう二〇ヶ所あったと言われている。[5]若狭の盆は六斎念仏が溢れていた。なお『六斎支配村方控牒』宝暦五年（一七五五）の個所には「小浜柳町かけのわき町、若狭願勝寺支配下、講中四拾二ヶ所」と並んで「越前東善寺支配下講中、三六ヶ所」とあるが、現在敦賀を含め越前には残っていない。

　その芸態は小型枠なし締太鼓と伏鉦を叩きながら念仏をとなえる念仏六斎と、念仏のほかに締太鼓を片手に持って打ちながら踊り跳ねる曲がつく芸能六斎の二系統がある。分布地図で見ると、芸能六斎は小浜中心部に流れ込む二本の川、北川と南川沿いに分布し、周辺部は念仏六斎である。ただし同じ芸能六斎といっても、京都のように獅子舞や壬生狂言を取りこんだ派手に見せるためのショーではない。近江からの入口に近い上中町三宅と瓜生は、太鼓を打ちながら大勢で激しく動き、曲目にも「獅子」「牡丹」「千鳥」などと特徴があり、国記録選択芸能としてよく知られているが、若狭で数が多いのは太鼓三人が組になって回りながらさまざまなリズムを打っていく形である。例えば小浜市奈胡の場合、「並六斎」「舞六斎」の曲があり、いずれも三人が三角形に陣取り、立ったりしゃがんだり、あるいは

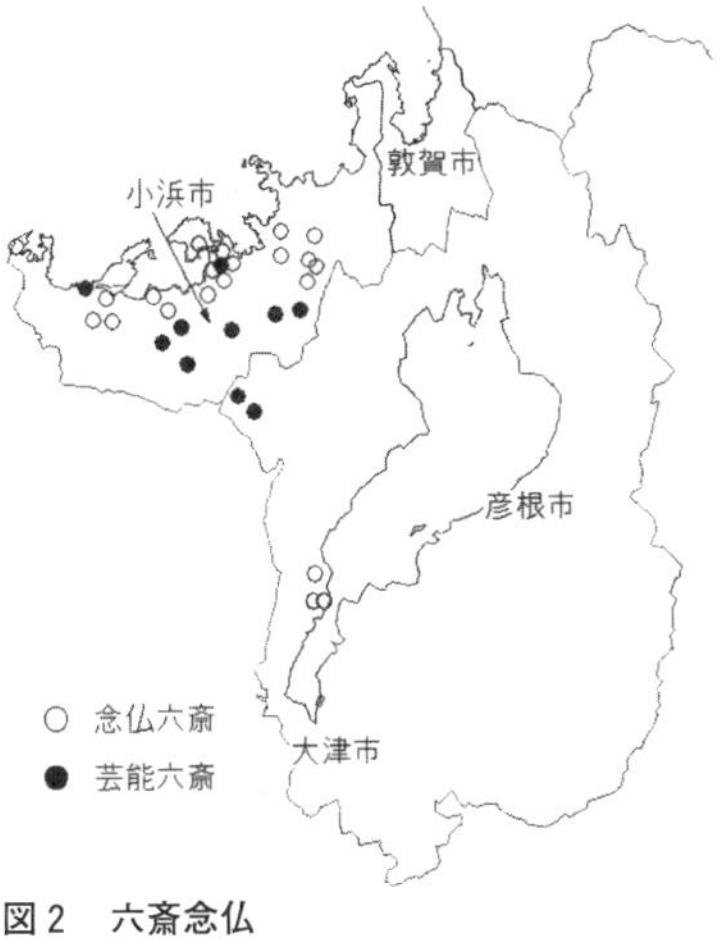

図2　六斎念仏

円を描いて動きながら時には太鼓を振り回しながら打っていく。また小浜市南川上流の虫鹿野、和多田、西相生では太鼓を持っての踊りのほかに、道化役が登場、「神楽」という曲では笛も加わって小浜ほうぜ祭のヤマの囃子〈布袋〉の旋律を吹き、民謡までうたう所もある。小浜の人気芸能である棒振り大太鼓と同じく、「かんばん」と称する黄色の着物を着て網笠をかぶり、周辺の芸能をあれもこれもと詰め込んだこのタイプは、集落の皆が揃う六斎念仏を機会に自ら大いに楽しもうという若狭独自の変容であろう。遠敷川から針畑越えで近江朽木村生杉と古屋に伝わったのはこの若狭型芸能六斎である。

六斎念仏の若狭への流入時期や経路について、永江秀雄氏は前述書で「おそらく室町時代ころに、遅くとも江戸時代初期以前に京都から伝わり……」と述べておられる。後述近江湖西の志賀町栗原に「天文廿三年（一五五四）七月吉日」記銘の念仏鉦があることから、ほぼ妥当な説であろう。ただし、若狭に多い三人組太鼓踊り型の形成時期はもっと後になるだろう。そして若狭の入口である上中町三宅と瓜生のそれはもっとも新しいタイプかもしれない。

近江には大津市北部と志賀町栗原に鋲どめ太鼓と鉦による念仏六斎が三ヶ所ほどまとまって残っている。六斎念仏が湖西経由で若狭に伝わった痕跡であろうか。近江自体は比叡山のお膝元ながら、蓮如以降多くの寺が真宗に改宗し、これ以外に念仏系の芸能は残っていない。

(3)　風流囃子物・棒振り・太刀振り系統（図3参照）

近江湖南地方（草津・守山・蒲生・土山）にはサンヤレ・ケンケトなどと呼ばれる風流囃子物がかたまって分布している。多くは子供たちが鞨鼓、鉦、太鼓、笛などで囃し踊りながら笠鉾や神輿を先頭に行列していくもので、しばしば棒振りや長刀振りが伴う。サンヤレは囃し言葉、ケンケトは鉦の音を表わしており、歌はあっても単純な囃し言葉風の繰り返しで、歌謡重視の小歌踊りとは異なる。これらは中世後期に広く近畿圏に流行した疫神送りの芸能で、現在の京都祇園祭の綾笠鉾や四条笠鉾に付き添う芸能につながる。

一方、現在若狭西部でもっともポピュラーな芸能は棒振り（大）太鼓である。江戸中期にすでに神輿の先導をする棒振りと大太鼓が小浜祇園会の笠鉾に従っているので、導入は祇園会を通してと思われるが、京都・近江の囃子物が中型太鼓を他の人に持たせて打つのにたいし、若狭の棒振りの演技（打ち合わせ・背中合わせ後方回転など）には小型曳き台に載せた大太鼓と複数鉦の伴奏が付き、その後幼児から青壮年が次々に大太鼓の個人芸を披露する形である。山車ほど経費がかからず、棒振りのかっこよさと子供から大人まで参加できる大太鼓芸が人気の由縁であろう(6)。垣東敏博氏によれば、確実に江戸時代まで遡れる棒振り大太鼓は小浜ほうぜ祭の住吉区など小浜市内四ヶ所のみという。明治以降急速に小浜周辺にひろがり、小浜ほうぜ祭で練りものを出していた区が戦後棒振りに変わった例、お宮の改築を機会に棒振りを復活させた例もそれぞれ確認されている。若狭で完成した芸能であろう。近江『朽木村志』によれば木地山の扇子踊りと一緒に、お宮の修繕や鳥居の建替えがあった折、棒振りがあったとある。若狭と事情はまったく同じである。

小浜を中心とした棒振り大太鼓の分布は、東は上中町まで拡がり、西は高浜町で太刀振り（大太鼓）に変わる。若狭の西隣の丹後には、大小太鼓と笛に囃される太刀振りが大変密に分布している。芸態は二人で打ち合う「振物」と一人あるいは大勢で揃えて振りまわす「太刀

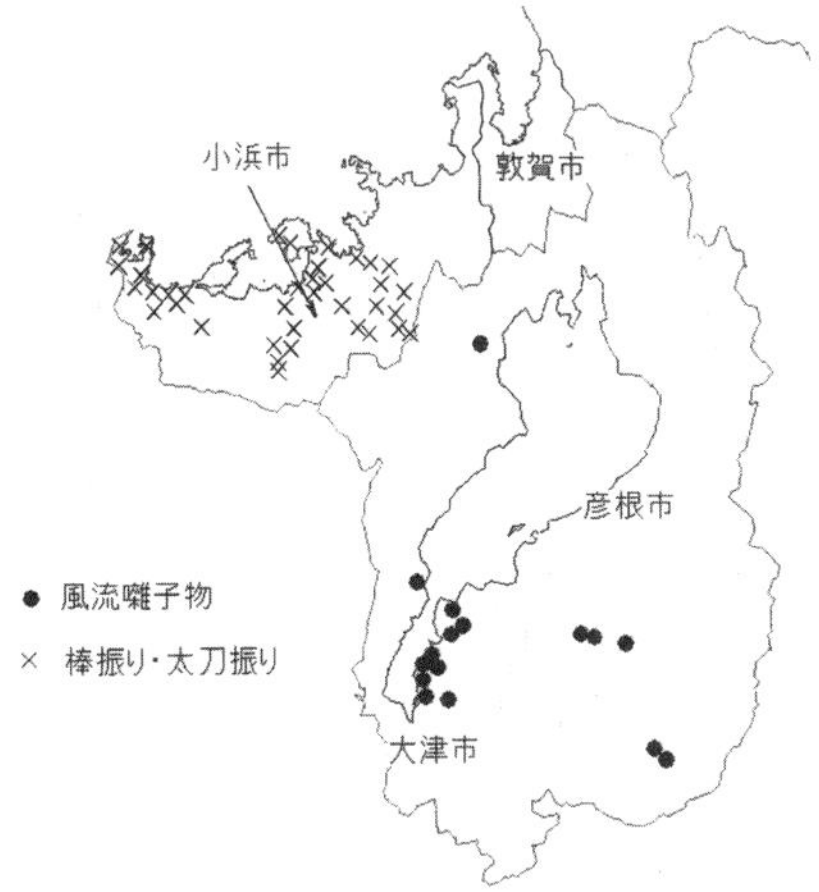

図3　風流囃子物系統

振り」に分かれ、「太刀振り」は近江の長刀振りと系統を同じくする。高浜町中心部の佐伎治神社七年祭で奉納される芝居仕立ての太刀振り（大太鼓）は、丹後の振物の影響を受けつつ若狭で練り上げた芸態であろう。高浜町全体を見れば、芝居仕立て太刀振りと丹後の「振物」と同じ二人で打ち合う基本形が並存する。[7] なお小浜市では一ヶ所だけ、西津の宗像神社七年祭では新小松原から太刀振りが出る。海を介して高浜方面と交流があったのかもしれない。

同じ風流囃子物ながら若狭と近江では芸態が異なり、相互乗り入れもない。

図４　太鼓踊り

(4)　太鼓踊り（図４参照）

長谷川嘉和氏によると、[8] かつて滋賀県湖北を中心に二〇〇を越える太鼓踊りがあり、現行はその約二割という。主に盆や秋の野神祭で演じられるが、もとは雨乞い祈願成就の返礼踊りであったために湖岸地帯より水に苦労した山間部に分布密度が濃い。また余呉川、高時川の水系によって歌謡の比重が違うように、水系ごとにおよその芸態が分類できる。平野部では数十人が輪を作って一斉に太鼓を打ち踊る大掛かりなものが主流となる。滋賀県の東半分に南北に連なる分布の延長上、北国街道に近い敦賀市池ノ河内が福井県では唯一の太鼓踊りである。池ノ河内は敦賀市内とはいいながら、むしろ県境の峠を越えて北国街道に面してやはり太鼓踊りを伝える滋賀県中河内と隣合わせである。文化圏としては湖北高時川に沿った北国街道が文化の通り道である。[9] 湖北塩津街道沿いの集福寺まできている太鼓踊りが国境を越えて敦賀に入らなかったのは、気象条件の違い、芸能を支えるムラ構造の違いが原因であろう。太鼓踊りは若狭には進入しなかったが、伊吹山塊を取り囲んで東は岐阜県へ、南は三重県にまで広く分布している。

(5) 太神楽系獅子舞（神楽）・三匹獅子舞（図5参照）

近江の村々には桑名からの伊勢太神楽が今でも定期的に廻ってきて、かまど祓いをし放下芸を含む獅子舞を見せている。専業者の芸は住民の供え物（米や金銭）に対する返礼であり、わざわざ地域の若者自ら演じるものではなかったのであろう。近江では民俗芸能としての太神楽系獅子舞はない。

一方若狭・越前で神楽といえばこの種の獅子舞を指す。両地域にもやはり伊勢太神楽は廻ってきたが、若狭西部の名田庄村下には江戸中期の安永四年（一七七五）伊勢太神楽の御師から伝授されたことを示す文書が伝わっているように、町場から遠いムラでは若者達が直接獅子舞の教えを受ける例がかなり早い時期からあった。雪深い土地ゆえ廻村が滞ることもあったのであろう。若狭西部から丹波・丹後にかけて一八〇〇年前後から徐々に若者たちの獅子舞が始まっており、現在でも前述名田庄村下をはじめ高浜町（七年祭に出る西山など）から県境を挟む地域に多く残っている。また敦賀市から福井市にかけの越前海岸に沿っても点々と伝承地が連なっているが、ある時期（たぶん幕末から明治初期）若者たちに流行し、競い合って取りいれたことが想像される。三方町鳥浜の加茂神楽は専業者が廻って来なくなったので、昭和三十年代こちらか

図5　獅子舞

ら習いに行ったと語る当事者がつい最近まで存命であった。これら民俗芸能としての創始時期のずれは、伊勢太神楽がだんだん奥地の村々から廻村が滞ってきたことを示しているのだろう。現在も地元の神社祭礼などにあわせるなどして伊勢太神楽は廻ってくるが、機会はぐっと減っている。

この太神楽系獅子舞が今まで述べた王の舞や六斎念仏、棒振り大太鼓とは異なり、若狭と越前、両地域にまたがって分布するのは伊勢太神楽が両地域を廻っていたという、きわめて単純な理由によるのだが、廻村があっても必ずしも地元芸能として受け入れるわけではない。若狭中央部には王の舞とセットの獅子舞が多いので、太神楽系獅子舞はない。前述の三方町鳥浜の場合は王の舞がない集落の有志が戦後に始めた。

また小浜市には寛永十二年（一六三四）小浜藩主酒井忠勝が前任地埼玉県川越から連れてきた関東型の三匹獅子舞が、現在も雲浜獅子として舞われており、明治以降はその教えを受けた旧城下四地区が小浜ほうぜ祭で演じている。西日本では唯一の三匹獅子舞であり、初期の風流系獅子舞の様式を伝えていて貴重である。同じように藩主の転封によって宮城県の鹿踊りが伝わった愛媛県の八つ鹿舞の場合は、周辺地域に面として拡がり芸態の変化もみせているのに対し、小浜の場合は一点に集中し狭い地域で芸態の変化もほとんどない。しかも藩主お抱えの演技者集団「関東組」によって継承されてきたという事情が影響しているのか、小浜周辺には太神楽系獅子舞はない。

ところで小浜ほうぜ祭や西津宗像神社七年祭に参加する「神楽」について触れておく。太神楽系獅子舞のない小浜で「神楽」といえば、次の項でも述べる小型の囃子屋台を指す。伊勢太神楽の長持を兼ねたお宮さんの上部に獅子頭と中型鋲打ち太鼓を納め、脇に締太鼓を付け大勢の笛方が歩いて従うもので、獅子は舞わない。

(6) 祭礼囃子

近世城下町を中心に華やかな展開をとげた曳山の芸能は、周辺地域を抱き込みそれぞれ特徴ある祭礼囃子を育んできた。近江の祭礼囃子について田井竜一氏の分類[10]は、①子供歌舞伎で有名な長浜を中心とした湖北（しゃぎり）型、②江戸祭り囃子型（近畿圏では珍しく江戸囃子系を囃す日野祭と水口祭）、③五個荘町周辺の湖東型、④祇園囃子型（県内で唯一京都祇園囃子を直接移入した大津祭）、⑤湖西型（湖西で唯一曳山のある高島町大溝祭）であるが、若狭の囃子はそのどれとも系統を異にする。

若狭を代表する小浜ほうぜ祭（放生会）と高浜七年祭は、歴史的には京都祇園祭や江戸天下祭の様式の影響を受けているが、祭礼囃子自体はたぶん城下町小浜で能楽囃子も取り込みながら練り上げられたと思われる。高浜七年祭は織豊期すでに祇園祭として賑わっていたという記録（連歌師里村紹巴『天橋立紀行』）があるが、現在に連なる祭礼囃子としては城下町小浜が文化の発信基地である。この両者の囃子を比較すると曲名の混乱はあるものの、旋律は共通なものが多い。

若狭全域の山車（ヤマ）の形体型式は垣東敏博氏[11]によれば大きく四種類（敦賀祭など松を飾る山車、小浜ほうぜ祭の二層式屋根付きの山車、高浜七年祭の舞台型山車、小浜ほうぜ祭や高浜町の小型の神楽屋台型）に分類されるが、楽器構成、楽曲ともに同系統である。もちろん同じ大小の太鼓に笛という楽器構成でも、小浜ほうぜ祭のヤマの囃子と神楽と呼ばれる（同じ名称だが、こちらは獅子舞ではなく）小型の曳き屋台の囃子では、太鼓の重要度やリズム、音楽的抑揚に違いがあるのだが、旋律的には若狭一円驚くほど均質で例外がない。そして近江からの移入もなかったと思われる。

ただし曳山の奉納芸能についていえば、近江長浜の子供歌舞伎への憧れがしばしば聞かれ、現在は町内の子供達が舞踊を披露している高浜七年祭でも、古くは江戸時代から昭和初期まで断続的に長浜から子供歌舞伎を呼んでいる。また現在、子供歌舞伎を演じている美浜町早瀬の場合、曳山は江戸末期安政四年（一八五七）の製作だが、屋根に「亭（ちん）」と呼ぶ小さな楼閣をいただき長浜とよく似た舞台型である。初期の頃は外部から師匠を招いて本格的芝居を上演していたが、現在は「寿式三番叟」のみ。入れ物中身ともに長浜からの影響は大きい。

(7) 若狭倉座能

若狭倉座能は若狭・近江の両地域をテリトリーとするユニークな存在である。中世若狭猿楽の伝統を引継ぐ倉座能一人翁は、神事能という性格から専業者の担当と認識され、村人が習い覚えて演じるものではなかった。江戸時代は若狭全域（敦賀半島突端の敦賀市立石・白木まで）に加えて、朽木村、今津町、新旭町など湖西の村々で定期的に神事能を演じてきた。須田悦生氏の『若狭猿楽の研究』には、江戸時代出かけた場所として七〇数ヶ所がびっしり地図に落とされている。現在でも朽木村麻生（あそ）の祭で一人翁が舞われている。麻生は若狭上中から今津へ抜ける若狭街道経由のルートもあるが、小浜中心部から遠敷川を遡り、木地山峠を越えて朽木村市場に通じるルート上でもあり、若狭の影響が及ぶ地域でもあった。

本拠地の若狭では現在でも、三方町宇波西神社や美浜町弥美神社の風祈能、上中町須部神社例祭などで、能愛好者と共に一人翁以外の演目も演じているが、通常の需要は一人翁あるいは正座平伏した氏子達の頭上で翁面箱を移動させる「御面イタダカス」が多く、翁と地謡を兼ねる面箱持ちの二人だけで足りる一人翁は、若狭の小さなムラの依頼に適ったのであろう。

まとめ

若狭という土地は他国からは山や海によって隔てられ、国の内部は往来が容易、しかも中心都市は小浜のみという「ある種の自己完結性」を持っていると、『若狭猿楽の研究』で須田悦生氏は述べている。こじんまりまとまっているということだろう。民俗芸能にあてはめれば、いったん入り込んだ芸能はじっくり時間をかけて若狭独自の変容をとげているといえよう。祭礼芸能として完成した棒振り大太鼓や祭礼囃子のように、若狭の身丈に合って出来上がった芸能は内部では密に分布するが、外部へは容易に出ていかない。針畑越えや木地山峠を越えて近江朽木村に伝わった例のみである。

また王の舞や六斎念仏に見るように、中世・近世初期には近江経由の都の文化が九里半街道を経てまず若狭中央部に伝播したと思われるが、近世以降は若狭一国支配の城下町小浜が芸能形成に果たした役割は大きく、江戸や京都から能役者を呼び地元の倉座能を育て、また小浜の富裕商人を巻き込み華やかな城下町祭礼を整えたことが、祭礼囃子や棒振り大太鼓など若狭独自の芸能を醸す基盤となったといえる(12)。

一方、近江は彦根藩三五万石の他は大名領、旗本領、幕領などさまざまな支配地が入り乱れる大国であった。都に隣接し諸国への交通路が四方に走る土地柄ゆえ、常に新しい都の芸能を受け入れ周辺に伝達してきた。古い様式の王の舞を捨て、華やかな風流系芸能を伝承してきたが、これらは近江独自というより、西へ東へより広い拡がりをもつ芸能であり、少なくとも近畿圏全体を視野に入れないと語れない。

註

（1）現在福井県は北陸トンネル上の木の芽山塊を境に越前を嶺北、敦賀以西を嶺南と行政区分している。
（2）『福井県の民俗芸能』一四頁、垣東敏博執筆。
（3）文明十七年（一四八五）「上瀬宮田楽頭之事」・大永二年（一五二二）「上瀬宮毎年祭礼御神事次第」など。
（4）さらにいえば茨城県金砂田楽、岩手県毛越寺延年ほか全国的に類例を求めることができる芸能であり、王の面は九州にも多く残る。
（5）『福井県の民俗芸能』二一頁、永江秀雄執筆。
（6）『稚狭考』（明和四年〈一七六七〉）によれば、鬼面をつけた棒振りが先払いをし、別にしゃぐまをかぶって大太鼓を打つ者がいた。江戸後期文政年間の祇園会を描いたという「小浜祇園祭礼絵巻」には現在とほぼ同じ様子が見てとれる。
（7）但馬の仕組踊りや芸踊りとの関連は筆者の今後の課題である。
（8）長谷川嘉和「近江における太鼓踊りの分布」（『民俗文化分布圏論』）。
（9）歌謡を伴う小歌踊りの系統となると、北国街道をさらに北進して越前今立町柳に花笠踊りがぽつんと一ヶ所残る。
（10）田井竜一「曳山囃子」（『滋賀県の民俗芸能』）。
（11）「若狭地方の山車類と囃子」（『北陸の民俗』一七号、二〇〇〇年）。
（12）本論では取り上げられなかったが、近江の盆踊歌として圧倒的人気の「河内音頭」は九里半街道沿いの宿場であった熊川にまで進出、「熊川音頭」の原形となっている。

おもな参考文献

藤井譲治編『街道の日本史三一　近江・若狭と湖の道』（二〇〇三年、吉川弘文館）。

『福井県の民俗芸能―福井県民俗芸能緊急調査報告書―』（二〇〇二年、福井県教育委員会）。

『滋賀県の民俗芸能―滋賀県民俗芸能緊急調査報告書―』（一九九八年、滋賀県教育委員会）。

須田悦生『若狭猿楽の研究』（一九九二年、三弥井書店）。

長谷川嘉和「近江における太鼓踊りの分布」（『民俗文化分布圏論』一九九三年、名著出版）。

垣東敏博「神社祭礼と芸能」（『高浜町の民俗文化―年中行事と祭り―』一九九五年、高浜町教育委員会）。

橋本裕之『王の舞の民俗学的研究』（一九九七年、ひつじ書房）。

特別展『おまつり・おはやし・おどり―若狭の祭礼・山車・風流―』（一九九八年、福井県立若狭歴史民俗資料館）。

坂本　要「若狭の六斎と念仏」（『まつり』六六号、二〇〇四年、まつり同好会）。

入江宣子「若狭の民俗芸能と祭」（『まつり』四九号、「若狭特集」、一九八八年、まつり同好会）。

入江宣子「若狭の祭礼囃子の系譜」（『民俗文化分布圏論』、一九九三年、名著出版）。

入江宣子「若狭の祭礼囃子の系譜（続）」（『都市の祭礼―山・鉾・屋台と囃子―』、二〇〇五年、岩田書院）。

第二章　湊町敦賀の変容と地域社会

災害の記憶—敦賀・出村町の町名由来譚をめぐって—

渡邊秀一

はじめに

福井県敦賀地方は、三重県櫛田川から和歌山県紀ノ川付近を東西に走る中央構造線と、東は伊勢湾から滋賀県湖北地方を北北西に、西は大阪湾から京都府と滋賀県の県境付近を北北東に走る断層地帯が形成する近畿三角帯の北端に位置している。近畿三角帯をめぐってはその自然的特色と阪神淡路大震災の経験、近い将来に発生すると予測されている地震に対する備えなどから歴史地震への関心が高く、寛文二年の大地震を中心に研究が進んできた(1)が、近年は歴史災害全般に関心を広げつつある。

数十年、数百年に一度の周期で発生する大地震は広範囲に甚大な被害をもたらすが、断層運動がつくりだした地形は地震後も土砂災害などをもたらすと同時に直線的な陸上交通路ともなって、人間の生活にさまざまなかたちで関わってきた。近畿三角帯北部の場合、東西二辺の断層谷は交通路として歴史的に重要な役割を果たし、敦賀はその北の結節点でもあった。

歴史地震に限らず、歴史災害研究には自然科学的調査が大きな威力を発揮することは言うまでもない。都市の歴史地理学を専門としてきた筆者は歴史災害を自然科学的に考察する技術や能力をもちあわせていないが、近畿三角帯の頂点であると同時にその二辺がつくる交通路の結節点という敦賀の地理的位置に注目して、本稿を進めていきたい。具体的には近世敦賀の地誌に記載された災害伝承を取り上げ、そこに敦賀の地域的性格がどのように映し出されているのかという点を考察する。

一　近世地誌の災害記録

歴史災害研究にとって日記・日誌類は有効な史料であるが、こうした災害記録は空間的・時間的な偏在性を免れない(2)。多くの史料が失われていることを考慮しても、それは記録されなかった災害・被害が数多く存在するということである。この点は敦賀地方も同じである。例えば、近江湖西地方を震源とし、若狭・近江湖西地方に大きな被害をもたらした寛文二年（一六六二）の大地震は敦賀地方にも相応の被害を与えたと思われるが、藩文書や敦賀地方の町方・村方の公的な文書には被害記録がまったく見当たらない。一方で、浅井了意の『かなめいし』(3)に地震により敦賀町では海岸付近の家屋が津波の被害にあい、疋田・山中でも山地の崩壊があったことが記載されている。公的被害記録の欠如を補うという意味で、こうした民間資料にも目を配る必要があろう。

民間資料の一つに災害伝承がある。伝承の資料的価値については疑問視するむきもあるが、史料の検討を併用することで歴史災害の実証的研究が着実に進んでいる(4)。近世の敦賀地方全体を視野に入れて歴史災害そして災害伝承を把握するには、地誌の利用が有効である。近世敦賀地方の地誌には中村正記・中村正俊・中村正勝『遠眼鏡』（天和二年〈一六八二〉）(5)、山本呵斎『敦賀雑記』（文政三年〈一八二〇〉）(6)、石塚資元『敦賀志』（嘉永三年〈一八五〇〉直前）(7)などがある。このうち、『遠眼鏡』・『敦賀雑記』は敦賀町を主体としたものであるが、『遠眼鏡』には敦賀町に関する歴史的記述がなく、『敦賀雑記』にも周辺地域の情報はほとんどない。敦賀郡全体を地誌的に記述しているのは『敦賀志』唯一つである。したがって、本稿で使用する地誌は『敦賀志』が中心となるが、『敦賀雑記』も補助的に使用する。

『敦賀雑記』で自然災害について記述しているのは出村町のみである。また、『敦賀志』では出村町のほか中橋町・河原村・市ノ野（市野々）村があり、また理由は不明であるが、泉村に集落移転があったことを記載している。後述する出村町を除く四町村について記述内容を見ると、大きく三つの型に分けられる。その一つは町名由来の中で自然災害に触れたもの（町名由来型）で、中橋町はいつごろのことかは不明であるが、柳河の洪水後に架けられた橋名に町名由来があるという(8)。後述する出村町もこの型の一例である。他の一つは開発型ともいうべきもので、市野々村は洪水によると思われる金山村内の荒地を寛文年中に再開発したことにより成立し(9)、泉村は永禄前後に村地を耕作地に転換し、持分の塩浜に移転して新たな集落を形成したというものである(10)。また、河原村は両者の中間的な型（折衷型）で、永禄・元亀ごろに笙ノ川の洪水で耕作地が河原になり、その場所に成立した村であるとしている(11)。このうち、近世に属するのは市野々村だけで、他は中世のことである。

このように『敦賀雑記』・『敦賀志』では四・五件の災害関連記事を載せている。しかし、寛文大地震で被害を受けたとされる疋田村・山中村には災害の記述がまったくない。同じ寛文年中に成立した市野々村の記述からみて、『敦賀雑記』・『敦賀志』の作者たちが関心を抱いていたのは敦賀地方の人々が遭遇した悲惨な災害の歴史あるいはその現実ではなく、町名由来型であれ開発型であれ、町や村の成立という歴史であったことは明らかである。したがって、『敦賀雑記』・『敦賀志』の記述を通して敦賀地方における災害の歴史とその被害状況を知ることはできないが、日記・日誌類などの諸記録に記載されることのなかった中世の災害をさぐる手がかりを残している。

二　敦賀・出村町の町名由来とその構造

『敦賀雑記』と『敦賀志』に記された敦賀・出村町の町名由来は以下のようなものである。

①『敦賀雑記』（文政三年）

出村町　二村洪水ニ而山崩之節爰ニウツル(12)

②『敦賀志』　嘉永三年直前（推定）

出村町　いつの頃にや有けん、大地震にて西浦の内一浦高波にてくずれしが、残りし者此所へ出て村居せしより出村といひしとぞ(13)

『敦賀雑記』の記述にある二村は西浦十浦の一浦で、西浦南端の小村である（図1）。「洪水ニ而山崩」については改めて後述するが、土石流であると考えられる。また記載が簡潔で「爰ニウツル」と断定的表現で終わっているが、この後に『敦賀志』の「此所へ出て村居せしより出村といひ」と同じ意味の語句を補って理解すべきであろう。一方『敦賀志』は「いつの頃にや有けん」や「出村といひしとぞ」という表現に見られるように『敦賀雑記』とは対照的に曖昧な表現に終始している。『敦賀雑記』が災害の発生場所を二村と明確に記述したのに対して、『敦賀志』では「西浦の内一浦」としている点も同じである。また、発生した災害を地震・津波によるものとしている。このように、この二つの町名由来譚は記述態度に大きな違いがあり、発生した災害も異なっている。しかし、二村も西浦の内であり、西浦のある集落が災害にあって移転し、形成した出村が出村町の町名起源であるという基本的な内容は変わっていない。

『敦賀雑記』・『敦賀志』に記載された出村町の町名由来は、基本的に自然災害によりある集落または二村が大きな被害を受けたという前半の災害伝承と、被災した集落が移転して、あるいはその集落で生き残った人々が移住して出村を作ったという後半の集落移転伝承から成り立っている。この二つの伝承を接合しているのが出村という地名である。出村とは、出屋敷地名などと同様に本村（親村）から分村した子村あるいは子村から分村した孫村に対する呼称である。

また、伝承にはしばしば時間の記憶が欠如しているが、この二つの町名由来譚も災害の発生時期、出村の形成時期という二つの時間を欠いている。

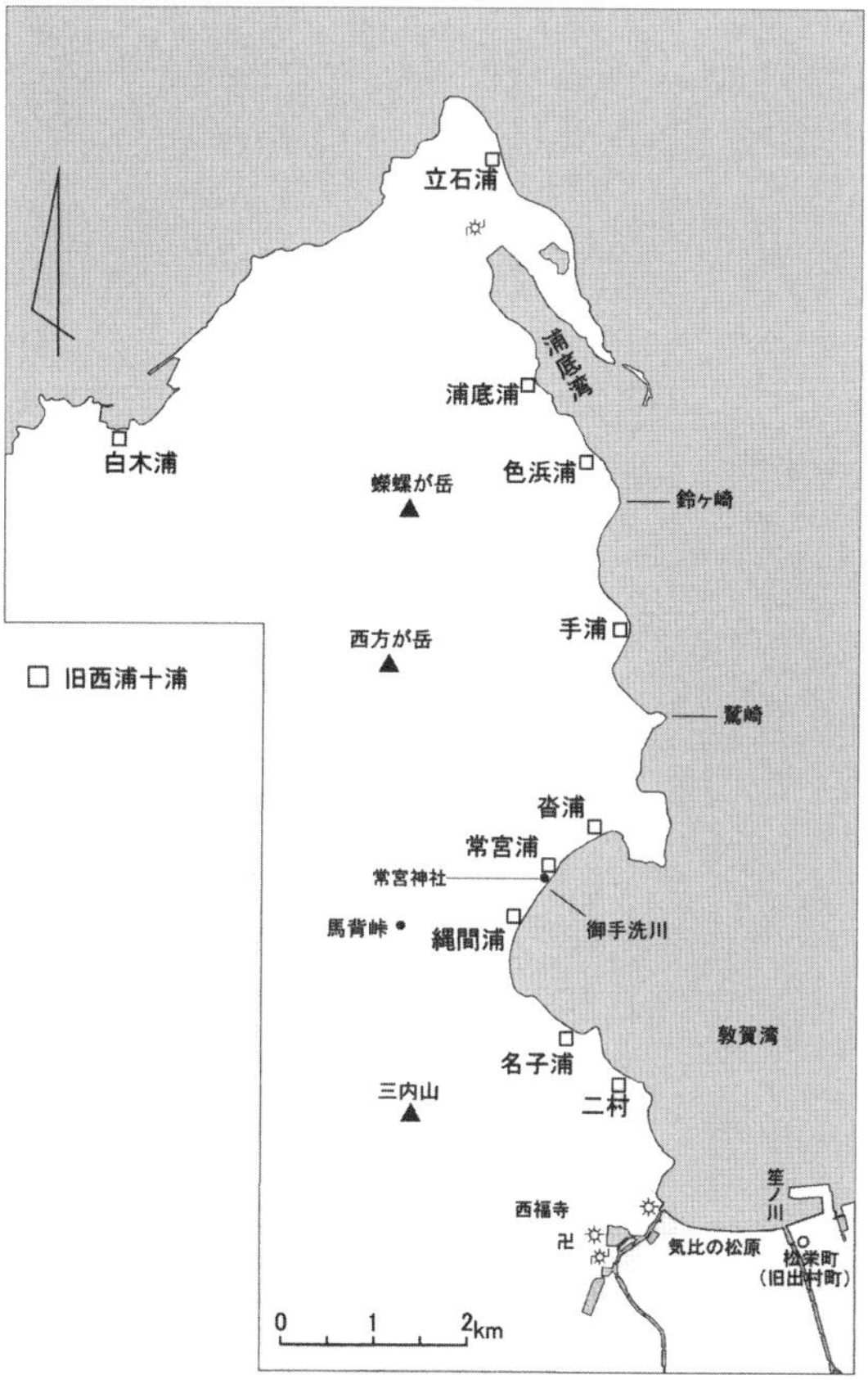

図1　地域概観図

そこで、次章以降の検討の枠組みとして、敦賀・出村町の成立という点まで含めて両書の町名由来譚の時間的関係・空間的関係を整理しておきたい。出村町の町名由来譚はそれぞれ三つの時間関係と空間関係とを含んだ物語である。三つの時間関係とは、一・本村の成立と被災以前の出村（以下、原・出村と仮称する）の分村の間にある時間関係、二・原・出村と被災を契機とする出村の成立との間に見られる時間関係、三．出村の成立と出村町の成立との間に存在する時間関係である。しかし、第一の時間関係が災害伝承の内容を分析する上で不可欠の関係とは言い難い。また、三つの空間関係とは、一．本村と原・出村との空間関係、二．原・出村と災害を受け移転し成立した出村との空間関係、三．出村と出村町との空間関係である。このうち、原・出村は自然災害の発生場所であり、『敦賀雑記』『敦賀志』は出村と出村町の位置を同一視している。

三　伝承の時間関係

(1)　敦賀・出村町の成立時期

『敦賀雑記』・『敦賀志』に記載された災害伝承が時間を語っていない以上、出村町の成立時期を下限として伝承から失われた時間の記憶を遡及的に探り出していくほかない。

近世の敦賀は川中、川東または川向（児屋川以東）、川西（笙ノ川以西）の三地区、三六町（あるいは四一町）で構成されていた。このうち、川中は中世以来の街並が広がっていた地域で、近世になって海岸部・内陸部に街並が若干拡大した。これに対して川東・川西は新興の市街地で、川東が天正末年から寛文年間にかけて街並が整えられていったのに対して、川西は寛永年間以降と開発がやや遅れた。本稿で取り上げる出村町は川西に属し、東は茶町・池子町、西は今浜村、北は敦賀湾、南は赤川（旧敦賀城堀跡）をはさんで十軒町と境を接する敦賀町北西端の町に位置していた（図1、図2）。寛文期の家数は一六五軒で、(14) 隣接する川西の町の中でもとくに規模が大きい。『敦賀雑記』は出村町を含む川西の各町の成立時期について十軒町が寛文年間、茶町が寛永～寛文年間であると記述しているが、池子町の成立時期は出村町と同様に記載していない[15]。これに対して『敦賀志』は茶町の成立が寛永十五・十六年[16]、池子町が正保・万治頃[17]、十軒町が万治年間とするなど[18]『敦賀雑記』と異なる記述をしているが、出村町の成立時期について明確に示していない点は『敦賀雑記』と同じである。ただ、『敦賀志』は出村町について以下のように記載している[19]。

永建寺道川兄弟兄ハ越後屋也等地替の事大谷氏より被命し時、川西茶町辺すべて退去し空地たりしを、彼城破却の後、空印君の御免を蒙り、復町屋を建しとそ、天和頃ハ娼家も有しよし也

これによれば、出村町の成立は空印君すなわち酒井忠勝が小浜藩主であった時期であるという。酒井忠勝が小浜藩主であったのは寛永十一年～明暦二年の間で、出村町の成立時期は川西の諸町と重なるが、それ以上のことは不明である。そこで注目されるのが「若狭敦賀之絵図」[20]である。そこには赤川をはさんで出村町の街並が描かれている。「若狭敦賀之絵図」は正保年間に作成された若狭国絵図の控え図あるいは下絵を寛文年間に領分絵図に仕立てたものであるが[21]、絵図の内容は正保年間のものと考えられている[22]。したがって、出村町は正保二年の段階で街並の形成が進んでおり（図2）、茶町とほぼ同じ時期か、やや遅れて町の建設が始まったことを示唆している[23]。

(2)　出村成立時期の下限

『敦賀志』は出村町の成立について「復町屋を建しとそ」と記している。出村・出村町それぞれの成立の時間的関係という点からいえば、「復」とある点に注目しなければならないであろう。そのまま読めば、敦賀城破却以前にも町（以下、先・出村町と仮称）があり、先・出村町が一旦退去した後、酒井忠勝（空印）が小浜藩主として敦賀郡を支配していた時に再び町が形成されたという歴史を出村町はたどったことになる。しかし、先・出村町と出村町との関係は不明である。

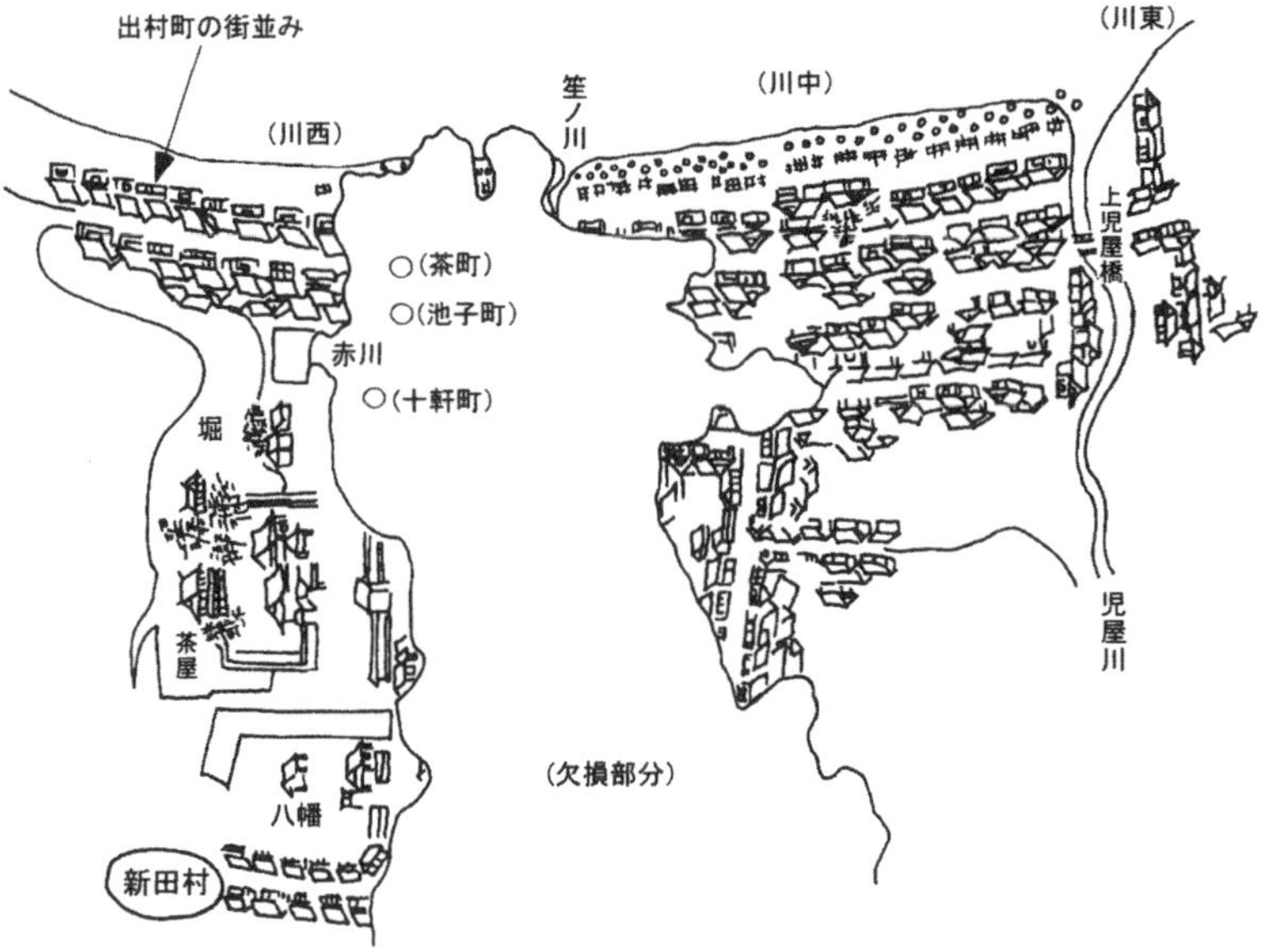

図２　若狭敦賀之絵図に描かれた敦賀の街並（図中文字注記は筆者による）

先・出村町の移転について『敦賀志』がその根拠としてあげたのは永建寺の移転である。大谷氏在城時における永建寺の移転（慶長二年〈一五九七〉）は永建寺文書等の史料にも記載されており、事実であろう。(24)さらに茶町の西に屋敷を構えていた道川氏が天正十七年（一五八九）に西浜に移転したこと、(25)永建寺の西にあった松中村が文禄年中に移転したことも記している。(26)天正から文禄にかけて、敦賀城北側付近にあった集落・寺院の全面的な移転が行われたということであろう。

一方、道川氏が移った西浜の成立時期について、『敦賀雑記』は「天正中出来ス、嶋ノ郷ヨリ引移ルト今ノ肝煎角野氏語リツ」(27)と記載している。西浜肝煎角野氏が語ったという内容は伝承に近いものであるが、西浜に居住していた人物によって語られた内容を記録したという点が重要である。この記述から、以下の二点を指摘することが出来る。

①天正年間の移転は道川氏だけでなく、嶋ノ郷のうち敦賀城近くにあった集落が移転したと考えられること。

②「嶋ノ郷」とある通り、移転した集落は町ではなく、村

落であったと認識されていたこと。

嶋ノ郷は慶長十年ごろの調製といわれる松平文庫所蔵「慶長越前国絵図」(28)にもその名がある笙ノ川西岸の中世村落であったが、嶋ノ郷中の集落の移転（②）という記述は先・出村町の実在性に大きな疑問を抱かせる。しかし、それは村落の存在までも否定するものではない。仮に村落が存在したとしても、それと出村との関係は不明のままである。したがって、出村の成立時期の下限を天正年間においておくことが適当であろう。

四　伝承の空間関係

伝承・伝説の中で最も失われにくいものが場所の情報であり、伝承・伝説は場所の記憶であるという(29)。確かに敦賀・出村町の町名由来に含まれる災害伝承をみると時間の記憶が失われ、場所の情報が残されている。その場所をめぐって、まず西浦における本村（親村）・子村（出村）関係から確認しておきたい。

出村成立の下限である天正年間後半に西浦にどれだけの集落が存在していたか、はっきりしない。「慶長越前国絵図」（慶長十年頃）には敦賀町のほか四〇ヶ所に村形が記載されているが、郡付の敦賀郡村数は三七ヶ村である。それは村名があっても村高の記載がない村形が四ヶ所あり、郡付はこれらを算入していないためである。その四ヶ所とは山中村・駄口村・立石浦・色浜浦である。このうち、立石浦は無高で(30)、山中村・駄口村の村高は疋田村に(31)、色浜浦の村高は浦底浦に合算されている(32)。また、白木浦・二村は絵図に記載されていない。したがって、「慶長越前国絵図」の上で西浦を構成していたのは浦底浦（色浜を含む）・手浦・沓浦・常宮浦・縄間浦・名子浦の六浦であった。

白木浦・立石浦・浦底浦・色浜浦の天正以前の状況は、史料を欠くため不明である。また、手浦以南の地域は「越前気比宮政所作田所當米等注進状（越前気比宮社伝旧記）」[33]や太神宮政所下文にしばしば「三箇浦」あるいは「三か浦」として登場する。三か浦とは同史料によれば手浦・沓浦・大縄間である。三か浦が立地する敦賀半島東部は西方が岳（七六四・一メートル）を最高峰とする山岳地が海岸に迫り、臨海地域の平坦地はきわめて少なく、漁業や製塩を基本的な生業にしていた。それゆえ、製塩用燃料の供給地である背後の山林とともに漁業資源の源である海は三か浦の住民にとって基本的な生活基盤である。この点は近世になっても変わりなく、西浦では漁場をめぐってしばしば相論が起きている。相論の中で主張された海境が中世三か浦の領域を推定する手がかりである。

まず、色浜浦と手浦の海境は天正十五年（一五八七）四月十二日付の「浦奉行水谷久三良・かしの弥七郎連署状」[34]から鈴ヶ崎と知れ、手浦・沓浦の海境は天文十六年三月十六日付の「親勝折紙」[35]から鷲崎、さらに沓浦・縄間浦の海境は寛永十八年八月十八日付の「縄間浦海境ニ付沓浦訴状」[36]等から常宮御手洗川とわかる（図1）。三か浦の領域と集落の位置をみると、常宮浦は沓浦の領域の南端に位置している。このことは、常宮浦が沓浦に属していた出村であることを示している。この点は、以下の史料からも確認できる。

元禄十七年三月二十八日「常宮浦網場出入ニ付沓浦百姓願書写」（全三条）[37]

第二条

一、常宮浦之儀ハ、沓浦之出村ニ而御座候へハ、沓浦海上口ハ縄間浦海境、下ハ手浦海境ニ御座候（以下省略）

また、縄間浦の南の海境は記載されていないが、以下の史料から名子浦地先の海域が縄間浦の猟場であったと同時に、常宮浦と同様に名子浦は縄間浦の出村であったことがわかる。

弘化二年二月「口達書」[38]

一、名子浦之儀ハ縄間浦枝郷ニ而、五郎介と申者大永元年五郎兵衛より名子浦之分家仕候義ニて、右五郎介名子

浦元祖ニ御座候（以下省略）

（中略）

一、名子崎より小坂地蔵前迄之間往古ゟ縄間浦諸猟場ニ御座候（以下省略）

以上のように、沓浦と常宮浦、縄間浦と名子浦との間にそれぞれ本村・子村関係が認められた。ここで重要なことは、常宮浦・名子浦（子村）がともに本村の領域内において分村されていた点である。先に伝承の空間関係において述べた第一の関係＝本村と原・出村との空間関係に立ち戻って言い換えると、原則的に原・出村（子村）は本村の領域内に立地するということである。この原則に従う限り、伝承の第二の関係＝原・出村と災害を受けて移転し成立した出村との空間関係は、位置は異なっても原・出村と出村は同じ本村の領域内にあるということになる。また、同じことが出村の位置していた嶋ノ郷にも認められなければならない。そのため、出村町の町名由来となった出村も本村の領域内において集落を形成していたと考えるべきであろう。よって、西浦から嶋ノ郷の領域に移転して出村を形成することは考えられないことになる。

五　災害伝承の検討

(1)　災害

『敦賀志』は大地震とその後に襲ってきた津波を、また『敦賀雑記』は「洪水ニ而山崩」を原・出村の移転原因に挙げた。その伝承中の災害の発生時期・集落の移転時期（先・出村町あるいは出村の形成時期）は、出村町の成立と時間的に矛盾なくつながることが必要であり、茶町付近にあった先行集落や寺院が天正年間に移転したことを踏まえれば、それ以前のこととしなければならない。

天正年間以前に発生し、敦賀地方に被害を与えた可能性がある地震として記録されているものは、①正中二年（一三二五）の地震、②天正十三年（一五八五）の地震だけである[39]。正中二年の地震は気比宮の倒壊が伝えられており、敦賀地方に大きな被害をもたらしたと推定できる。しかし、この地震で津波が発生したという記録は今のところ見当たらない。また、天正十三年の地震についても敦賀地方で被害があったという記録を見出すことはできない。

一方、『敦賀雑記』が記載した「洪水ニ而山崩」の用例は『濃州徇行記』志津村（現三重県海津市南濃町志津）の項にみられる。それは東側に断層崖をもつ傾動地塊・養老山地の東麓扇状地を形成した土石流の記録であると理解されている[40]。本稿でもこの考え方に従いたい。敦賀半島が傾動地塊であるとは現段階ではいえないが、西に緩く、東（西浦側）に急な斜面が連なること、敦賀半島東部に連続して走る大規模な断層の存在は認められていないが、浦底沖に浦底—柳ヶ瀬山断層帯が走っていること[41]など、地形的に類似した点があるためである。

(2)　場所の記憶

津波被害の痕跡を改変が進んだ現在の地形から見つけ出すことは難しい。また、津波災害の伝承も敦賀湾岸地域には残っていない現状では津波災害の有無を検討できる材料はない。これに対して、土石流によるものかどうか不明であるが、土砂の堆積によると思われる扇状地性の地形を何ヶ所か見出すことはできる（図3のA～D）。Aは手浦集落背後の扇状地性の急斜面である。手浦は災害による集落移転があったと伝えられていること[42]から、Aのような扇状地性の堆積地形は過去に土石流などの災害があったことを示してもいる。同様の地形は、常宮・御手洗川流域（B）、縄間（C）にも見られる。また縄間（D）は他の三ヶ所に比べやや傾斜が緩やかで、土石流によるものかどうかはっきりしない。これに対して名子・二村は谷が階段状に整地されているため、等高線からは扇状地性の地形は読み取れない（図3）。

また集落形態から見ると、沓・縄間が海岸線に平行な列状をなすのに対して、手浦・常宮・名子・二村は疎塊村状になっている（図4）。ただし、近世の二村は二〜三戸の小村であったため、現集落の形態は参考にならない。平地の

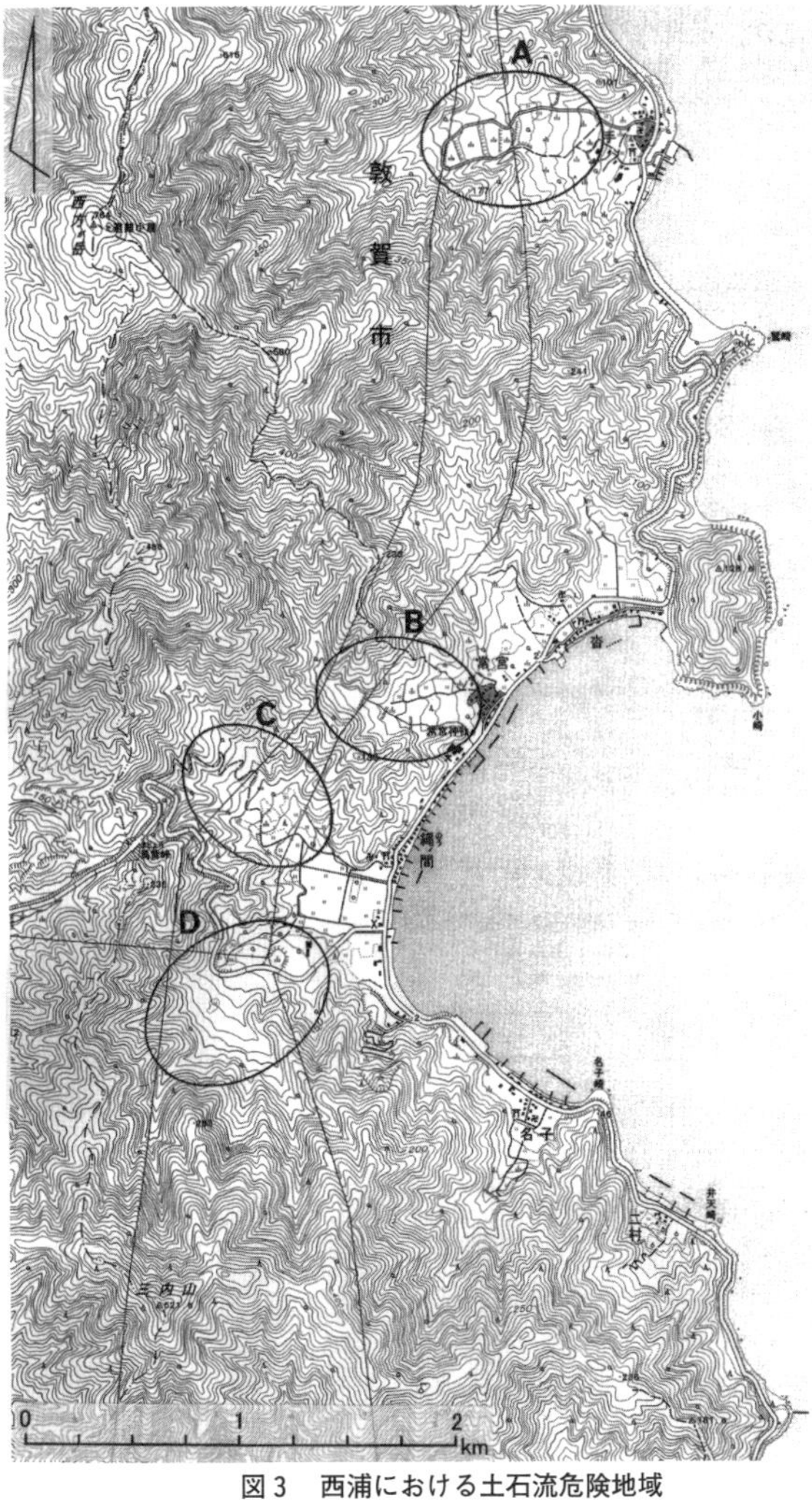

図3　西浦における土石流危険地域

狭い臨海部に立地し、海を生業の場とする集落の場合、集落形態が列状になるのが一般的である。その意味で、沓・縄間はあるべき集落形態を保っているといえる。手浦が疎塊村状の形態をなすのは先述の通り集落が移転したためであろう。この手浦を除

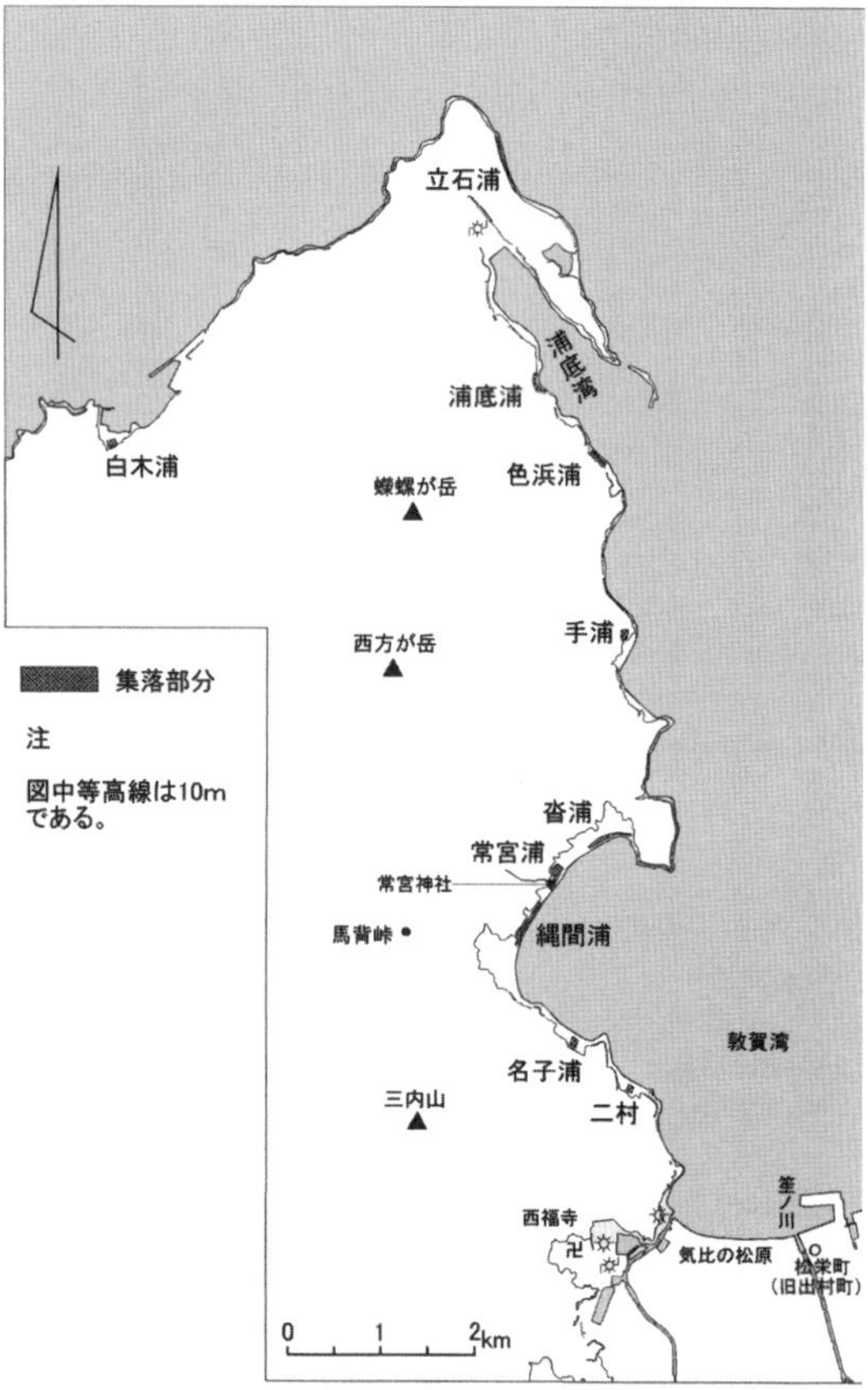

図４　西浦の集落立地

けば親村は列状の集落形態をなし、出村の常宮・名子が疎塊村状になすという明確な対照性が存在しているが、手浦のように集落移転等を契機に集落形態に変化がおきうるとすれば、常宮・名子にも集落移転があったと考えることができる。

『敦賀雑記』・『敦賀志』の伝承によれば、災害にあった原・出村は村地を放棄して新地に移転した、あるいは生存者が他所へ移転した。このことから原・出村の旧地について二つのケースが考えられる。一つは原・出村の旧地は既述の泉村と同じく放棄されたまま江戸時代末期まで集落が存在しなかったという場合、二つ目は一旦廃村になったものの、同名の集落がその後形成されたという場合である。前者の場合、常宮・名子・二村は被災地ではないことになり、被災地は縄間のＣあるいはＤ地点が有力になる。

また後者の場合、縄間のＣ・Ｄ地点は被災地ではない。さらに、常宮・名子にそうした歴史があることを示す史料は見当たらず、唯一考えられるのが二村である。二村は慶長国絵図（慶長十年頃）に記載されていないが、同図の名子村の村高二三石三斗余に含まれている。慶長三年の検地帳によれば、名子村の村高は一八石九斗三合で[43]、慶長検地帳と慶長国絵図との差四石四斗余が二村分と考えられるためである。ここで注目される点は名子村の村高が正保御帳でも一八石九斗六合と慶長三年の村高とほとんど変化していないことである。二村が慶長三年の時点で独立した村落として、名子浦とは別に検地が実施された形跡は今のところ認められない。したがって、このことは二村が慶長三年の時点で村落として存在していなかったことを示唆している。二村の地名は永正十一年の史料に現れるが[44]、仮にその時点で村落として存在し、慶長三年に二村が存在していなかったとすれば、永正十一年に現れた集落は慶長三年以前に一旦廃絶したことになる。

実際に伝承に基づき被災地を特定することは難しい。しかし、以上の結果から『敦賀志』の災害伝承が場所の記憶が曖昧であるのに対し、『敦賀雑記』の災害伝承は場所がより具体的であること、二村の立地点は他の集落に比べ若干高い津波被害をより受けにくい場所で、津波被害より土石流被害にあったという記述に大きな矛盾がないこと、慶長三年以前に二村が移転していた可能性があることなどを考え合わせると、信頼性が高いものになる。

おわりに

本稿は『敦賀雑記』・『敦賀志』の町名由来譚に含まれる災害伝承について検討してきた。個々の検討事項をまとめると以下のようになる。

①　敦賀・出村町の成立と災害伝承が矛盾なく成り立つためには、言い伝えられてきた災害は天正十七年以前に起きたものでなければならない。

②　出村町に先行する出村は被災地の二村または西浦の一浦が移転した出村であると述べられているが、中世西浦三浦の出村は本村の領域内に立地しており、原・出村が村落として出村の地へ移転したとは考えにくい。

③　発生した災害は『敦賀雑記』は土石流、『敦賀志』は地震・津波となっているが、いずれとも判断しがたい。しかし、地震・津波についての伝承が敦賀湾岸地域になく、敦賀半島東岸が土石流の発生しやすい地形条件を備えている。

④　災害が地震・津波の場合、被災地（原・出村）を特定することはできないが、土石流の場合、縄間地籍内および名子浦・二村が考えられる。

⑤　原・出村は慶長三年以前に移転したか、一旦廃絶した可能性がある。これに該当すると認められるのは二村だけである。

以上の結果を見る限り、伝承の空間関係において出村町の町名由来譚の信憑性に疑問が生じる。しかし、それは本村の境界を越えて一定の領域をもった出村の形成を否定するもので、原・出村出身者個々の移転までも否定するものではない。それゆえ、出村町に西浦出身者が存在し、災害伝承が語られていたことは十分に考えられ、西浦の一浦または二村が本村内の他所へ移転した、あるいは一旦廃絶したこと、西浦とは別の地域、おそらく嶋ノ郷の出身者による出村の形成とが一つになって、出村町の町名由来譚が成立したと推定されるのである。

このように、敦賀・出村町の町名由来譚は、歴史的事実を含みながら、異なる二つの地域からの転入者が語り伝えてきた伝承を一つの物語にまとめ上げているところに大きな特色がある。それは、地震・津波、土石流という災害に象徴される地形環境だけでなく、近畿三角帯に位置し、断層地形を利用した交通路の結節点に位置した敦賀の地理的性格をよく示したものであったといえよう。

註

(1) 例えば、三木晴男「江戸時代の地震災害」(中島暢太郎・三木晴男・奥田節夫『歴史災害のはなし』、一九九二年、思文閣出版所収) 七七〜一六九頁。
(2) 笹本正治「災害史の視点」(『京都大学防災研究所年報』第三七号、一九九四年、B―二) 一〜三頁。
(3) 浅井了意『かなめいし』中巻「越前敦賀の津并江州所々崩し事」(朝倉治彦・深沢秋男編『仮名草子集成　第十八巻』、東京堂出版、一九九六年、所収)
(4) 都司嘉宜「千葉県君津市大坂の岩田寺の伝承中に現れる延文五年(一三六〇)の地震」(『歴史地震』第一号、一九八五年) 八九〜一〇三頁。都司嘉宜「山梨県南巨摩郡身延町小田船原の善行寺の伝承中に現れる文正元年一二月三日(一四六七―一―一七)の地震」(『歴史地震』第二号、一九八六年) 二一〜二九頁。都司嘉宜「永長東海地震(一〇九六　XⅡ一七)の津波被害を伝える沼津市大朝神社の伝承」(『歴史地震』第九号、一九九三年) 二二五〜二三二頁。笹本正治『蛇抜・異人・木霊―歴史災害と伝承―』(一九九四年、岩田書院)。渡邊偉夫「伝承から地震・津波の実態をどこまで解明できるか―貞観十一年(八六九年)の地震・津波を例として―」(『歴史地震』第一七号、二〇〇一年) 一三〇〜一四六頁。笹本正治『災害文化史の研究』(二〇〇三年、高志書院)。
(5) 敦賀市史編さん委員会編『敦賀市史　史料編第五巻』(一九七九年、敦賀市役所) 六二三〜六五六頁。
(6) 敦賀市史編さん委員会編『敦賀市史　史料編第五巻』(一九七九年、敦賀市役所) 六五七〜六六三頁。
(7) 敦賀市史編さん委員会編『敦賀市史　史料編第五巻』(一九七九年、敦賀市役所) 六六四〜七八〇頁。
(8) 註(7)、六九七頁。
(9) 註(7)、七五〇頁。
(10) 註(7)、七三一頁。
(11) 註(7)、七四九頁。

(12) 註（6）、出村町、六五九頁。
(13) 註（7）、出村町、六八九頁。
(14)『寛文雑記』敦賀町中家数覚（敦賀市史編さん委員会編『敦賀市史　史料編第五巻』、一九七九年、敦賀市役所所収）八三頁。
(15) 註（6）、六五九～六六〇頁。
(16) 註（7）茶町、六九〇頁。
(17) 註（7）池子町、六八九頁。
(18) 註（7）十軒町、六八六頁。
(19) 註（7）出村町、六八九～六九〇頁。
(20) 小浜市立図書館・酒井家文庫蔵。
(21) 渡邊秀一「正保若狭国絵図の作成過程」（『立命館地理学』一一号、一九九九年）六三～七四頁。渡邊秀一「若狭敦賀之絵図の記載内容について」（『敦賀論叢』一四号、一九九九年）五九～八〇頁。
(22)『福井県史　資料編一六上　絵図・地図』解題・解説（一九九〇年、福井県）一七～一八頁。
(23) 川西諸町の西側に位置する町は西端に寺院が立地し、町と村の境界標識になっている。出村町の場合、北街区に洲江院、南街区に善蓮寺があり、それぞれ承応元年、慶安二年の建立である。このころに出村町が完成したと考えられる。
(24)「国印頂戴ニ付永建寺願書写」（敦賀市史編さん委員会編『敦賀市史　史料編第三巻』、一九八〇年、敦賀市役所所収）一一七～一一八頁など。
(25) 註（7）西濱町、六九八～六九九頁。
(26) 註（7）松中村、七六四～七六五頁。
(27) 註（6）、六六〇頁。
(28) 福井県『福井県史　資料編一六上　絵図・地図』（一九九〇年、福井県）。

(29)佐々木高弘『民話の地理学』(二〇〇三年、古今書院)一一四～一二〇頁。
(30)「慶長越前国絵図」では立石浦分の村高は隣接村落のどこにも見出せない。
(31)「慶長越前国絵図」山中村・駄口村の村形に「高疋田村へ入」と記載されている。
(32)「慶長越前国絵図」によれば浦底浦は九三石三斗二升で、正保郷帳では四八石八斗七升六合である。両者の差が色浜分に相当すると考えられる。
(33)竹内理三編『鎌倉遺文　古文書編第四巻』(一九七三年、東京堂出版)三七～四六頁。
(34)色浜区有文書「浦奉行水谷久三良・かしの弥七郎連署状」(敦賀市史編さん委員会編『敦賀市史　史料編第三巻』一九八〇年、敦賀市役所所収)二頁。
(35)秦実文書「親勝折紙」(敦賀市史編さん委員会編『敦賀市史　史料編第三巻』一九八〇年、敦賀市役所所収)五〇二頁。
(36)山本宗右衛門文書「縄間浦海境ニ付沓浦訴状」(敦賀市史編さん委員会編『敦賀市史　史料編第三巻』一九八〇年、敦賀市役所所収)五九九頁。
(37)山本宗右衛門文書「常宮浦網場出入ニ付沓浦百姓願書写」(敦賀市史編さん委員会編『敦賀市史　史料編第三巻』一九八〇年、敦賀市役所所収)六四八～六四九頁。
(38)石井左近文書(敦賀市史編さん委員会編『敦賀市史　史料編第二巻』一九七八年、敦賀市役所所収)三一八頁。
(39)宇佐美龍夫『新編　日本被害地震総覧』(一九八七年、東京大学出版会)四一、四六頁。
(40)伊藤安男「江戸期の土石流災害―養老山地における対応を中心に―」(桑原公徳編『歴史景観の復原』一九九二年、古今書院所収)二一七～二三二頁。
(41)地震調査研究推進本部「柳ヶ瀬・関ヶ原断層帯の長期評価について」、HPアドレスhttp://www.jishin.go.jp/main/
(42)下中邦彦編『日本歴史地名体系第十八巻　福井県の地名』(一九八一年、平凡社)五二五頁。
(43)慶長三年「名子村検地帳写」(敦賀市史編さん委員会編『敦賀市史　史料編第三巻』一九八〇年、敦賀市役所所収)五四五～五五〇頁。

(44) 西福寺文書「永正十一年十二月十三日　朝倉教景判物案」（敦賀市史編さん委員会編『敦賀市史　史料編第三巻』一九八〇年、敦賀市役所所収）二六八頁。

敦賀茶町の成立と茶の流通

畠　清次

はじめに

大谷吉継の敦賀城主時代にかかる、近世初期の天正十七年（一五八九）からとされる敦賀茶町も、茶の流通拠点という観点から見れば、後に述べるように、その淵源はすでに中世末の永禄二年（一五五九）には認められる。

筆者は、かつて敦賀茶町の成立と衰退に関して論究した折に、主たる茶銘柄であった政所茶・美濃茶・伊勢茶・北伊勢茶・板取茶・若狭茶の、主として北国地方への流通と、越後・佐渡方面の産茶について触れたことがある(1)。今回は、主として史料の関係でこれまでに触れることのなかった、敦賀湊ときわめて類似した条件にあった小浜湊における若狭茶の流通とも比較しながら、敦賀茶町の特質について考えたい。

一　敦賀茶町の成立—前史と全国的な位置づけ—

敦賀湊は、古代から北国各地の荘園年貢の陸揚げ湊として、七里半越えで近江と湖水を経て、大津そして京都へと結ばれていた。小浜もまた山陰と京都を結ぶ幹線の要衝として、九里半越えで同様であった。近江とはともに結ばれ、この国最大の延暦寺・比叡山三千坊の影響を色濃く残し、敦賀にはその一院たる法泉寺や真禅寺をはじめ、多くの旧天台宗寺院や日吉社も多く、その上数次にわたる渤海使の来朝による松原客館での接遇や、今に残る唐人橋の地名が示す唐商品の交易、宋商人の来航などがあり、小浜もまた宋商人の来航や、たびたびの南蛮船入港があり、話題も豊富である。

茶の歴史については、口碑とはいえ野坂村・金山村（現敦賀市）には、平家時代からといわれる「歌ヶ谷茶」があり、戦災によることもあって史料は少ないが、「西福寺から鳥目百疋并茶子済々」との永正二年（一五〇五）十月十七日付朝倉教景の謝状[2]や、永禄元年（一五五八）善妙寺領目録中に、奥蔵・高野（現敦賀市）の二ヶ所に成就院の自営茶園があり、その北に接して安養寺の茶園がみえること[3]、年欠ではあるが、茶二〇袋に対する朝倉教景の謝状があり[4]、また慶長三年（一五九八）の疋田村（現敦賀市）の検地帳に九軒の茶年貢の記載があることから[5]、中世より敦賀において茶が作られていたことが確認される。

また小浜は、若狭国内各地に点在する古寺や荘園の多さ、足利義満の来遊やルソン壺の販売などに加え、比叡山の影響を色濃く残している点では、敦賀以上である。とくに**史料一**に示した名通寺文書、応永二十七年（一四二〇）「名通寺茶園出茶配分注文[6]」は、寺院内での茶園経営を示す史料として貴重である。

史料一

［　　　］　□（倉）本坊［　　　］
［　　　］　二王坊　一袋三分一
円蔵坊　二袋三分一　岩本坊　五袋三分二

日輪坊　九袋半　　　　行法坊　一袋半
藤本坊　三分二　　　　善住坊　半
　二袋三分一
極楽坊　此内之三分一ハ梅本坊へよ　　大光坊　四袋三分二
　せ（候脱）間、如此にて候
橋本坊　三分一　　　　浄識坊　一袋
浄光坊　三分二　　　　日光坊　二袋三分二
塔本坊　三分一　　　　山本坊　一袋三分二
牛玉坊　一袋　　　　　金蔵坊　一袋
安楽坊　五袋半　　　　梅本坊　三分二
了善坊　二袋三分二　　少納言公　一袋三分二
伊勢公　一（ママ）分一　　兵部公　四分一
　以上六十二袋歟
　乙□□方へ此日記にてめさるへく候
　あまり候ハんする分ハ年行事可有御預候

出茶袋数事
大　坊　六袋　　　　　中　坊　十三袋三分一
桜本坊　二袋　　　　　倉本坊　三袋三分二

松本坊　卅八袋　　二王坊　四袋三分二
円蔵坊　九袋　　岩本坊　廿六袋
日輪坊　卅九袋　　行法坊　五袋三分一
（中略）
以上二百五十四袋半歟
但四十クロヲ一袋宛配分、是者本園ニ新園を加了
応永廿七年卯月廿八日マテ
新茶園ヲモ加了
年行事　頼舜（花押）
朝賢（花押）
静義（花押）
朝尋（花押）
頼賢（花押）
（以下略）

近世においては、藩主酒井家の奨励もあったとみえ、雲浜城内ならびに近接の仏谷・西津地区をはじめ、多田・根来・本保・新茂（現小浜市）・納田終（現大飯町）などの各村、現若狭町堤・三宅・白屋などに若狭茶の生産記録を見ることができる[7]。

ところで、敦賀湊には中世朝倉時代より、すでに「船道三座」と「馬借座」があり、蜂屋頼隆による「敦賀船下り

荷先積み特権」なるものが存在した。(8) そして、天正十九年（一五九一）の秀吉の朝鮮出兵に際して、敦賀郡には六七人の船役が課せられており、出兵協力に対する種々の特権も存在した。寛永元年（一六二四）、前田利常による敦賀・若狭船の領国加賀・越中・能登における間役免除の特権（明治初年まで）のほか、越前・越後・佐渡・出羽酒田・秋田・津軽への敦賀船道頭の切符による間役免除もあった。(9) 小浜も、ともに豪商の軍事協力や、伏見城材・淀船材・安宅船材などの蔵入地からの輸送においては、ほとんど軌を一にして特権豪商を生み、北国各藩との年貢米、商人米など蔵宿数の多寡や北海産物の量的差はあるものの、きわめて敦賀と類似の立場をなし、当時の商品流通の結節点となっていた。(10)

さて、敦賀茶町が正式に発足したのは、これまで寛永十一年（一六三四）酒井忠勝が小浜藩主として越前敦賀を支配することとなってからといわれていた。しかし、その主力銘柄の一つである伊勢茶は、これより早くすでに天正十七年（一五八九）より敦賀で販売が盛んにおこなわれていたことは、すでに指摘したところである。(11) また、

史料二(12)

乍恐奉願候口上書

江州塩津着之茶荷物下り始申頃ハ天正十七年丑ノ二月、勢州多気郡射和相可商人来被申候ハ出羽、□州、最上江商棚出候ニ付、今度桑名より横曽根迄川舟其より米原迄、九里半宿□□□□□□罷越申候当所へ荷物可着才覚可成哉与被申候、幸、塩津と申湊御座候而米原より船手能湊にて御座候段為申聞候、左ニ候ハバ御役所へモ相断道路作り広ケ、牛馬数多求置候様にと念頃ニ舟合夜明之旅人勢州江被罷帰候、依之御郡代蜂屋出羽守様へ願奉り早速人足被為下新道野より疋田村迄道法弐里道作り広ケ申候

（中略）

寛永廿年未夏茶荷物夥敷疋田宿ニ指閊申ニ付、両組之馬借共登り荷物相止、一日ニ両度迄茶荷物附運ひ候得共、出透不申故切銭ニ付、粟野十ヶ村・関・山村寄馬を以て数日付払候処ニやうように払下被切申候へとも、伊勢茶五艘連り能州七尾ニ囲ひ翌年之春出船して羽州坂田へ着船致候、比運賃銀両年分可取申間敷と荷主船頭及論御役所ニおゐて船頭申分相達し、両年運賃銀荷主出し被申候御事、荷主比出入負候茂銭多被得若州隈川道を見立金銀多取整牛馬数多求させ、正保弐年酉夏より数万ニ及茶若州小浜行と成申候、依之敦賀船町問屋塩津疋田同道仕勢州へ詫びニ参候事、其数及五か度ニ申候、茶荷物指閊候節ハ登り荷物相止、早速払切申筈之外段々申談候へハ、商人衆中納得と致万治三年子ノ夏より再塩津筋へ参候御事（以下略）

享保十三年戊申二月

疋田村庄屋

安右衛門

御代官所様

と伊勢国多気郡射和村国府某（承応元年ごろ法体となり昌安と号す）ら三人が疋田村に来て、中川熊之助と謀り、出羽・最上に商棚を設置していると述べているところから、天正期から伊勢茶が柳ヶ瀬陸道経由で敦賀へ運ばれ、北国に流通していたことが推察される。[13]

さらに、それより三〇年前の永禄二年（一五五九）、戦国の兵乱を避けて秋田土崎湊に下った敦賀生まれの商人間杉五郎八家の祖先が、当時茶・紙・小間物などを敦賀所縁の者を通じて仕入れ、漁船に変装して反復運送し、秋田家中に販売し大成したことが知られる。[14]敦賀では、茶の取引が中世後期以来かなりおこなわれていた可能性を考えてよいだろう。ちなみに、間杉家は天和年中（一六八一～一六八四）参勤御用達として銀四貫目を調達して以後、米一万九〇〇石代一万両を含め、金銀米総額三万三七九二両余りを秋田藩に用立てている。[15]

それでは、本格的な茶町という町組みの成立はいつかということになるが、これはやはり天正十七年、蜂屋頼隆にかわって敦賀城主となった大谷吉継が、川西の地（現西小学校）に本格的城郭建設に取りかかることを待たなければならない。これにより、敦賀が湊町に加えて城下町の側面を持つようになり、当時の城下町政策の一環として茶町がつくられていったと見てよいと考える。**図1**の慶長十年（一六〇五）の越前国絵図(16)に描かれる敦賀城が、ほぼ近世の茶町・新茶屋・新田・徳市を含む地域に所在していることが、これを裏づけていると思われる。

次に、敦賀に茶町を発展せしめた時代背景は何であったかと考えてみると、やはり秀吉によって設定された北国における蔵入地との間を取り持つ流通政策と、当時の大坂・伏見などの城下町建設の一環として、敦賀城下でもとられた集住政策により、大坂や江戸に先がけて物流の結節点である敦賀に茶町が大発展し、これが動機となるがごとく、当時越後高田・秋田・仙台・大和郡山などに茶町が、尾張岡崎・福山・上州渋川宿に茶座の発生を見ることになったと考えられる（**表1**参照）。

図1　慶長10年（1605）頃の敦賀城（松平文庫蔵「越前国絵図」、福井県立図書館保管）
慶長10年（1605）頃作られた越前一国の絵図には、三重の天守を持った敦賀城が敦賀の町と松原とのあいだに描かれている。笙の川には、城と町とを結ぶ笙ノ橋が描かれている。一国一城令で元和二年に姿を消した。破却後の跡地は、その中心部がのちの領主の御茶屋・町奉行所・代官所・米蔵などの敷地にあてられたが、城郭の大半は破壊され、南部は田地に、海岸とのあいだは酒井氏のとき茶町・池子町などが町立てされ町場化していった。

また、

史料三(17)

茶仲之者誓紙前書

一当地茶商ニ付、私共六人ニ茶之仲被仰付候処ニ、此度片山草軒ヲ茶仲之頭ニ被仰付、仲八人ニ被成、右之内二人分草軒ニ被仰付候、最前ゟ茶之売買茶町一町ニ究、脇々ニ而茶売買一切不仕候様ニ被仰付、少茂

無油断見廻り相勤申候、此上ハ弥以御為第一ニ奉存、毛頭御後暗義仕間敷候事

一今度草軒ヲ茶仲之頭ニ被仰付候上は、茶売買之儀ニ付而は何にても御為ニ宜儀御座候ハヽ、少も無遠慮草軒へ窺可申候、其上只今迄之通茶町ニ我等共中間として会所を定、毎日無懈怠会所明不申様ニ相詰、茶売買双方ゟ案内次第早速罷越、売手買手定り之風袋茶一箇ニ付五百匁ノ懸入ニ而売買為致可申候、縦親子・兄弟・知音之奴たりと云とも少も無依怙贔屓、秤目廉直ニ懸渡し、其時之本帳ニしるし売手買手双方甲乙無之様ニ仕、商致様ニ可仕候事

一茶仲御役銀之義、銀百目ニ付而売手買手ゟ銀七分宛御定り之通毛頭無隠取立、明細ニ帳面ニ記之置、草軒前ニ而勘定可仕候、諸事入目銀之義は仲八人ニ被下候三分一之内ニ而指引可仕候、毛頭御後暗義仕間敷候事

（以下略）

寛文七丁未三月二十一日

と、特定の茶商人に独占販売を認めるとともに、領主への上納を求める構造が敦賀にもあったのである。

表1　茶町・茶座関係史料

場所	記事	出典
秋田	承応元年（一六五二）茶町より制札類焼により再交付を願い出る。	『秋田市史』中巻（一九七五年）四八一〜四八二頁
高田	慶安2年（一六四九）呉服町・横町を茶町とする。	『直江津市史』（一九五四年）四四二頁
仙台	国分町日市で茶など17品目を独占的に販売（〜慶安4年）。	日本歴史地名大系『宮城県の地名』（一九八七年）二六〇頁
大和郡山	天正16年（一五八八）「郡山惣町分日記」に茶町が見える。	『大和郡山市史』前篇（一九六六年）一六四〜一六九頁
岡崎	伝馬町に茶座があり、座銭は伝馬入用に宛てられる。	『新編岡崎市史』近世3（一九九二年）二一〇〜二一三頁
渋川	渋川（上之町・中之町・下之町）に茶座10（延軒数）。	『渋川市史』第2巻（一九九三年）七七六頁
大坂	延宝7年（一六七九）に茶問屋13軒、正徳期に煎茶問屋64軒。	小松和生『大阪府茶業史』（一九七〇年）九二八頁
福山	元和8年（一六二二）上・下府中町に茶座あり。年銀一〇〇枚納付。	『広島県史』近世Ⅰ（一九八一年）二七七〜二七八頁

なお、茶の流通都市で販売が大量におこなわれていたものの、茶町（特定の場所での専売特権）の存在を示す史料が見あたらない、酒田湊・野辺地湊、その他寛永年間に岡山児島商人が「茶座」を申請したが、船着町に銭屋という茶問屋がいて訴訟をしたため許されず、また「俗名」茶町といわれながら茶町成立を示す史料が発見できない岡山西橋（道を隔てて西は西大寺町、南は船着町）などがあることを付け加えておきたい。[18]

その後、寛永期ごろに美濃茶が敦賀に流通してくる。美濃国武儀郡宇多院村（現関市武芸川町宇宇多院）の田中伝右衛門が新茶を運んできたのが最初とされ、当時飛騨越えで越中湊・加賀・能登へと運ばれていたが[19]、関ヶ原を経由した敦賀への搬送も併行しておこなわれるようになったといわれている。[20]さらに、これに前後して政所茶・北伊勢茶なども加わり、敦賀茶町へもたらされた茶銘柄は、「政所茶・美濃茶・北伊勢茶・伊勢茶・板取茶・若狭茶[21]」となっていくのだと考えられる。

二　敦賀・小浜の茶仲の成立と茶仲銀

敦賀における茶の売買や茶町の成立について以上の通りであるが、茶仲間の成立は、寛文四年（一六六四）から開始された「茶仲人」なる制度の下、当初六人八口[22]とし、盛時は二〇人もいたといわれる。また、前掲の**史料三**にあるように、茶代銀百匁につき、売手・買手より銀七分ずつ「茶仲銀」を徴収し、三分の二は上納、三分の一は茶仲の所得とされていた。「茶仲銀」の額は、「駄別銀」「米仲銀」に次いで多く、当時敦賀三六町の地子の二倍に相当し、小浜藩の財政に大きく寄与したといわれる。[23]

小浜でも、敦賀より遅れて問屋中から指定された五人の「茶仲人」が決められ、美濃茶は元禄元年（一六八八）より、丹波茶は元禄十一年より「茶仲銀」の徴収が始まった。いずれも百匁につき一匁四分ずつとし、このうち三分の二を上納し、残りの三分の一は仲買商の収入とした(24)。ここでは伊勢茶は見えないものの、さきの**史料二**に記されているように疋田馬借荷問による敦賀湊出船遅れ、それによる能州七尾にての船囲いのため、船賃二ヶ年分荷主負担となり相論し、正保二年（一六四五）～万治三年（一六六〇）、和解する迄一四、五年間大量の伊勢茶が一時小浜湊行となり、その後も一部引続いたものと見え、その後の海難記録にも、小浜からの伊勢茶が見える(25)。天和三年（一六八三）八月の小浜家業による茶問屋一〇人、茶商人四五人という多さからも(26)、また

史料四(27)

敦賀江着船商物之覚

一十一万俵程　　亀田米㊗
　七千俵程　　城米
内　三万五千俵程　　舟中揚
　六万八千俵程　　茶代米
一十八万五千俵程　　越後・庄内・本城・津軽米
　五万俵程　　城米
　　長岡　上枚　村上　庄内
内　八万五千俵程　　舟中揚
　五万俵程　　茶代米

（中略）

一金子二千五百両程　　材木着津之売買代
　内千八百両程　　茶代
一金子千五百両「程」　松前物着津売買之代
　内五百両程　　茶代
一金子二万両程　　四十物代、塩共ニ
（中略）
　内六千七百両程　　茶代

右之通ニ御座候故、小浜ニ茶之新市相立申候は、当津へ為茶代指上セ候諸商物おのづから小浜へ参可申候間、茶町之儀ハ不申及、本町之問屋・舟持・米仲・馬借・からげ・せおひ・在々之牛馬持并疋田・駄口・山中・新道野・当（刀）根迄万民之痛ニ罷成可申候、其上塩津・海津・大浦、此三ヶ所之問屋・舟持・馬持等之迷惑可仕と被存候、以上

寛文十年　　　本町
戌十二月九日　　問屋中

右ハ小浜問屋茶之市催之時、茶町ゟ藤左衛門・善次・嘉左衛門小浜へ参候跡ニて、米問屋中ゟ奉行所へ上ケ候ヲ小浜へ書付御遣候留也

と、寛文年間に「小浜ニ茶之新市相立」の際、敦賀問屋中や沿線問屋・舟持・馬借などの強力な反対運動が起こったこと、さらに小浜への多くの茶の流通記録[28]や、**史料五**のような海難記録[29]からも、小浜に茶町の存在しうる条件は整っていたやに見えるが、茶町が形成されていたことを示す史料は見あたらない。

史料五

若州小浜市郎左衛門痛船荷物改之次第覚

一茶大匣七拾弐本　積荷状四通ノ表船頭所持
一同小包壱ッ　同断
一櫃荷弐匣　同断
一茶小匣拾弐本　鼠屋仁兵衛送状弐通船頭所持
一同小包壱ッ　妙源寺分送状船頭所持
〆八拾八品　積出ノ分
内茶小匣九本　一ノ瀬ニて荒浪船難儀之節海中へ捨
同小包壱ッ　て申旨船頭口書之通
〆拾品
残　七拾八品　浮取揚申候分
内
一茶大匣七拾弐本　此法用三本六歩
一同小匣三本　此法用小口ノ壱分半大匣ニて七五
一櫃荷弐匣茶小包壱ッ　此法用大匣之三分弐五
法用三口合大匣四本也
但御制札之面浮物廿分壱取揚共へ相渡ス

残
一茶大匣六拾八本
一同小匣三本
一櫃荷弐匣
（中略）
浦手形
右若州小浜市郎左衛門船荷物等浜面支配人相改候上、又我々遂吟味候所相違無御座候、以上
午七月十三日
久末久右衛門
同　長右衛門
上林茂兵衛
上野喜兵衛
若州小浜町方
御役人中

『若狭遠敷郡誌』によると、「茶仲銀」については三分の二上納するとあるものの、正確な上納記録は見あたらず、わずかに天保四年（一八三三）丹波茶一五匁、天保八年丹波茶四五匁余（丹波茶のみ）、安政四年同じく一五匁とあるだけである。仲人は当初五人で、盛時には一二人（仲買問屋より指定）であったといわれ、天保八年の丹波茶のみとする記録や、天保ごろには「茶仲銀」は当初と違って売買双方より一分五厘ずつ計三分を高額徴収して、当時の小浜での茶の販売額は八、九千両から一万両近くもあったとされる。その内容は、丹波茶の一部を除き若狭茶（自国産茶）

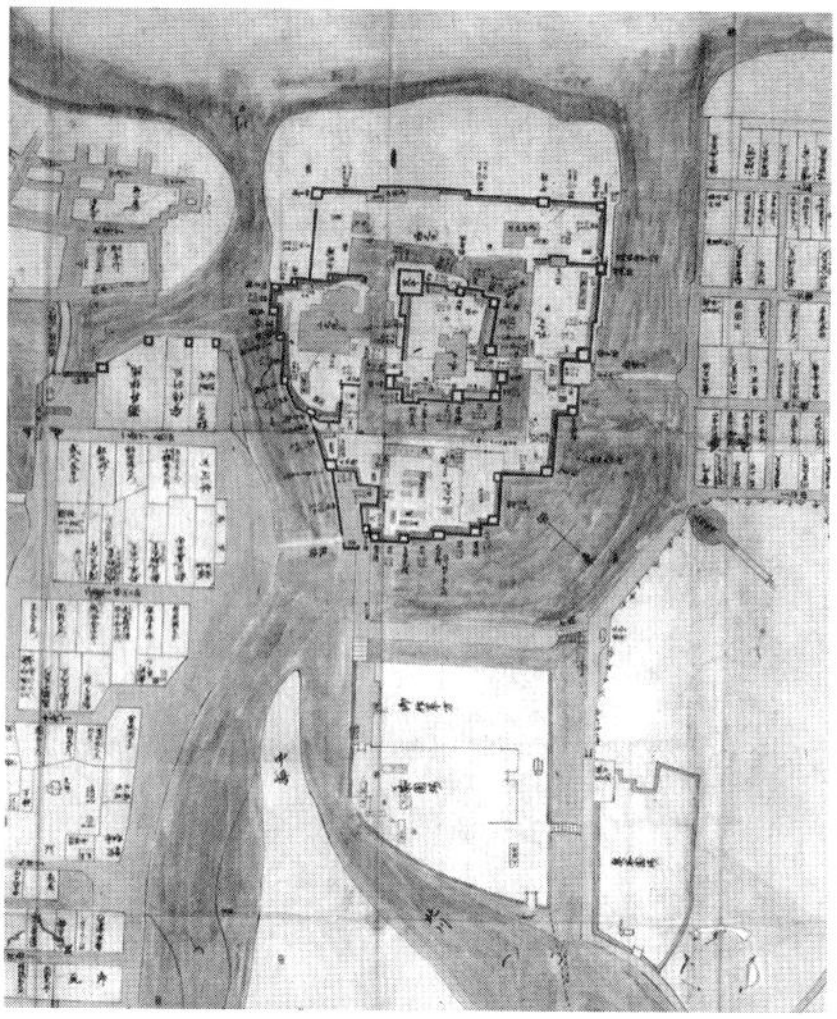

図2　天保2年（1831）小浜城下全図（堀河健司氏所蔵、『小浜市史』絵図地図編）

享保3年（1718）頃、竹原・西津侍町図（小浜市立図書館酒井家文庫蔵）の城内御作園場のなかに見える、畠中平吉（平太夫貞政）が御茶園奉行となるのは享保3年であり（「安永三年小浜藩家臣由緒書」）、また明和5年（1768）西津侍町図（須田悦生氏蔵）には城内作園場の詳細が記されており「作事小屋」「口作園場」「鍛冶小屋」「奥茶園場」「御花畑」「馬場」とある（『小浜市史』絵図地図編図版・解題44～45頁）。

がほとんどと考えられ、すでに美濃茶・伊勢茶の流通は影をひそめたとも受け取れる。ちなみに文政九年（一八二六）の敦賀への下り茶は全部で一九〇〇本と少なくなっている[30]。

小浜の「茶仲銀」も敦賀と同じ制度のもと、茶仲人によって徴収上納されていたものの、中期以降の北国各藩産茶の成功を見て、小浜藩でも享保三年（一七一八）畠中平吉（平太夫貞政）を御茶園奉行に任じ（安永三年小浜藩家臣由緒書）、国内茶業の保護奨励策をとった結果と思えてならない。そのような観点から見れば、「茶仲銀」も江戸中期以降弾力的な運用となり、かくして流通茶もほとんどが自国産茶の若狭茶となり、他は美濃茶・伊勢茶の流入も絶え、わずかに近接の丹波茶のみが若干流入していたと考えられる。ちなみに安永四年（一七七五）以前若狭・越前御領分之図（高浜町教育委員会保管）の絵図にも雲浜城内一ヶ所に既に大茶園が見え、さらに天保二年（一八三一）小浜城内二ヶ所に見える広大な茶園（御茶園場地坪六二四〇坪余、ただし建坪六五坪馬場、七一間幅・一四間間口、茶園場地坪五一二〇坪余、ただし長屋六五坪）の存在もうなずけるように思う[31]（**図2**参照）。

さて、この節の最後に、小浜湊の茶町を示す資料が発見できない理由について述べておく。中世後瀬山下の小浜町を旧町としながら、慶長六年（一六〇一）京極高次によって始められ、十二年ごろにほとんど完成したといわれる雲

表２　敦賀湊茶の流通Ⅰ

年度	茶販売本数	茶代銀	茶仲銀	上納額	通り茶	駄別銀（上納分）	米仲銀（上納分）
寛文4辰年（1664）	36,896本	3568貫157匁5分	49貫904匁2分	33貫269匁4分		340貫24匁6分2厘5毛	62貫192匁2分2厘
寛文5巳年（1665）	33,249本	3170貫755匁	44貫390匁5分7厘	29貫593匁7分	17,926本	284貫296匁7分	53貫312匁1分
寛文6午年（1666）	33,403本8/28迄	3332貫112匁3分	46貫649匁5分8厘	31貫99匁	18,681本	253貫273匁3分5厘	46貫796匁1分8厘
寛文7未年（1667）	36,318本9/2迄	3621貫171匁1分	50貫696匁3分	33貫797匁5分	19,409本	236貫734匁1分7厘5毛	43貫325匁
寛文8申年（1668）	35,306本	3256貫817匁2分	45貫609匁4分5厘	30貫406匁3分		228貫822匁3分2厘5毛	41貫518匁7分
寛文9酉年（1669）	33,207本	3002貫547匁2分	42貫35匁6分7厘	28貫23匁7分8厘		294貫60匁1分5厘	57貫11匁4分
寛文10戌年（1670）	37,288本	3470貫888匁7分	48貫592匁4分4厘	32貫394匁9分6厘		229貫576匁6分7厘5毛	49貫759匁3厘
寛文11亥年（1671）	32,321本	3252貫969匁9分	45貫541匁5分8厘	30貫361匁6厘		210貫389匁5分	29貫86匁6分
寛文12子年（1672）	38,857本	3820貫255匁	53貫483匁1分5厘	17貫	800本残り茶	188貫45匁9分	33貫327匁8分
延宝元丑年（1673）	37,896本	3019貫930匁	42貫279匁2分	28貫186匁2分	38,057本売茶 4,200本 1,900本残り茶	251貫752匁9分	43貫914匁9分5厘
延宝2寅年（1674）	34,981本	3552貫53匁	49貫728匁7分4厘	33貫152匁5分		279貫329匁3分7厘5毛	59貫341匁
延宝3卯年（1675）	34,439本	3053貫366匁5分	42貫747匁1分1厘			220貫559匁2分2厘5毛	55貫119匁6分

出典:「寛文雑記」（『敦賀市史』史料編五、46、101、108、112、141～143頁）より作成。

表３　敦賀湊茶の流通Ⅱ

年度　下り茶	近江茶・北伊勢茶	伊勢茶	美濃茶	計	若狭茶	加賀茶
元禄6年（1693）	6,468本					
元禄12年（1699）		4,906本				
元禄16年（1703）			16,150本			
宝永3年（1706） 宝永6年（1709）	敦賀茶町大火			売茶22,000本 通り茶12,000本		
寛政元年（1789）				※8,805本		
文政9年（1826）				1,900本	天保の頃1万本 約8,000～9,000両	14,000櫃 （1櫃八貫目）
慶応（1865～68）						

出典：『敦賀郡誌』（1972復）山本元 477～478頁より作成。
※那須伸一郎家文書「巡見使宿心得覚書」（『敦賀市史』史料編一、561～562頁）より作成。
註：文化５年（1808）に飛騨経由南部移出茶荷物1,160本とある。前掲『敦賀郡誌』478頁。

浜小浜城は、西を小浜湾、北を北川、南を南川、東を両川を結ぶ堀によって囲まれた水城（**図2**参照）であり、慶長十二年ごろ町割りされている。当時は若狭茶の一部を除き（すでに慶長十二年ごろ秋田藩茶町の許可茶銘柄に若狭茶が見える）、小浜湊での茶の販売はまだそれほどなかったと見え、寛永十七年（一六四〇）の「小浜家職一覧」[32]にも茶問屋や茶商が見えない。おそらくは町立てがすでに終わり、同一藩内である敦賀での強力な反対もあって、ことさら新しく地形的にも茶町の専売特定地域を町立てするに至らなかったと思える。

三　茶取引の実態と敦賀茶町の衰退

表2・表3に示したように、寛文～天和にかけて、売茶数三万本を超えるなどの繁栄を誇っていたわが国最大の敦賀茶町も、宝永六年（一七〇九）には売茶高二万二千本、通り茶一万二千本と漸減し、北国各藩をはじめ全国的な江戸初期以来の産茶努力も順次成功し、中期以降は越後・佐渡[33]に加え、加賀・能登・越中など上質茶の一部を除き、近隣への移出余力さえ持ったこと、加賀茶もまた小松茶商人長保屋理右衛門を主とした産茶業者によって、近江よりの移入は明和五年（一七六八）の近江茶二万三七八五斤、代銀二九貫七三一匁余の買付移入、能美・江沼産茶一万六八〇〇斤が、九年後の安永六年には近江茶移入が一万六一〇〇斤、能美・江沼産茶が二万七七〇〇斤と逆転していく[34]。

一方、他の北国地方の産茶努力も、伊達藩の寛永検地帳に茶畑三〇〇町歩[35]があり、津軽藩は天和三年（一六八三）茶・紅花・苧・麻・藍・柿など二八種の試植に着手し、元禄三年（一六九〇）ごろには岩木山麓の小友村・高杉村・蒔苗村（現弘前市）などが一時産茶地を形成し[36]、元禄十六年には茶畑奉行を置いて支援した[37]。米沢藩においても安永年間今成吉三郎が茶園を開き、ついで五十川村の平吹市之丞が享和元年（一八〇一）に郷村茶園惣役に任じられ銘茶を作り始めると、藩侯の用いる茶も将軍家への献上茶に宇治茶を用いる以外、すべて平吹家製を用いて支援した。その上文化五年（一八〇九）には長崎の中国人を通じ、米沢茶の対中輸出交渉さえしたといわれる[38]。その成否はつまびらかではないが、各藩の産茶努力には並々ならぬものがあった。かくして繁栄を極めた敦賀湊・小浜湊も、寛文十二年（一六七二）以後の西廻り航路や、これと前後しての東廻り航路の順次安定化、大坂茶問屋の興隆による大坂への集中、江戸の急速な繁栄に先がけた主要商人の江戸進出[39]により、商品流通の大勢は大都市集中へと転換していくことになる。

その上、敦賀湊への茶も中期以降、退潮の伊勢茶に代わって主流となっていた美濃茶も、一部は大坂廻しや海路江戸廻しがおこなわれるものの、北国地方における産茶との競合も加わって遠隔地化し、その上北国へも江戸茶問屋による関東茶・南茶などの進出もあって、尾張藩の販売支援にもかかわらず販売条件は厳しく、他国に見るほど利益あるものではなくなっていく[40]。中期以降は、伊勢茶は江戸主力に[41]、美濃茶もまた初期商人に代わって産地商人による北国販売地域への積極的出店などもあって、取引条件は劣悪化していくことになる[42]。敦賀茶町に関する史料もこの時期以降絶無であり、衰退の宿命ではあるが、出荷茶商人の中に残る史料[43]に、当時敦賀茶問屋からの寛政元年五月の日付を持つ敦賀茶問屋中よりの当地美濃屋甚右衛門船積荷状の写があり、津軽藩・南部藩への茶の仕入れ業者となった盛岡の小野善七・村井甚七らへ一〇二本を送っており、文化十四年（一八一七）七月付敦賀茶商清須屋太兵衛よりの「一八印当新茶荷物積口帳[44]」によれば、美濃茶森岡久松庄兵衛四〇本他四軒宛計一四四本の積荷状があり、運んだのは「六月二十八日壱番船吉田屋伝治郎船積、丑七月八日弐番船積高八一本、阿美屋与兵衛船積渡」とあり、いずれも野辺地へ陸揚げ、陸路盛岡方面に運ばれ、ほとんど野辺地の商人が扱っており、下北半島・北海道南部との中継点でもあり、美濃茶に関する限り茶の流通センターの観を呈しているものの、茶町の状況を示す史料はいまだ発見されていない。その他、青森滝屋（伊東家）文書[45]には、弘前方面への分も含め多くの美濃茶が運ばれていることを示す史料がある。

元禄十六年（一七〇三）酒井家津山城受取時の敦賀町負担八〇〇〇両供出について、元禄の長者鑑の両大関といわれた茶町の最里六右衛門・西浜の天屋弥三右衛門の各一〇〇〇両を筆頭に、茶町毛利三右衛門二五〇両、毛利吉右衛門二〇〇両など、有力茶商人名を見ることができる。しかし、その後の藩財政の窮乏にともなうたびたびの御用金供出要請にも、茶町茶商人の中からは一部の少額寄附を除きその跡は見えず[46]、寛政元年（一七八九）三月の巡見使への報告には、敦賀への下り茶八八〇五本（売茶・通茶とも）とある[47]。このことは、敦賀湊・小浜湊の入港船舶数の消長とも連動しており、敦賀は近江商人による北海との荷の上下による余恵もあったといわれながらも極端な入港船の減少は、敦賀における日本海貿易時代の終焉であり、茶町の終焉をも告げようとしていたのである。

おわりに

その後、敦賀湊の文政九年（一八二六）一九〇〇本の下り茶に加え、地元産茶の歌ヶ谷茶の北海への移出記録は若干見えるものの、この時点で小浜では地元産若狭茶の奨励もあってか、天保ごろの八、九〇〇〇両～一万両近く（一本七〇斤入一〇〇匁と仮定して八、九〇〇〇本～一万本）の若狭茶の販売の方が、国産茶を中心に敦賀より多かったことが推定されるし、先の「茶仲銀」の正確な上納記録が発見されないことや、丹波茶のみの意味も、国産茶奨励策とあわせ考える時、茶町町立てをしていないことも、敦賀の反対もさることながら、雲浜城は地形的に水城であり、またすでに中世よりの旧小浜町に対し、慶長からの雲浜城下に中期以降茶町を新しく造ることの必要性自体、同一藩内の敦賀と近距離の小浜に並立の不利も、茶町町立てに強いてこだわらなかったと推断することは、あまりにも飛躍しすぎであろうか。この点は今後の研究にまちたいと思う。

慶応・明治に至っては、加賀茶は安宅湊から敦賀湊に陸揚げされ、上り茶として輸出向けに神戸に送られており、その量一万四〇〇〇櫃（一櫃八貫目、本数八〇〇〇本、一本一四貫換算）が記録されている。日本海時代の流通経済のチャンピオン商品であった茶も、太平洋時代となり神戸・横浜・清水港と、日本列島を表裏に代えて対米輸出黄金時代となっていくのである。

註

（1）本稿に関する畠の論考は、以下の通りである。①「江戸時代における茶の生産と流通に関する一考察（抄）敦賀湊から船積みされた茶」（日本海地誌調査研究会編『高燈籠』、一九九九年）。②「近世美濃茶の生産と北国への流通」（『海事史研究』第五六号、一九九九年）。③「江戸時代の越後、佐渡と茶の道」（小菅徹也編『金銀山史の研究』、高志書院、二〇〇〇年）。④「中世にさかのぼる伊勢茶の生産と流通」（『日本海地誌調査研究会紀要』第二号、二〇〇三年）。⑤「中、近世における茶の生産と流通について」（第一八回全国北前船セミナーでの報告、二〇〇三年）。
（2）西福寺文書一六四（『敦賀市史』史料編三、一九八九年、二六一頁）。
（3）善妙寺文書九（『敦賀市史』史料編一、一九七七年、二二四頁）。
（4）善妙寺文書四三（同右、二五三頁）。
（5）疋田共有文書三一（『敦賀市史』史料編四下、一九八三年、六四二頁）。
（6）名通寺文書四八（『福井県史』資料編九中近世七、一九九〇、五九三頁）。
（7）福井県立図書館・福井郷土誌懇談会編『稚狭考』（一九七四年）六六八頁、『若狭遠敷郡誌』（一九七二年）三六三頁。

（8）「寛文雑記」一二二（『敦賀市史』史料編五、一九七九年、一二九頁）。
（9）『敦賀郡誌』（一九七二年）四三六頁。
（10）『秋田県史』第二巻（一九七七年）一二一頁。
（11）註（1）拙稿①三〇一頁。
（12）「山本晴幸氏所蔵文書」（疋田庄屋中川家関係）。註（1）拙稿①三二三〜三二四頁。
（13）『敦賀郡誌』四七〇頁。
（14）諸橋守之助編『土崎廻船問屋間杉家文書』（私家版謄写板刷、一九三九年、秋田県立図書館所蔵）。
（15）同右。
（16）「松平文庫」（福井県立図書館保管）。
（17）「寛文雑記」八一（『敦賀市史』史料編五、一〇〇頁）。
（18）「吉備温故秘録」（吉備群書集成刊行会、一九三一年）。天和三年で茶問屋八人、仲買二五、六人が集住していたとある。
（19）国府町教育委員会所蔵「小池文書写」Ⅰ（岡村利平稿『飛騨史料』八七巻）。
（20）『敦賀郡誌』四七〇頁。
（21）「寛文雑記」一五〇（『敦賀市史』史料編五、一五七頁）。
（22）**史料三**参照。
（23）『敦賀市史』通史編上（一九八五年）四九五頁。
（24）『若狭遠敷郡誌』三六六頁。
（25）『酒田市史』史料編四海運編下（一九六九年）四四五〜四四六頁。
（26）『稚狭考』（一九七四年、福井県郷土誌懇談会）六三五頁。
（27）『寛文雑記』一〇二（『敦賀市史』史料編五、一一三〜一一四頁）。

(28)『新潟県史』史料編一〇近世五（一九八四年）二五二～二五六頁。
(29)『三国町史料』海運記録（一九七五年）八四～八六頁。
(30)『敦賀郡誌』四七八頁。
(31)『小浜市史』絵図地図編（一九九三年）「天保二年小浜城下全図」（堀河健司氏蔵）。
(32)『小浜市史』通史編上（一九九二年）八二五頁。
(33) 註（1）拙稿③三六八～三七二頁。
(34) 米沢嘉六『加賀茶の流れ』（一九七六年、北国出版社）一四頁。
(35)『岩手県史』第四巻近世一（一九六三年）三二四～三二五頁。
(36) 弘前大学国史研究会編『津軽史事典』（名著出版、一九七七年）一三六頁。
(37)『青森県史』二（一九七一年）三二四頁。
(38)『長井市史』通史編二（一九八二年）六三二～六三四頁。
(39) 註（1）拙稿①三二三頁。
(40) 註（1）拙稿②三三頁。
(41) 註（1）拙稿④九二～九三頁。
(42) 註（1）拙稿②三二頁、三六～三七頁。
(43) 武儀郡神淵（現七宗町）中島浩一郎家文書。
(44) 同右。
(45) 青森県立図書館蔵滝屋（伊東家）文書。
(46) 山本元『敦賀郷土誌談』（一九七六年復刊）一五五～一九六頁。
(47) 那須伸一郎家文書五五（『敦賀市史』史料編一、五六一頁）。

その他の参考文献

小野正雄「寛文期における中継商業都市の構造―越前敦賀湊に関する一考察―」(『歴史学研究』第二四八号、一九六〇年)。
山口　徹「小浜・敦賀における近世初期豪商の存在形態―幕藩体制の成立に関して―」(同右)。
青木秀樹「尾張藩奥州茶方支配人の活動と美濃茶の発達―文化、天保年間の生産と流通をめぐって―」(『上越社会研究』第七号、一九九二年)。

〈付記〉

三氏の学恩に導かれたことを深謝するとともに、実地調査にあたってお世話になった関係者の方々に、合わせて厚くお礼を申し上げます。

座・御用商人から見る十六世紀の敦賀

功刀俊宏

はじめに

本論は題名にもあるように戦国時代から豊臣政権が成立した十六世紀を中心に、その前後の状況にも触れながら、物資の販売、輸送、それらを介した人との結びつきを商業の担い手である中世の座・近世の御用商人というキーワードで括り、そこから敦賀の特性について考察していきたい。

まず、十六世紀の敦賀に触れる前提として、戦国期以前の敦賀を取り巻く環境、時代背景について確認しておこう。越前・若狭の地は、古代より日本海の海の道を通り、畿内から北国諸国へ往返し、これら諸国から貢納物などを畿内へ届ける窓口の地位を占めていた。次いで中世に入り廻船業の発達により、敦賀湊は、古代より北国から官物が廻送され、近江国海津・塩津へ送られ、琵琶湖上を通り京都へ運ばれる継ぎ目の要港であった。敦賀から京都方面への輸送は中世を通じて、敦賀と京都方面との結びつきは強いと言える。また、海運の発達に伴い、敦賀の街並みは中世を通じて発達した。その例として唐人橋、御所辻子、中橋之町等の町[1]が形成され、十三世紀後半には流通に関わる者が見られるようになった。その主なものとして、江丁《ごうちょう》（敦賀津で米を陸揚げ）、馬借等があり、年貢の中継・管理・輸送活動を行った。流通の発展は同時に「見世枡」・「町枡」[2]と称される敦賀独自の枡も生みだした。尚、当該期を支配した領主について補足しておくと、戦国期には朝倉氏の敦賀郡司（越前守護斯波氏が設置した郡代を継承する）があげられ、朝倉一族（景冬・教景など）が派遣されて敦賀郡を支配した。その朝倉氏の滅亡後は、武藤・蜂屋・大谷氏等の織豊政権が設置した大名によって支配された。

続いて題名にもある十六世紀という時代について概観しておこう。周知の通り、政治史的には戦国期の動乱期から統一政権の成立という流れである。一方で十六世紀を商業・経済史的に見た場合、中島圭一氏[3]によれば、十五世紀末から十六世紀にかけて座の存在を示す史料が多く見られ、統一政権や諸大名の下で活躍する特権商人の系譜は十五世紀以前に遡るのが難しいとし、戦国期に画期を見出している。確かに敦賀においても、戦国期から川舟座（廻船業者）の動きを追うことが可能であり、近世初頭から道川氏・小宮山氏等の豪商の活動が活発となる。そのため、敦賀という都市を考える上で十六世紀の状況について検討することは重要と思われる。

次に本論に入る前に川舟座、初期豪商道川氏についての研究状況について確認しておこう。川舟座については、脇田修氏[4]により織田政権から保護を受けた座として、座安堵政策から川舟座の位置づけがなされた。また、神田千里氏[5]は大名による座の保護を通じた商品流通の掌握を指摘した。それら座の保護という観点とは違い、宇佐見隆之氏[6]は川舟座を総合的な問と位置づけ、戦国大名朝倉氏がその機能を利用し、川舟座を通じて敦賀の流通を管理したとしている。さらに都市敦賀を考える上で、戦国期の都市敦賀の港湾機能について齋藤浩俊氏[7]が小浜と比較している。齋藤氏によれば、敦賀の近世初頭の繁栄は統一政権の政治的・軍事的要請により創出されたものとし、中世後期の時点では中継港湾としての機能が未発達と位置づけられている。次に初期豪商道川氏の研究動向であるが、道川氏等が秋田家など諸大名の御用商人として幅広く活動したことは戦前から豊田武氏[8]・大島正隆氏[9]等により指摘されたが、戦後、継承・発展させた山口徹氏[10]は、初期豪商の台頭を、米などの商品需要がある畿内への販売による利潤と、輸送にかかる船賃の高さが生み出したととらえ、その一方で彼等の衰退を相互の競争により発生した運賃の下落によることを指摘した。さらに九〇年代には永原慶二氏[11]が、初期豪商の利益は豊臣政権・大名からの保護によることを指摘された。しかし、初期豪商の評価については活動時期の短さ（豊臣政権から江戸初期）などからその役割が疑問視[12]されることもある。これらの研究に学びつつ、本論では、中世末期から近世初頭にかけての商業の担い手から敦賀という町の特性を考えていきたい。

一　戦国期の川舟座を巡って

それでは、(1)川舟座の活動、(2)川舟座と近江商人・諸勢力との争い、(3)領主の方針の三点から戦国期の川舟座を軸に、敦賀を舞台にした在来の商人と外来の勢力の抗争について考察を行いたい。

(1)　川舟座の活動

最初に川舟座の活動を確認しよう。川舟座は敦賀湾へ注ぐ笙ノ川を少し遡った島郷（敦賀市野神・和久野一帯）の出身とされる廻船業者の座である。その成立は文亀二年（一五〇二）の史料に「芳永（朝倉景冬）十五年以来如成敗」（後述）とあり、十五世紀末に敦賀郡司として敦賀を支配した朝倉景冬との関係が窺えるから、十五世紀後半には成立していたと考えられる。その川舟座の主な活動については次の**史料一**から見ることができる。

史料一(13)

かわふね《川舟》方しほあい《塩合》物の注文
一、わかさ《若狭》・たんこ《丹後》にてあきない《商》の時、公事銭六十二文たつへし、
一、みと《水戸》のくし《公事》、六十二文たつへし、
一、しよさい、一た《駄》につきて六文たつへし、
一、当うら《浦》にてあきないの時ハ廿二文たつへし、
一、たひふね《旅舟》につきてせんとう《船頭》より六十四文たつへし、
已上
右此分者、一もとり《戻》に付ての儀也、無相違可沙汰候、若かはる儀候ハヽ、かさねて急度可申付候也
文亀元年九月十三日　（花押）《朝倉景豊》(14)
川ふねの中

まず注目すべきは、冒頭部の「かわふね《川船》方しほあい《塩合》物の注文」という記載である。齋藤氏によれば冒頭部から以下五ヶ条の規定が塩合物に関するものとしており、この点は筆者も同様に考える。次に各条目を見ていくと、第一条は川舟座の者が塩合物の仕入れに課される公事銭。第二条は港湾の利用料を課す。続く第三条は三浦圭一氏(15)・齋藤氏の指摘の如く、他所から運ばれた塩合物の量に応じて課された関税であろう。第四条は敦賀津での塩合物の取引に課せられる賦課。第五条は不定期の船たひふね《旅舟》(16)の塩合物を積んだ船の船頭への課税(17)である。また、末部の波線部によれば五ヶ条の規定は船の一往復についての規定と考えられる。このように川舟座の活動には、廻船を利用した取引と敦賀

津における敦賀へ来る船との取引、さらに取引に税を課し徴収するものがあり、敦賀津を拠点として塩合物の仕入れ・輸送に特権を持っていたことがこの史料から確認されよう。川舟座は、朝倉氏との関係を築きつつ、陸上輸送業者である馬借とともに敦賀湊の機能を支えたと考えられる。

(2) 川舟座と近江商人・諸勢力との争い

続いて川舟座と近江商人・諸勢力との争いとして近江商人など外部勢力との関係について検討したい。近江商人の敦賀への進出については既に脇田氏・『福井県史』が[18]指摘するところだが、大名領国をまたいだ勢力と既存の座との軋轢は再検討の必要があろう。まず、**史料二・史料三**を見ていこう。

史料二[19]

芳永《(朝倉景冬)》十五年以來如成敗可商買、但江州商人に舟をしたてかはすましき者也、仍状如件、

文亀弐

五月十八日　(花押)《(朝倉貞景)》

河舟中

史料三[20]

当郡用舟向買事、芳永如成敗、他国之者直に商買之事、堅令停止訖、仍各為進退、此方用之儀、能々可申付候、如在之儀候者、自余に可申付者也、

文亀参年

十一月晦日　教景

刑部とのへ
　彦太郎殿

　史料二では近江商人へ船の用意が禁止され（波線部）、**史料三**では、他国の者が川舟座を介さず直接買い付けることが禁じられている（波線部）。この二点の史料で注目されるのは、川舟座を通さないで取引を行う他国商人（特に近江商人）の存在である。彼等は川舟座を介して商品を購入していたことも考えられるが、ここに見られる者たちは独自に船を調達して商品の供給地と考えられる敦賀湾一帯に赴き、直接買い付けたことが多かったと考えられる。つまり、商品購入から輸送までを行い、川舟座の介入を阻んでいたとみられる。この傾向は敦賀周辺で彼等が独自に船を調達していたことからも窺われる。(21) この対立は**史料二**の「芳永《朝倉景冬》十五年以来如成敗」、**史料三**の「芳永如成敗」という記述から朝倉教景以前の、敦賀を治める敦賀郡司朝倉景冬(22)（芳永）支配期と考えられる十五世紀の後半には、既に他国商人と川舟座など敦賀の勢力との軋轢があったと想定される。この他国勢力の進出という事態に対し、川舟座側は天文元年（一五三二）に次のような相論を起こしている。

史料四(23)

当郡川船与江州斤屋方海路之事、去享禄弐年御糺明之時、以川船可上下旨被　出候処、依無其儀、重而今度訴訟候之処、最前如被仰出候、江州斤屋之方上下事、以川舟可商買候、并当郡斤屋方直ニ買之事、堅可相停旨被仰出候、就其従各吉長《前波》へ之折紙相副遣候、万一於背此旨輩者可有御成敗旨候也、仍如件、
　天文元
　　十一月九日　　　　　　　　　　　　　　吉長《前波》（花押）
　川舟衆

史料四によると、川舟座は「江州斤屋」という近江商人と相論を引き起こしている。この相論において、朝倉氏は斤屋の直接の取引を停止させ、川舟座を通じての取引を命じた裁定を下している。この相論では斤屋による取引が相論へ発展したこと、史料中波線部にあるように享禄二年（一五二九）にも訴訟が起きたということに注目したい。つまり「江州斤屋」との対立は近年に発生した問題ではなく、以前からの問題であったと考えられる。これら**史料二**〜**史料四**の事例からみて、敦賀に根ざす川舟座と敦賀の外部から乗り込んでくる勢力の対立の深刻さを理解できよう。

これらの事例からわかるように、川舟座は外部からの脅威にさらされたが、同時期の敦賀内部にも河野屋座という競合者がいた。河野屋座は「河野」という名が示すように、南条郡河野浦（さらに陸路を馬借により越前府中へ）と敦賀を結ぶ海運が軸であったと考えられ[24]、川舟座と河野屋は仕入れや越前の諸浦への出入りといった部分で対立し、天文三年（一五三四）には、河野屋座に権利が認められ、川舟座は一度相論に敗北したとみられる[25]。この仕入れの権限を奪われるという敗北は、則ち川舟座の死活問題に直面したのである。そのため川舟座は詫言により、仕入れの権利を復活させた。この相論からみられるように、川舟座の利権は固定的ではなく、他の座へ移ることもあったのである。最終的に輸送権が川舟・河野屋の両方に認められ、河野屋座には輸送権を認めたことで、朝倉氏は河野屋座にも顔を立てたと言えるだろう。この対立に見られるように、敦賀内においても川舟座は河野屋座との競争があり、川舟座は敦賀の内と外に問題を抱えていたと言えよう。

それでは、このような状態にあって川舟座はいかなる行動をとったのか。その一端を窺えるのが先ほどの**史料二**〜**史料四**に見られる訴訟である。さらに訴訟に加えて川舟座は、次のような行動をとった。

史料五[26]

敦賀斤屋惣中申

乍恐申上候、仍斤屋座人并江州商人同事ニ下浦ニてあきない《（商）》物買申しゆく《（宿）》浦之舟にうんちん《（運賃）》をかき、去年十二月廿六日すさき《（洲崎）》の浜へつけ、則和田善兵衛尉殿江御案内申入、ミとに合せ申、すさきの次郎三郎所へ荷物入置候処、廿七日早天川舟衆廿人斗、次郎三郎所へ押入、荷物悉はいとり《（う脱カ）》、舟をも取申候、従前々仕来候商売物、りふじん《（理不尽）》におさへ取申候段、不及覚悟候条、彼荷物可取返由座人等申候へ共、幸御奉行衆御座之御事ニ候之間、申上可為御意次第由申、年寄共申留、則御奉行衆へ申入候処、双方被召出被成御尋候き、如此理不尽之段いかゝ可有御座候哉、如先規被仰付候者可忝存候、仍申如件《（状脱カ）》、

天正六

正月日

史料五はこれまでの朝倉氏支配期の史料とは違い、朝倉氏滅亡後の武藤氏支配下の天正六年（一五七八）のものである。史料中の波線部より、川舟座が「敦賀斤屋」の荷や船などを強奪したことが明らかになる。また、この書状を提出した「敦賀斤屋惣中」とは、**史料五**において直接の商品購入が禁じられた「斤屋」と考えられる。既に福井県史でも指摘されたように、戦国期の末までに江州斤屋は敦賀に根をおろして「敦賀斤屋」へ発展したと考えられる。さらに斤屋には「すさきの次郎三郎」という荷を預ける相手がいるなど、斤屋独自のネットワークを築いていたことも窺える。この外部勢力の拡大が、川舟座に実力行使や訴訟に踏み切らせたと考えることができる。また、このような実力行使は斤屋のような近江商人に限らない。その一例を挙げてみると、天正六年（一五七八）には直接荷を敦賀へ運んだ干飯浦（現越前町）の「おうや」に、川舟座と河野屋座が共闘して荷を差し押さえている。[27] これら「斤屋」や「おうや」などは、既存の座との軋轢が想定される中、敦賀で活動した外部からの勢力は、独自のネットワークを築いていたと考えられる。それに対する在来の座は、時には対立するもの同士が組みつつ、訴訟もしくは自力救済とい

った手段を駆使し、対抗したのである。この川舟座と河野屋座の共闘という事態に、外部から敦賀へという多くの商人の流入が想定されよう。

(3)　領主の方針

前節では、川舟座と外部勢力との対立について川舟座の立場から検討してきた。ここでは、領主側はいかなる意図を持って対応をしたのか、これまでに挙げた史料から、領主側の視点から確認したい。**史料二**・**史料三**では近江商人に船の用意を禁止させ、他国の者が川舟座を介さずに直接買い付けることを禁ずるなど、彼等の活動が敦賀湾内部にまで及ぶのを抑止した。その傾向は**史料四**にも見られ、「江州斤屋之方上下事、以川舟可商買候」の記述からは、川舟座を保護しつつ、川舟座（敦賀湾内部）と近江商人（敦賀湾外部）との間で棲み分けを図ろうとしたことが窺える。

その朝倉氏に対して、川舟座は「毎年歳暮之為肴鱈百運上申候」[28]等、種々の奉仕を約束しており、佐々木銀弥氏が指摘した本所と言うべき朝倉氏と川舟座の関係が浮かび上がる。この関係は、朝倉氏に続く領主（武藤氏）も保護を与えたことによって継続されている。そのため、敦賀を治めた領主は敦賀外の者に対して直接の買付を押さえ、座の調整によって商業・流通の掌握を図ろうとしている。しかし、**史料二**〜**史料六**などの相論や商品押収に示されるように、その意図は容易に達成されなかったと言えるだろう。

以上のように、第一節では十六世紀前半から近世初頭までの敦賀について、商業活動という観点から川舟座と敦賀外部との勢力争いから考察した。そこには近江商人に代表される敦賀外からの積極的な進出が見られる。このことは再三行われた相論もしくは自力救済の発動へつながり、同時に朝倉氏にとって不充分な流通掌握へ影響を及ぼしている。

二　近世初頭の初期豪商を巡って

前章では戦国期の敦賀についてみてきたが、近世初頭の敦賀を知るため、本章では十六世紀後半から台頭し、江戸期敦賀の有力町人となった初期豪商について検討したい。初めに初期豪商の定義を山口徹氏の研究から確認しておくと、初期豪商とは戦国末期から近世初頭にかけて、大名領主制の形成の進展に伴い、領主の生活資料や軍需品等の重要物資の供給をほとんど一手に独占し、領主より特別の保護を受けた商人と位置づけられている。ここでは、先学の研究が豊富な初期豪商についてその出自、活動の再検討を通じて近世初頭における敦賀の町の特質について新たな観点を出したい。

(1) 道川氏—敦賀系商人—

以下、敦賀における初期豪商について四つの家を見ていこう。最初に道川氏、敦賀系商人としているが、これは他の豪商とは違い、敦賀出身という意味で位置づけたものである。その道川氏とは前章でみた川舟座の出身、座の頭とされている。中世では座の一員であった道川氏は、近世では個別の活動が顕著となる。次にあげる**史料六**はその一端を示している。

史料六[31]

令免除条数事

一、面拾九間裏江拾間之屋敷地子銭、合弐貫四拾文事、

一、敦賀町中諸役事、
一、船三艘之役儀之事、
右条々諸役悉令免除候条、全可成其意者也、仍後日証文如件、
天正弐拾年
二月三日　刑部書判（大谷吉継）
つるか
川舟三郎左衛門

史料六にあるように道川氏は、地子銭や船にかかる役の免除を蜂屋氏・大谷氏といった敦賀を治める領主から与えられている。このような特権は、個の商人として道川氏へ与えられた特権であり、商業上における諸経費を軽減、免除する特権である。これは仕入れの独占や輸送権のような他勢力の介入を阻む特権ではない。明らかに組織間が勢力争いを繰り広げた戦国期の座へ与えられた独占的な特権とは全く異なると言える。

さらに道川氏は文禄四年～慶長五年（一五九五～一六〇〇）に出羽の秋田氏が行った伏見城建築用の木材（太閤板）輸送[32]の一部を請け負っただけでなく、秋田氏自身による木材売却を委ねられ販売にも協力している[33]。この事例から見られるように道川氏は、活況を呈してきた日本海海運の一翼を担っていたと言える。

(2)　高嶋屋（小宮山氏）・田中清六―近江系商人―

前節で見られる領主層と結びついた活動は、何も道川氏だけではない。その一例として次に高嶋屋（小宮山氏）を取り上げたい。高嶋屋は元々敦賀にいたのではなく、近江守山の出身とされている[34]。また、その活動が見られるのは

十六世紀の後半からであり、高嶋屋は近世初頭に台頭している。その活動を見ていくと、加賀の前田氏との関係が強く、次の史料は前田氏の御用商人としての顔を見ることができる。

史料七(35)

去朔日之書状具披見候、
一、米之売ね不相替之由、先以尤候、殊美濃・尾張へひけ候ニ付て、米はか行候由可然候、時分の事候間、無由断可申付候、米分ハ可遣候、
一、松任米千五百俵之舟も、着岸之由、尤候、
一、大豆事申越候、即申付千俵上候、よきやうに可相計候、
一、去年かい置候くろかね、如日き下候べく候、天守をたて候ニ付て入申候、早々まち申候、幸の事候間、由断有ましく候、
一、其元様子細々可申越候、
一、米をのほせ候ハんも、船なく候て不自由候、高嶋屋令相談、船を下候べく候、米ハ舟次第候、委曲渡部彦左衛門尉可申候、謹言、
六月七日　（朱印）
高嶋屋傳右衛門殿
横地藤介殿

波線部にあるように、高嶋屋は前田氏の年貢米の輸送と販売、同時に諸物資の輸送を担っている。この他、朝鮮出兵では、兵粮と水夫の確保に努めるといった大名に食い込んだ活動を道川氏と同様に展開している。さらに高嶋屋も

道川氏と同様に、大谷氏から地子銭や船への役などの免除[36]を得ている。この二者を見るように近世初頭の敦賀で敦賀出身者と外部出身者の両者が同様の特権を得て活動している姿が見られる。このように高嶋屋は道川氏とは違って、在来の座の出身ではない。先ほどあげた文禄・慶長期の秋田氏による畿内への木材輸送には、道川氏などの敦賀系商人・近江商人[37]が参加している。この近江商人の活躍は高嶋屋に限らず、田中氏にも当てはまる。田中氏の初代清六は村上直氏[38]によると、近江国高島郡の出身であり、天正十年頃から鷹商として奥羽に往来し、中央政権と奥羽諸大名との取次人として活動し、次いで慶長四年には徳川家康から北国中の諸浦での諸役を免除され、さらに松前にまで進出[39]している。これら日本海を舞台にした近江商人の活躍は、戦国期の熾烈な競争の結果、外部から来た近江商人が根付いたことを示すものと言えよう。

(3) 近世の敦賀に台頭したその他の商人たち

前節で見たように、近世初頭に活躍した敦賀の豪商には外部から入り込んだものが目に付く。この傾向を代表するのが、打它氏（糸屋）である。打它氏は、江戸時代を通じて敦賀で第一の家格を保持した。この打它氏の初代宗貞は、初め飛騨の金森氏に仕えた後、敦賀に来住したといわれ、敦賀は勿論、近江の出身でもない。しかし、町代官として道川氏よりも高い家格を築くに至った。そのような外部出身者である高嶋屋・打它氏、敦賀在来の道川氏が共に敦賀の有力町人として並び立っていることを示すのが次の史料である。

史料八[40]

御状令披見候、然者其許舟役之義、御奉行衆従去年御用捨之旨、就其各理之筑前守（前田利光）為申聞、則敦賀若州両所之舟当三ヶ国浦中間役差除候様ニ申付候、猶冨森久左衛門方へ申渡候、恐々謹言、

寛永弐年

四月十八日　　稲葉左近判

生駒内膳判

糸屋彦兵殿

道川九左衛門殿

高嶋屋傳右衛門殿

冨森久左衛門殿

三宅彦三殿

史料八はかなり時代が下った寛永二年（一六二五）の舟役免除を伝える史料だが、宛所に注目したい。舟役免除を伝えられた者の内、糸屋（打它氏）は敦賀の町代官であり、道川、高嶋屋、三宅は町年寄である。その内、敦賀の出身は道川氏のみであり、近世の敦賀には他国出身者が敦賀へ入り込み、有力町人として活動していることが確認される。この史料のように近世初頭において高嶋屋（小宮山氏）、打它氏（糸屋）に見られるように敦賀外部の出身者も有力町人として敦賀の町政の担い手となっていき、彼等の活動はいずれも敦賀を治めた領主と結びつき、同様の特権、幅広い活動に至ったことが窺えよう。

おわりに

以上、二章にわたり浅薄ではあるが、戦国期の座、近世初頭の御用商人という商業の担い手に注目して十六世紀の敦賀を見てきた。この十六世紀における敦賀には二つの特徴を見出すことができる。戦国期においては近江商人などの外部の勢力と川舟座の抗争から見られるように、外から新たな勢力が敦賀へ流入したのである。その結果、在来の座の輸送路・販売独占を阻むだけではなく、領主の流通掌握にまで影響を与える形になったのである。近世初頭においては、外部出身者が在来の商人と同様の形に、領主層と結びつき商業上の特権を得るなど有力町人としての地位を獲得した。これらの特徴から見て敦賀という町は十六世紀（その前後も含めて）を通じて他国からの勢力が浸透しやすく、外部から多くの人々を受け入れる環境にあったと言える。つまり、近世初頭における敦賀の町として発展は、政治的要請から急に生まれたものではなく、十六世紀という一つの時代を通じて築かれた土台の上に成立したものと言えよう。ここに敦賀という町の一つの特性が示されているのではないか。また、川舟座、さらに初期豪商にそれぞれの組織、家については、別稿を期したい。

註

（1）「永建寺文書」九号（『福井県史』資料編八所収）、「善妙寺文書」一二・一八号（『福井県史』資料編八所収）。

（2）「西福寺文書」一三〇号（『福井県史』資料編八所収）。

（3）中島圭一「室町時代の経済」（榎原雅治編『日本の時代史11　一揆の時代』、吉川弘文館、二〇〇三年）。

（4）脇田修「楽座令とその意義」（原題は「信長政権の座政策」『龍谷史壇』五六・五七合併号、一九六六年、後に同氏の『近世封建制成立史論―織豊政権の分析Ⅱ―』に所収、東京大学出版会、一九七七年）、「敦賀の廻船業について」（福井県立図書館・福井県郷土誌懇談会編『日本海海運史の研究』一九六七年〈これをA文献とする〉）。

（5）神田千里「越前朝倉氏の在地支配の特質」（『史学雑誌』八九―一、一九八〇年）。

（6）宇佐見隆之「問の展開」・「問の終焉」（『日本中世の流通と商業』、吉川弘文館、一九九九年）。

（7）齋藤浩俊「中世後期日本海海運における小浜と敦賀」（『新潟史学』四六、二〇〇一年）。

(8) 豊田武「豪商の台頭」(同『増訂中世日本商業史の研究』に所収、岩波書店、一九五二年、後に同氏の著作集第二巻『中世日本の商業』に所収される、吉川弘文館、一九八二年)。

(9) 大島正隆「秋田家文書による文禄慶長初期北国海運の研究」(初出は『社会経済史学』一一―三・四、一九四一年、後に福井県立図書館・福井県郷土誌懇談会編『日本海海運史の研究』に所収 、一九六七年、大島正隆氏の論集『東北中世史の旅立ち』に所収される、そしえて、一九八七年)。

(10) 山口徹「小浜・敦賀における近世初期豪商の存在形態―幕藩体制の成立に関連して―」(A文献に所収)。同「初期豪商の性格」(古島敏雄編『日本経済史大系』三所収、東京大学出版会、一九六五年)、いずれも後に次の文献に所収される。山口徹『日本近世商業史の研究』(東京大学出版会、一九九一年)。

(11) 永原慶二「戦国織豊期日本海海運の構造」(『戦国期の政治経済構造』、岩波書店、一九九七年)。

(12) 中野等『豊臣政権の対外侵略と太閤検地』(校倉書房、一九九六年)。

(13) 「道川文書」(『敦賀市史』史料編第一巻所収) 一号。以下、「道川文書」〇号と表記する。

(14) 『敦賀市史』史料編一では文書の発給者を敦賀郡を治めていた朝倉景冬としているが、『敦賀市史』通史編上では明応四年(一四九五)に死去したとし文書の年代と合わない。そのため、ここでは景冬の息子で文亀三年(一五〇三)四月に反乱を起こした景豊とする『福井県史』の見解に従った。

(15) 三浦圭一「中世の敦賀」(『敦賀市史』通史編上)。

(16) 「西野次郎兵衛家文書」一六号(『福井県史』資料編六所収)にも「たひ舟」の記載は見られる。この史料は、馬借と荷の発着先である今泉浦の刀禰中屋氏との間に交わされた向買等を禁じた誓約である。

(17) この場合の課税対象について宇佐見氏は塩合物に限定していないが、冒頭部を考慮に入れると塩合物と限定した齋藤氏の指摘が適切と考えられる。

(18) 註(5)参照、『福井県史』通史編一。

（19）「道川文書」二号。
（20）「道川文書」三号。
（21）近江商人の敦賀湾周辺における活動として注目されるのは、天正九年頃に秀吉から次のような書状が長浜の町人（「南部文書」、東京大学史料編纂所影写本）に下された史料である。これは豊臣秀吉の鳥取城攻めの関連史料とされる（『長浜町史』第二巻、三四二頁〈長浜市教育委員会編・発行、一九九八年〉）。尚、年代比定については三鬼清一郎編『豊臣秀吉文書目録』（名古屋大学国史学研究室、一九八九年）による。

長浜町人商売船二隻之事、自然若狭・丹後之海賊於令違乱者、以折紙可申理者也、

（天正九年カ）
三月廿八日　　筑前守
　　　　　　　秀吉
喜衛門との
（以下五名略）

（22）敦賀郡司については河村昭一「朝倉氏の敦賀郡の支配について」（『若越郷土研究』一〇〇号、一九七五年）、『福井県史』通史編二を参照のこと。
（23）「道川文書」五号。
（24）「西野文書」三六号には河野屋座が今泉浦へ船をつけることを誓約したことが見受けられる。
（25）「道川文書」六号。
（26）「道川文書」一二号。
（27）「道川文書」一三号。
（28）「道川文書」七号。
（29）『国史大辞典』（吉川弘文館）の全国の「座」の一覧表では、川舟座の本所は朝倉氏とされている。

(30)「道川文書」一一号。
(31)「道川文書」二〇号。
(32)「秋田家文書」(『秋田市史』第八巻に所収)、『市史』中の番号は三七四・四二八・四三五・四三八号。
(33)「道川文書」五九号。
(34)『敦賀市史』通史編上巻、四五六頁。
(35)「小宮山文書」(『敦賀市史』史料編第一巻所収)七三号。
(36)「小宮山文書」(『敦賀市史』史料編第一巻所収)五号。
(37)長浜の前川五右衛門(「秋田家文書」『秋田市史』第八巻中の番号は三四八・三七四号)、長浜の宮川十右衛門(「秋田家文書」(『秋田市史』第八巻中の番号は三九四・三九五・四一二号)の名が見える。
(38)村上直「初期豪商田中清六正長について」(『法政史学』二〇、一九六八年)。
(39)「田中梓文書」(『敦賀市史』史料編第一巻所収)一二号。
(40)「道川文書」三三号。

〈追記〉

宇佐見隆之氏による「中世末期の地域流通と商業の変容」(『日本史研究』五二三号、二〇〇六年)は、二〇〇五年十月九日の日本史研究会大会中世史部会の報告であり、本稿で扱った川舟座・道川氏など敦賀に関わる事柄が多く論及されている。これによって本稿の内容が変わることはないが、脱稿と前後したため、触れることができなかった。ここにそのことをお詫びする。川舟座・道川氏など中世末期の商業に関わる問題については、別稿にてさらに論及したいと考えている。

近世中期湊町敦賀における都市秩序の再編

藤　本　仁　文

は　じ　め　に

本稿は、近世中期の湊町敦賀における社会構造の変容と、この変容に対応するべく新たに創出された都市支配について考察するものである。湊町敦賀は、日本海と畿内・美濃・尾張とを結ぶ古代以来の要津であり、特に豊臣・徳川という統一政権が成立した近世初期には日本海最大の湊町として繁栄した。大量の物資が敦賀で荷揚げされ、琵琶湖を通じて上方に運ばれるようになったからである。しかし、寛文期の西廻り航路成立以降、荷物は海上輸送によって大坂へ直送されるようになり、元禄期前後に敦賀の経済的地位の低下は顕著なものとなる。そしてこの西廻航路が発展する中で、北前船と呼ばれる大坂―瀬戸内海―日本海―蝦夷地を結ぶ買積経営の海運業が発達し、十八世紀後半以降、敦賀でもこれに進出し活躍する者たちが現れることとなる。

以上のような敦賀の歴史の中で、本稿は湊町としては衰退した時代ともいえる享保～寛政期を中心に敦賀を描くことになるが、その中で二つの課題を明らかにする。第一の課題は、都市史研究の成果を踏まえながら、当該期における敦賀の変容を明らかにすることである。近世敦賀の支配や都市構造に関しては、『敦賀市史』通史編上巻（敦賀市史編さん委員会、一九八五年）に詳細な記述があり、基礎的事項は網羅されている。しかし、一九八〇年代以降急速に進展した三都を中心とする都市史研究の成果によって、十八世紀の都市は、従来の町を基本単位とする構造が変容し、一方で三井家をはじめとする大商人や大店の登場とその成長、仲間組織の結成等の新しい動向が生み出され、幕藩権力や町人たちは新しい支配のあり方を模索せねばならなかったことが明らかにされている(1)。こうした研究成果を踏まえつつ、本稿では近世都市としての敦賀の変容を動態的に描くこととする。第二の課題は、湊町としての機能に注目しつつ(2)、近世後期に北前船寄港地として復興する過程を描くことである。当該期の敦賀は、大規模な流通構造の変動の中で湊町としては取り残された時代にあたる。しかし、当該期の敦賀のように、時代の変化には見放されたかに思える地方や社会においてこそ、歴史学が明らかにすべき課題もまた少なくないであろう。経済的地位の低下とこれに引き続く低成長の中で、町奉行所と町人たちはいかにこの事実を受け止めて、新しい視野を獲得していくのかを描くこととする。

一　都市支配の動揺

(1) 十七世紀における敦賀

本節では、これまで明らかにされている敦賀の概要を確認し、分析対象とする十八世紀以前の敦賀の概略を示しておく(3)。豊臣政権による統一が進み、ついで幕藩体制が確立されると、物資の運送・取引が飛躍的に活発になり、敦賀は寛文期には年間一八〇〇艘の入船、米四〇万俵、大豆一一万俵ほどが入津し、五万本の茶が積み出される当時の日本海における最大の湊町であった。小浜・敦賀を所領として宛行われた小浜藩が「幕藩制における上方への米流入の促進という公的役割」を持っていたことが明らかにされているように[4]、当該期の上方廻米は、単なる物資の輸送以上の意味を持っており、石高制を機能させる上で不可欠な役割を果たしていたことは重要である。家光政権期の老中酒井忠勝に限らず、豊臣政権の中枢人物である大谷吉継が敦賀を宛行われた理由はこのことによる。しかし、着船数・米俵数は寛文期にピークに達して後、同時期に成立する西廻り航路の影響を受けて延宝末年より減少の傾向をたどり、元禄〜享保期には衰退が顕著となっている。なお、都市としての完成期・絶頂期である寛文期には町数が三六町・戸数二九〇三軒・人口一万五一〇一人であった。これは武家人口五〇〇〇人を含む小浜とほぼ同じである。

敦賀の都市支配に関しては、町奉行二名が置かれ、このもとで足軽一六名が実務にあたったが、特にこの中の頭二名を杖突（小頭）と呼んだ。またこの町奉行による支配を補佐するものとして、町年寄三名、惣代二名、各町の肝煎三六名が行政事務に関わった。町年寄は、寄合日に町奉行所に行き諸般の行政に参画し、問屋・酒屋・質屋・丁持などの仲間を支配した。惣代は、町年寄を補佐するとともに、糯搗・揚屋などを支配し、肝煎は、町ごとに一人いて、町内への触伝達・宗門改などを行った。杖突は、大工・大鋸・鍛冶など職人仲間を中心に支配した。また、湊町としての不可欠な機能を担う船道頭・馬借頭は町年寄らと同様に町役人として存在した。

これら支配・商業組織は、寛永〜寛文期に形成された。特に、寛文三年（一六六三）に、支配の基本となる一三ヶ条の定書が出され、同四年には、町年寄・惣代・町肝煎が同日に誓詞を提出し[5]、町（チョウ）を基礎単位とし、これを町年寄が束ねるという都市支配の基礎ができあがった。近世敦賀の都市域は、川中・川西・川東地区からなり、川中は、中世の都市域を基盤にしてさらに海側に向けて拡大され、近世においても中心となった地域であり、川西・川東は、近世になって新たに町立された。また、茶町、四十物町、金ケ辻子町・鵜飼ケ辻子町（鍛冶）、丁持町、新町・六軒町（花街）、紙屋町など町共同体と仲間（商業組織）が一致した同業者町が存在した。これらの町は、藩の商業政策や風俗統制、あるいは集団として仕事をする便宜上から同業者が集住することになったものである。しかし、特に同業者町でなくとも、町と仲間は密接に関係し、相互が補い合って都市構造を形成していたと考えられる。**史料一**はこの状況をよく示したもので、寛政十年（一七九八）に起こり、享和元年（一八〇一）に解決した油座株をめぐる争論に関する史料である。なお、この争論に関しては次節で詳しく検討することとする。

史料一(6)

永代貸申油座之事

一、御影堂前町拙者居宅ニ油座付居申候、右家屋敷ハ廿年已前、親五郎兵衛存生候節被相譲致別宅候、油座者前々ゟ貴殿方家業ニて遣被来候、然共油屋仲間作法も有之、末々紛敷事も可有之候ニ付、此度相改油座ハ貴殿方へ永代貸ニいたし貸置申所実正御座候（後略）

油屋仲間は享保十四年（一七二九）の油座座法で「油売場之儀、古来ゟ仲間作法之通、油〆中家ニ而売可申候、外ニ而ハ少も売申間敷候(7)」と決められていたことと関連するものと考えられるが、**史料一**傍線部は、油座に関しては株＝家屋敷の状態であったことを示す。単なる家屋敷の所持に留まらず、油屋の営業権と不可分のものとして存在したのである。油屋仲間は必ずしも同業者が集住する町を形成したわけではないが、このような形態を取ったことは興味深いものと考えられる。その他の町制機構と商業組織が一致した同業者町では基本的には株＝家屋敷であったと推測できる。

江戸時代の都市は、在方の村と対比する形で、支配単位であると同時に町人たちが生活の基盤とする町を基礎に構成された(8)。このため、宗門人別・公事訴訟などは町を通して行われ、また火災などへの対応も基本的に町が行った。一方、敦賀には同業者の組合である仲間が他都市に比べても早くから発達しており、これら仲間も都市機能を維持する上で不可欠な役割を果たした。例えば、その職能を生かす形で、火事の際には、鍛冶職人が出動して消防活動を担い、平持仲間は、火消しと洪水の際は出村町の外れの浜に切水を落とすことが役とされた。一方で町は仲間が営業活動を行う上で不可欠な役割を果たした。例えば、茶町以外で茶を売買することは禁止されていたため、町は自己の町内で違法に売買する者を摘発した。これは酒売買なども同様である。町は仲間の株を持たない者による不法な売買を取り締まる役割を果たしていた。以上のように十七世紀の敦賀においては、町と仲間が都市構造の基礎を形成し、これを町奉行所と町人の代表である町年寄が束ねるという形で都市支配が行われていた。

(2)　社会構造の変容

西廻り航路が確立し、これまで敦賀で荷揚げされていた荷物は大坂へ直送されることとなり、元禄〜享保期に敦賀のその経済的地位の低下は決定的になる。元禄期はおおよそではあるが、年間九〇〇艘の入船、米二〇〜二五万俵、大豆六万俵ほどが入津したことが確認でき、寛文期よりも半減している。こうした経済的地位の低下は、当然都市としての衰微をもたらし、この結果従来の社会構造を大きく変容させることになる。享保十一年、船町は「夜番所只今三ヶ所有之候、先規ハ竃数凡六七拾軒茂御座候処、段々減少仕、只今ニ而夜番時番相勤候家数三拾五軒御座候、右之内其日暮之者共も有之、此分ニ而ハ難勤り罷成候而迷惑ニ奉存候御事」と、空屋敷が増加し番を勤める町人がいなくなり始めたため、三つある番所を一つ減らしたいことを願い出ている[9]。また**史料二**は、町人が町の役を勤められなくなった状況に関連するものである。

史料二[10]（享保十三年）

一、割（刻ヵ）座人ノ分者毎夜火之廻り勤候ニ付、頭十弐人ハ夜番時番共、平座人ハ時番不勤古法ニ候処、近年平之内町内相対ニ而時番勤候者有之候間、古法之通時番不致様ニ仕度旨相願候、（中略）遂吟味候処平人百弐拾人之内七拾七人ハ時番不勤、残ル四拾三人ハ不勤法ハ乍存、家ヲ求又ハ致借家候節、時番不相勤候ハ、町内ニハ難差置由申ニ付、無是非内証相対ニ而時番勤候由ニ付、（後略）

従来刻仲間は仲間の役として夜廻りを勤めていたため、町から町内に居住することを理由に賦課される時番・夜番を免除されていた。しかし、この免除が事実上破棄されていたことが分かる。この空屋敷の増加により、十七世紀段階における町と仲間が共同して都市機能を維持するあり方が崩れ始めたのである。

また、こうした状況に引き続いて起こるのが、宝暦期以降の家屋敷・仲間株の頻繁な売買によって引き起こされる、町・仲間の内部構成の変化である。明和七年（一七七〇）年に、豪農柴田権右衛門は北前船主として著名な高嶋屋久兵衛に、「右之馬借座拙者方ニ所持致候処、此度貴殿方へ売渡し代金五両慥ニ請取申処実正也」と五両で馬借座株を売却した(11)。勿論彼ら自身がこの馬借を勤めるわけではなく、仲間株のみを所有して実際は他の町人に貸し、不要になれば売買しているものと考えられる。宝暦九年（一七五九）には、酒屋を営業する備前屋吉兵衛が米か茶かは不明であるが、仲座株を川瀬長左衛門に賃貸した(12)。「仲当リ銀高壱貫目之内六百目貴殿江相渡、四百目ハ代仲申請候事」とあることから、利益の六割が株の所有者である備前屋に入ることになっていたと考えられる。馬借座と仲座の株は、この職とは全く無関係の商人や豪農によって所有されることとなっている。以上のように、宝暦期以降、株の売買によって、株の所有者と実際に営業する者は分離し始める。こうした動向は、すでに吉田伸之氏が江戸の髪結を事例に、文化末年頃を境にして大きく進展したことを明らかにし、さらにこれを「所有と経営の分離、株式の物権化」と位置付けた(13)。敦賀ではこの動向は、宝暦期以降広がり始めていたものと考えられ、ここでは敦賀における展開を明らかにしておく。

前節の**史料一**では、御影堂前町に家屋敷＝油座株が存在したことを見たが、この屋敷が売買され、油座株を所有する者と実際に営業する者が分離したことによって争論が起きた。この争論の状況を示すのが**史料三**である。この家屋敷は元々油屋五郎兵衛が所持していたが、五郎兵衛はこの家屋敷を美濃屋五郎右衛門へ売り渡して丁持町に引っ越し、座株だけを借りて油屋を営業していた。**史料一**の中には、「廿年已前」とあり、寛政十年から二〇年遡る安永・天明年間頃に売買されたものと考えられる。そして、年月を経て、美濃屋が油屋に対し、座株の賃貸料を請求したことから争論は起こった。

史料三(14)

一、私家屋敷ニ〆油之座株所持仕候所、則一家丁持町油屋五郎兵衛方へ無賃無証文ニ而貸置商売為致候所ニ、五郎兵衛死去仕候ニ付、次第ニ世も末ニ成代もかわり候得者、無賃無証文末々ニ至り候与急度口論之本ニ相成候得ハ、双方子供之難渋と被存候ニ付、少々ニ而も賃銭も極メ証文致候やうニ申入候所ニ、（後略）

この美濃屋の要求に対して、油屋側は「弥私座株ニ相違無之」と、座株の所有者は美濃屋ではなく、自分であることを主張した。この争論は、油屋が居住する丁持町の町人たちの仲裁を交えながら、最終的に、美濃屋の所有が認められ、享和元年に、「座賃儀ハ相対之通金子拾八両相渡し申し候」と賃貸料を決めて、証文をとることで解決している(15)。座株をめぐって新たな争論が起こり、仲間の頭は座株の所有者とこの株を借りて実際に営業する者の両者を把握しつつ仲間の統制を行わなければならなかった。しかし、実際には右の史料のように十分に対応できていないが、こうした動向は油屋仲間に限ったものではない。天明五年（一七八五）、馬借の坂下村孫四郎は「去夏布や吉右衛門馬借座借受、馬借相勤候処不勝手之義有之、座ヲ戻し、其後同村三郎右衛門座ヲ遣イ申様ニ被進メ候故、去ル極月已来坂下右衛門五郎并ニ三郎右衛門及内談ニ、内々ニ而三郎右衛門座ヲ借り受遣イ申候」と、馬借座に届け出をせずに、不正に座株を借り受けていたことを理由に、同村三郎右衛門・右衛門五郎とともに吟味を受けた[16]。なお、引用史料に登場する布屋吉右衛門に関しては、享保十七年に沓掛村弥助という者から一二四匁で馬借座株を買い受けたことが確認できる[17]。以上のように、極端な場合は、仲間の頭は実際に誰が営業しているのかさえ把握できていない場合もあり、仲間の株で営業しながら仲間の統制を受けない町人が存在し始めることとなった。なお、この馬借座に関しては、天明三年馬借が町はずれの京街道に架かる土橋に寄り合い騒動に及んだ馬借騒動、同五年町奉行の門内への馬借座による落書一件、同六・八年不法稼ぎの横行による奉行からの厳重な注意や過料など、当該期の馬借座の乱れは著しい。天明期の社会状況とともに、これまで見てきた座株売買による馬借座の組織構成自体の変化も原因の一つであったと考えられる。以上のように、この所有と経営の分離という新しい動向は、単なる家屋敷や仲間株の売買という意味に留まらず、これに付随して全く新しい問題を発生させ始めた。それは第一に、油座株の争論に見られたように、株の所有者と実際の営業者との間で利害対立が発生し始めたことである。第二に、頭を中心とする仲間の構成自体を大きく変容させて、その求心力の低下を招くとともに、仲間内部では解決できない問題を発生させたことである。

さらに当該期は、都市内部だけの問題に留まらず、座株を所持するようになった豪農らが本格的に町方に進出してくる[18]。すでに市野々の豪農柴田権右衛門は宝永六年（一七〇九）に白米屋九兵衛所持の酒造株を買い受け在方にて酒造を行っていた。在郷商人は座株を所持していても町方への販売は禁止されていたため、様々な方法で町方において販売しようとした。柴田氏も例外ではなく、町方での販売を試みて仲間と争論を繰り返すことになる。明和二年、柴田権右衛門の酒を弥惣兵衛が販売していたため、酒屋仲間は違法であると訴え、弥惣兵衛の店は差しとめられた。なお、柴田権左衛門は、元文三年（一七三八）以降油屋仲間とも同様な紛争が起こしている。座株の売買は都市内部で完結せず、これを買収した豪農による町方への進出という、町人たちにとって新しい危機をもたらすこととなった。

近世の百姓の土地所持に関しては、例えば小百姓の高所持を維持・再生産する機能を持つ無年季的質地請戻し慣行が存在したように、時期的変遷があるものの、村共同体などが深く関与し続けた[19]。一方、都市においては近世前期には家屋敷の所有に関して町が深く関与したが、元禄期頃からこうした共同体的土地所有の解体が急速に進展したことが各都市で明らかにされている[20]。このため、町方は在方とは異なり、土地・株の所有に関して、人為的に町の役割を代替するような規制を新たに作り出さない限り、流出は留まらず無防備な状態であった。家屋敷・仲間株の物権化とその流動化は当該期の敦賀を極端に無秩序な状態へと陥れていたのである。

以上のように十八世紀中期の敦賀は、個々の町と仲間を前提として成り立つ従来の都市支配のあり方が、根本から崩れ始めていたのである。また分裂し複雑化し始めた個人・集団間では、従来の枠組みによっては解決できない新しい問題が噴出しつつあった。そして、問題は都市内部に留まらず、在方からも秩序を脅かされることとなったため、在方に向けては、共同して町方の論理を主張していかねばならなくなった。また、湊町としての機能に注目した場合、火災への対応など従来町と仲間が共同して担ってきた都市機能の維持は不安定な状態であり、一方馬借座に不法稼ぎが横行するものの有効な対応はなしえていなかったように、円滑で公正な取引を行う商業機能の低下も著しかったものと考えられる。経済的地位の低下、これに続く社会構造の変容が、湊町としての機能と競争力をも低下させていたのである。以上のように十八世紀中期の敦賀は、社会構造の急激な変容によって、行政的需要が格段に高まった時期にあたり、町奉行所と町人たちはこうした変容、あるいは湊町としての衰退に対応するべく、新たな都市支配の枠組・秩序を模索しなければならなかったのである。

二　都市支配の再編

(1)　町年寄の権限拡大

前掲の**史料二**では、刻仲間は仲間の役があったため、町が賦課する時番・夜番は免除されていたが、享保期になるとこの免除は事実上町から破棄されたことが分かる。その理由は「家ヲ求又ハ致借家候節、時番不相勤候ハ、町内ニハ難差置由申ニ付、無是非内証相対ニ而時番勤候由ニ付」であり、町の論理が仲間の論理に優先されていることが分かる。大坂においては、仲間は町と相互依存関係を持つ住民結合の性格を持ったことが明らかにされている。(21)しかし、敦賀ほどの規模の地方都市では、町人たちは町そのものから外れては生きていけなかったものと考えられる。このように町は依然強い拘束力を町人たちに対して持ったが、それは同時に生活の保障と一体のものであった。**史料四**は駄別と呼ばれる上り荷に課せられる通行税に関する史料である。問屋・旅籠屋は、駄別札一枚につき米二升を荷主からうけとったが、この札に関しては、「惣問屋仲間之外江ハ不相渡古法」であった。

史料四(22)

一、（前略）問屋仲間江入候義銀弐枚不出候而ハ難成問屋定法故、小身之者ハ問屋仲間入難成事ニ候処、右之類之者江札不出候得ハ、其類之者之渡世之障りニ成、第一札数多出候程御為ニ宜ク、殊ニ前々ゟ問屋外之者へも端々札出し来候例も候間、旁問屋外之者へも小身ニ而問屋入ハ難成、又少々之札代米ハ無滞程之者町肝煎請合ニ而願候ハヽ、札出し可然と大塚四郎左衛門梶原太郎左衛門奉行之節（正徳四〜享保三年—筆者注）相談究り、（後略）

組合料が払えないために仲間には加入できない零細な町人たちにも、駄別札を町肝煎の権限で発給するように命じられた。階層分化が著しくなり始めた中で、町肝煎はこうした町人たちの生活の保障を担うという新しい役割を命じられた[23]。また、前章で見た、寛政期の美濃屋と油屋の間で起こった油座株をめぐる争論では、美濃屋の主張の中で、「是悲(ママ)ニ不及、御仲間様方之御耳ニ達シ申度義ニ付、五郎兵衛御組内鍋屋善五郎殿方迄届ケ申候得ハ、先暫相待可被下候、下拙今一応油屋方を聞糺御返し可申と御止メ被成候ゆへ、罷り帰り申候」あるいは「今夜町役立合相談致、返事可仕と被申候ゆへ、又々さしかへ居申所ニ」とあるように油屋が居住する丁持町の町人たちが争論の解決を主導したことが分かる[24]。また、町人たちは、油屋仲間に対しては、「何分油座之義者、是迄仕来り候通ニ而、宗吉成人致候節迄御見合被下候者、其内ニ者一家和順も相調ひ可申候様ニ致度存、何卒御仲間様之御取斗を以て、日延ニ被遊被下候様ニ一偏ニ奉願上候」と賃貸の延期を願い、油屋の営業が続けられるように尽力した。

以上のように、近世を通じて敦賀の町は町人たちの生活を保障する第一の基盤であったと考えられる。敦賀においても町は不変ではなく、これまで見てきた変容の中で同業者町もその形を大きく変え、また**史料四**のように、内部に多数の零細な町人を抱え込むようになった。町はこれらの町人たちをも含みこみながら、新しい形をとる地縁組織・住民結合へと変化したものと考えられる。しかし、前章で見たように個別の町々では対応できない複雑な問題が噴出していた。このような状況下で、都市全体（惣町）を支配する町年寄の権限と役割を拡大していく動向が顕著になる。まず、正徳二年（一七一二）、町人から町年寄への訴訟・願書の提出を、これまでの月四日から、日時を限らず提出可能に変更した[25]。さらに、享保十三年以降、従来、仲間から願書を町奉行に提出する際には、直接にあるいは惣代・杖突が取り次いで提出していたものを町年寄に提出するように一本化する。

先述した享保十三年の刻座仲間の願書に関して、杖突が取り次いだことが問題とされ、「願訴訟之義ハ決而取次申間敷事ニ候間、此度ニ不限向後共願訴訟之義ハ町年寄共方江申出候様可致旨小頭共へ申付之」[26]と町年寄に提出することが命じられた。さらに、同年、町役人として存在した船道頭も同様に町年寄に提出するように命じられた。

史料五[27]

一、享保十四酉年幸（河）野・今泉両浦之囲船之作料外旅船並ニ致度候由、船大工共相願候由ニ而、船道頭共右之願書致持参候ニ付、惣シテケ様之願ハ町年寄共方江可差出物ニ候、但シ船道之筋江懸り候義故船道頭取次差出候事ニ候哉と尋候処、前々ゟ船道之筋江掛り候願之事ハ直ニ申達候義之由申ニ付、古格ニ候者其段ハ其通之事ニ候、然共都而町中之願之事町年寄不存候と申事ハ如何ニ候間、一往町年寄共へ及内談、其上ニ而可差出候由申付差戻シ、其已後右之義町年寄共へ尋候処、惣而奉行所江之宛所ニ而町中ゟ出候願書ハ、大小事ニ不限町年寄方迄願書出候義ニ候処、船道頭ニ限リ近年直ニ願書指出し事済候義有之、（後略）

最終的には、船道頭から提出する願書も町年寄に提出すべきことを命じたが、右の史料の中で、この方針に対して、船道頭はあくまで独立して直接提出しようとする動向を示していることは留意する必要がある。なお同年に、檜物屋仲間の願書を惣代安田五郎右衛門が取り次いだが、これもやはり問題とされ、町年寄に提出することが命じられた[28]。こうした町奉行所の方針に対する仲間側の対応を最もよく示すのが、宝暦五年に馬借頭の願書の提出に関して、従来は杖突が取り次いでいたものの、これをやめて町年寄に提出すべきこととした決定への抵抗である。**史料六**は、この馬借頭による抵抗に対する町奉行所側の見解である。

史料六[29]（宝暦五年）

一、（前略）尤古来之形と乍申、是等之義ハ元来筋違と申物ニ而候、惣而杖突共之事ハ立合と申役ニ而、願事取次之役筋之者ニハ無之候、因茲向後杖突共取次無用之旨申付置候、其方共之儀尤馬借頭之役人と乍申、町年寄之支配地ニ致居住、五人組等ニ茂相加り居申候者共之儀ニ而候得者、役筋ハ分段之事、其方共之身分ニ拘り候願筋一通り之儀ハ、以後町年寄共を以相願可申候、（後略）

馬借頭も願書を町年寄へ提出すべきこととし、また、「役筋ハ同格之儀ニ候得共、其方共身分町年寄之支配下ニ罷在候故、可致其心得候」と明確に町年寄を上位に置いた。なお、馬借頭は以降もこの支配方針に抵抗し続け、宝暦八年（一七五八）に町奉行が交代した際に、「寅二月三日ニ被召出、願之通被仰付被下置候、仍而私共身分之願筋一切御長屋杖突衆へ罷出申候」と杖突に提出することが例外的に認められている(30)。

以上のように、享保十三年以降、各仲間の主張・要求に対して、町年寄の権限を拡大して惣町の論理を優先するという支配方針が展開し、十八世紀後半にかけて顕著になっていく。こうした町年寄の役割の変化に関しては、願書の取次に限定されるものではなく、他方面で見られる。例えば、「当地登荷切銭近年迄五割宛取申候、荷物指支之節ハ、問屋中此方へ願出被申候ニ付、心儘ニ切札指遣申候処、享保十六亥年四十物屋中と馬借と出入在之、其節切銭ハ弐割ニ御定被仰付、其上切札通面ニ町年寄之印形相添申様ニ罷成申候也(31)」と登荷運送の際、臨時に発給する切札は、四十物仲間と馬借の間の対立から、享保十六年以降町年寄が印形して発給することとなった。分裂し対立する仲間間の主張と利害を調整することも町年寄の役割であった。また、酒座株の売買の際には、「仲間集会評定ニ及候処、別段支も無之ニ付、町老御月番へ相伺候処、日追而月行司御呼出シ有之、御役所表支筋無之間、勝手次第売買可致旨被仰付、仍之仲間集会、売買双方呼出シ」とあり、さらに町年寄に「右酒座株此度譲り受申候処相違無御座候(32)」という譲り受人・渡人の双方の連印の覚を提出した。仲間と町年寄が介在することにより、株売買が完全な個別契約になることを防いでいる。初見は文政期であるが、酒座株に関しては、十八世紀後半に起こり始めた無制限な売買に歯止めをかけ、一定度町年寄が把握するようになったのである。

こうした動向は町年寄のみに見られるものではなく、惣代も同様であった。先述した寛文四年の一三ヶ条の項目の中で、公事争論の際には町年寄・惣代・町肝煎・五人組が内談すべきこととしていたが、享保十年「惣代之輩ハ不差加趣ニ相聞江候、右之御条目ハ町中仕置之大綱ニ候へハ、右之類之義御条目と無相違様ニ有之度義ニ候間、向後ハ惣代之者も差加り和平等之義可及内談旨申付之」とした(33)。惣代については不明な点が多いが、やはり享保十年代になると町年寄と平行して都市支配におけるその位置づけがなされ始めたと考えられる。以上のように、前章で見た都市支配の動揺に対応するため、惣町の役人である町年寄・惣代の権限と役割を拡大してその再編を図ることとなったのである。

(2)　七役人衆による町方支配

前節では町年寄を中心としつつ都市支配を再編することを見たが、惣町、あるいは一町を越える広範囲を管轄する町役人らの役割を拡大していく支配方針自体は、すでに近世中後期の京都・江戸・長崎等においても明らかにされている(34)。ここでは、敦賀における固有の展開を見ていくこととする。

史料七(35)

御目見之扣

当地御町奉行様其外五奉行衆中御目見、前々ゟ七役人中斗役筋ニ付、五奉行様御目見不仕候而何とやら役筋もかるく成候ゆへ、七役人衆中寛政三年之砌ニ茂申上候、窺候得共何分七役人中も秤役之義おさへ、奉行所へ御目見之義ハ当分見合候様ニ断御座候、此義何とやら七役切ニ而手前へ断候ゆへ（後略）

史料七は、寛政十年、江戸の守随より当地の秤座役所を預かった稲垣宗兵衛が、「五奉行様」への御目見の格式を願ったものである。「五奉行」とは町奉行二名・代官二名・目付一名の五名である。これに関しては、例えば「御五奉行様方御立会被為成、馬借本座仮座之無差別不残御取上ケ被仰付候」[36]とあるように、敦賀郡における町方・在方の支配はこの「五奉行」による合議によって処理され、この合議で解決しえない場合、敦賀郡の領民は添簡をもって、小浜へ訴えることになる。一方、「七役人」とは町年寄三名・惣代二名・杖突二名の七名を指す。この「七役人」という文言に関しては、例えば天保三年（一八三二）に惣代が作成した御用留の中に、池子町・六軒町の町肝煎任命の際「猶両奉（行脱カ）所様并七役人中当座御礼申上候様、私共ゟ心付申候、但し七役人立合ニて申付候」[37]とあるように、近世後期の敦賀で、「五奉行様」あるいは「両奉行所様」「町奉行様」と対比する形で使用され、定着しているものである。以下では、この「七役人衆」による都市支配の具体像を見ていくこととする。

天保十一年、法泉寺町で、不正に酒の売買を行っていた者がいたが、「則十二月中旬ニ寅里様御役宅ニおゐて、七役人衆御立会ニ而、本人喜八法泉寺町肝煎同道ニ而罷出申候」と町年寄寅里宅において「七役人衆」によって簡易な裁許が行なわれている[38]。また、万延元年（一八六〇）には、尾張藩の用達を勤めている甚右衛門という者が「加州橋立江綿荷物百五拾本差送り、当所山下五右衛門着之指札ニ而当着致候処、山下五右衛門右荷物塔場町丁子屋七郎兵衛へ百五拾本ニ而ニ百七拾両ニ質持ニ指入、荷物加州江荷物着岸無之候」と敦賀の町人が荷物を不正に質入れしたことを小浜藩に訴えた[39]。これが、敦賀町奉行所へ報告され、町奉行は町年寄を呼び出し問い合わせた。このため、「十月十九日小宮山右内宅ニ而、山下隠居五右衛門相手丁子屋七郎兵衛呼出、三役立合段々相糺」し、最終的には「質屋定法ニ相不叶事故、無是悲荷物相戻候」と判断し、これを「小宮山宅ニ而三役立合ニ而申渡」した。以上のように、小浜藩士で構成される「五奉行」に対比する形で、その下部機関として、町年寄・惣代という町人の代表に、町奉行所同心頭の杖突が加わって構成される「七役人衆」による共同支配が登場した。杖突が加わっているのは、藩・町奉行所の意向を反映させせるためであったと考えられる。

この「七役人衆」を中心とした都市支配は、消防制度でも同じである。享保・元文期の消防制度は、「町中出火之節ハ月番之町奉行并大目付早速火事場へ出、火消之人数ニ下知ヲ加へ、此時大目付之供ニ両組ゟ足軽三人程遣之、非番之町奉行両代官ハ御茶屋江相詰ル」[40]と町奉行らが直接火消人足を指揮した。ところが、寛政十年に大幅な再編が行われ、「七役人衆」を中心とする消防制度に移行する。

史料八[41]

火消役割之定

一、町老小頭惣代七組之者共組之者ニ不相構早速火元へ駈着、於火元面々印幡或ハ揚提灯立置、其手之組付之者引紆ひ、致指図火を可申事、

一、七組頭之儀ハ町方四丁ツヽ、組分ケ、右肝煎四人并水籠之者共、頭々之組付いたし組合を置可申事、（後略）

右の史料のように、寛政期になると町年寄・杖突・惣代の七役人それぞれが組を指揮して消防活動にあたる。この組については、例えば、町年寄道川の組であれば、船町・法泉寺町・一向堂町・西町の町人足二八名、刻仲間一三名、平持二三名、髪結二名らに水籠や熊手、梯子などを持たせ役割分担して編成されていた。消防についても、町年寄ら七役人（三役）の権限と役割を拡大させ、彼らを中心とする体制を構築したのである。以上のように、十七世紀段階よりもはるかに複雑化した社会構造に対応するため、享保期後半以降、町年寄・惣代の権限と役割を大幅に拡大していき、最終的には、寛政期に、町年寄・惣代・杖突の七役人（三役）を中核とする都市支配が確立する。なお、天保期に、町年寄は従来の世襲制から入札制へと変更されるが、以上見てきた動向に対応するべく能力・人格を備えた町人を選ぶ必要性が高まったからである。同時に支配側に組み込まれていく町年寄という役職に、町人の代表としての

惣代性を付与する必要があったためと考えられる。

最後に湊町としての性格について触れておく。湊町は船の入津数がその盛衰に直結するため、湊町として生き残るためには船を呼び込むことが不可欠であった。これは問屋や船主だけでなく、運搬に携わる労働者あるいは水主に及ぶまですべての敦賀の町人たちにとって死活問題である。元禄期以降の敦賀は、先述したように西廻海運の発達により、古代以来の日本海と畿内を結ぶ交通の結節点であるという地の利は失われた。小浜藩や敦賀の町人たちにとって、地の利が無条件に湊町としての地位を保障してくれた時代は終わり、自ら船を呼び込む条件を作り出し競争力のある湊町として生き残っていかねばならない時代に移り変わったのである。そのためには、先述したように治安維持・火災などへの対応あるいは公正で円滑な取引など、都市・商業機能を発展させ安定させることは最低条件であろう。しかし、前章で見たように、近世中期の敦賀は、そうした条件を整えるどころか、複雑化していく都市社会が新たな問題を噴出させていた。当該期における敦賀の都市秩序の再編は、都市内部に起こり始めた新たな諸問題に対応し、また在方との関係を再編するとともに、湊町としての機能を回復させるためには不可欠なものであったのである。

また、当該期の町奉行所の触や申渡では、「自他之諸商人所之風儀不宜存候而ハ当津全躰之為不可然事ニ候」[42]（享保二十年）、「北国筋江下り荷物船積之義、船頭共宿問屋之家来を頼荷物を聞立運賃相極積請候由、然所問屋とも家来私曲之致方在之、（中略）此義ハ当津全躰之煩ニ相成」[43]（元文三年）、あるいは元文五年に茶荷物急増に馬借が十分に対応できなかった際には「若塩津・海津両口相滞候ハ、、弥小浜江道ひらけ、馬借両座者不及申敦賀一躰之拵を失候故」[44]と命じたように、「当津全躰之為」や「敦賀一躰之拵」という文言が頻出することが大きな特徴である。これは、町奉行所側が一方的に強制した視角ではなく、例えば宝暦七年、登荷が急激に増加し、町奉行にこの運送を命じられて対応に追われた馬借らが、「如仰当湊之恥辱、第一問屋共之為ニ罷成不申候、（中略）此上ハ損益之場ニ而無御座」、あるいは「指当り他国之聞、当津全体之為ニ御座候間、此度一作切之取斗可仕候間」[45]と述べているように、町人たちも一定度共有した視角であった。小浜と並んで日本海と上方を結ぶ唯一のルートを形成するという優位な条件のもとで、町人たちの自由な商業活動が敦賀の繁栄に直結し、さらには身勝手な行為も許容された時代の終焉を象徴する文言である。個々の町人や仲間の利害を越えた所に、湊町としての復興を目指さなければならなかったのであり、彼らの主張と利害を調整・総合化し、これを導いていかねばならない重責を町奉行所と町年寄らは担わねばならなかったのである。

おわりに

十八世紀の敦賀は、西廻り航路確立による湊町としての衰微、さらに家屋敷・仲間株の頻繁な売買とその物権化・流動化の進展、豪農による町方への進出などの新しい状況下で、従来の枠組みでは解決できない問題が起こり始めていた。また、湊町という特性に注目すると湊町としての衰退が都市内部に新たな問題を発生させ、この問題に有効に対応できないままさらに湊町としての機能を低下させるという悪循環に陥り始めていたともいえる。こうした新たな状況に対応するため、町年寄に権限を集中し、寛政期には彼を中核としつつ、これを補佐する惣代、さらに藩・町奉行所の意向を反映する杖突で構成される「七役人衆（三役）」による都市支配が確立する。これにより新しい社会構造に対応するとともに、湊町としての機能を回復させたのである。従来、北前船といえば、進取の気概を持ち新しい時代を切り開いていった船主や商人たちにのみ注目が集まる傾向にあり、敦賀においても北前船で活躍した町人たちは少なくない。しかし、敦賀が北前船寄港地として復興し、また多くの北前船主たちが華々しく活躍する背景には、こうした湊町としての再編が存在したこと、そしてこれを支えた町人たちがいたことを見落としてはならないであろう。[46]

なお、本稿では視角を限定したため、在方との関係を対立関係のみで描くこととなったが、本意ではない。近世初期から敦賀においては、町方と在方の結びつきは強く、また当該期においても湊町として復興するためには、在方の資本や労働力をも不可欠とした。実際に、北前船主は在方から村役人を介して水主を雇い、また、他国の船を含めて難船があった場合、船頭・水主の介抱、積荷の引き揚げや捜索を行うなど、在方も湊町としての機能に深く関与した。[47]町方と在方はただ単に自己の利害のみを主張して対立するだけでなく、協調し合わなければ湊町として復興できなかったのである。当該期の再編により、町年寄を頂点にして、在方に対して町方の論理を主張する意識あるいは手続・手段を獲得し始めたのであり、これは視点を逆にすれば在方においても同様であると考えられる。本稿で明らかにした点を、町在間の問題や小浜藩政の展開の中に位置づけることを今後の課題としたい。

註

(1) 十八世紀の都市に関する概説としては、塚本明「都市構造の転換」(『岩波講座日本通史』一四、一九九五年)、吉田伸之『成熟する江戸』(講談社、二〇〇二年)等がある。

(2) 近年における湊町の研究成果としては、若松正志「近世中期における貿易都市長崎の特質」(『日本史研究』四一五、一九九七年)、添田仁「近世中後期長崎における都市運営と地役人―町乙名の実態的・動態的分析をもとに―」(『ヒストリア』一九九、二〇〇六年)等がある。若松氏は、長崎の都市運営と貿易における町共同体の機能や役割を明らかにし、また添田氏は、長崎の地役人町乙名に注目して、若松氏の研究成果を批判的に継承し、十八世紀初頭の町共同体の規制力低下と公共業務の増大・多様化に対応するため、寛延期を境に、町乙名は担当町との関わりを薄くし、惣町乙名としての役務が拡大され、都市運営に深く関与することを明らかにしている。両氏の研究成果は、同じ湊町というだけでなく、本稿とは視角自体も深く関わるため参照されたい。

(3) 特に注記しない限り、敦賀に関する記述は『敦賀市史』通史編上巻に拠る。なお、以下で、『敦賀市史』史料編一・二・五所収の史料を使用した場合、『敦賀市史』史料編を省略し（①）・（②）・（⑤）とのみ記述する。

(4) 藤井讓治「譜代藩政成立の様相―酒井氏小浜藩―」（同『幕藩領主の権力構造』（岩波書店、二〇〇二年、初出は一九七五年）一五二・一五三頁。

(5) 「指掌録」（⑤）三二一〜三二三頁。

(6) 「山本計一文書」一七八。

(7) 通史編上巻、八一四頁。

(8) 朝尾直弘「近世の身分制と賤民」（同『都市と近世社会を考える―信長・秀吉から綱吉の時代まで―』（朝日新聞社、一九九五年、初出は一九八一年）。なお、近世都市の町に関して、近年では岩淵令治氏が包括的な説明を行っている（「江戸の都市空間と住民」『日本の時代史一五　元禄の社会と文化』、吉川弘文館、二〇〇三年）。

(9) 「石井左近文書」（②）二七六頁。

(10) 「指掌録」（⑤）一八八頁。

(11) 「高嶋屋文書」（①）二六六頁。

(12) 「那須伸一郎文書」（①）五四七頁。

(13) 吉田伸之「巨大都市における身分と職分」（同『近世都市社会の身分構造』、東京大学出版会、一九九八年、初出は一九八七年）。なお塚田孝氏が、この所有と経営の関係を踏まえつつ、吉原を事例に、町制機構と仲間組織の分離を明らかにしている（「吉原―遊女をめぐる人びと―」、高橋康夫・吉田伸之編『日本都市史入門Ⅲ　人』、東京大学出版会、一九九〇年）。

(14)「山本計一文書」一八〇。
(15)「山本計一文書」(②) 五八八頁。
(16)「石井左近文書」(②) 二〇七頁。
(17)「平山文書」(②) 四四四頁。
(18)通史編上、八一三・八一四頁。
(19)『新体系日本史三　土地所有史』(山川出版社、二〇〇二年) に包括的な説明がある。
(20)町屋敷所有に関しては、岩淵令治氏が包括的な説明を行っている (「町人の土地所有」(『新体系日本史三　土地所有史』)。
(21)今井修平「近世都市における株仲間と町共同体」(『歴史学研究』五六〇、一九八六年)
(22)「指掌録」(⑤) 二六五頁。
(23)前掲若松論文は、長崎における町と日用との関係を考察し、三都における三井のような大店が存在しなかったために、町がその成り立ちを保障したことを明らかにしている。
(24)「山本計一文書」八・九。
(25)「指掌録」(⑤) 三四四頁。
(26)同右、二〇二頁。
(27)同右、一七八頁。
(28)同右。
(29)「石井左近文書」(②) 一一五・一三五〜一三七頁。
(30)同右、一八一頁。
(31)同右、一七七・一七八頁。
(32)「那須伸一郎文書」(①) 六九三頁。

(33)「指掌録」⑤三四七頁。
(34)塚本明「町代―京都町奉行所の「行政官」として―」(京都町触研究会編『京都町触の研究』岩波書店、一九九六年)、小林信也「天保改革以後の江戸の都市行政―諸色掛名主の活動を中心に―」(『関東近世史研究』五八、二〇〇五年)、前掲添田論文等参照。塚本氏は、京都を事例に十八世紀半ば、社会の流動化に伴う町奉行所業務の増大の中で、中間支配機構である町代の役割が拡大し、さらに自律的な「行政官」の一員としての性格を持つようになることを明らかにしている。なお、前掲塚本論文にも、三都の町役人の役割に注目した説明がある。小林氏は、本稿とは時期が異なるものの、江戸町方の諸秩序維持に重要な役割を果たしてきた町や株仲間の機能低下に対応して、名主らが広範囲に権限を有し都市行政を担当する諸掛名主体制という新システムが登場することを明らかにしている。
(35)「山本計一文書」②六〇四・六〇五頁。
(36)「石井左近文書」②一六五頁。
(37)同右、九五頁。
(38)「那須伸一郎文書」①六四二頁。
(39)「橋詰久幸文書」②四二一頁。
(40)「指掌録」⑤一九六頁。
(41)「石井左近文書」②二七九~二八四頁。
(42)「指掌録」⑤三五四頁。
(43)同右、三六一頁。
(44)同右、四四八・四四九頁。
(45)「石井左近文書」②一五一・一五二頁。
(46)質疑応答の際、澤博勝氏による町人の階層に関する質問に対し、下層社会は広くは存在しないという趣旨を回答したが、この見解は誤りであるため、訂正を含めて今後の課題を述べておきたい。敦賀においても湊町としての機能を担う日雇労働者は不可欠な存在であり、とりわけ**史料四**のように、十八世紀になると仲間に加入できない町人も増加し始め、こうした町人たちの成り立ちをいかに保障するかが重要な課題となっていく。なお、この問題に関しては、前掲若松論文に分析がある。近世中期に顕著になり始める階層分化の状況を踏まえて、当該期の再編を位置づけることを今後の課題としたい。

(47)「高嶋屋文書」(①)二八五・二八六・二九六頁。

近世後期敦賀問屋の取引実態について―北前船・荷所船との関係を通して―

曲田浩和

はじめに

本稿は、地方史大会テーマ「敦賀―日本海～琵琶湖・風の通り道―」に即し、敦賀問屋が北前船・荷所船と近江・大坂の商人をつなぐ存在として位置づけ、敦賀問屋の取引の実態を解明するものである。

従来の廻船研究では、十八世紀半ばを境に荷所船から北前船へ転換することが指摘されている。(1)廻船の性格からすれば、近江商人などの手船・支配船を中心とする運賃積の荷所船が近江商人からの自立を果たし、買積を主体とする北前船に変化していくと捉えたものである。(2)その背景に、貿易品としての俵物需要、商品作物生産の拡大に伴う金肥としての魚肥の浸透などによる、蝦夷地海産物への重要度の高まりがあげられる。

しかし、北前船が出現しても、荷所船は依然として残っており、近江商人が持つ松前などの支店と大坂をつなぐ役割を担っている。近世後期の敦賀湊の問屋にとって、北前船も荷所船も性格が異なる両船ともに顧客であり、それぞれに取引を行っている。(3)

近世近代移行期の転換として廻船形態からドラスティックに捉えることも必要であるが、湊としての機能を把握するためには、敦賀における問屋の具体的な取引実態を解明することも重要であると考える。

そこで本論に入る前に、敦賀湊としての特徴を三点あげておきたい。一つは、敦賀から近江に荷物を廻すにあたり、山越えをしなければならず、敦賀で廻船から荷物を水揚げしても、馬・牛の輸送力では到底捌くことができず、滞留する荷物が生まれる点である。二つめは、大坂に比べ敦賀は蝦夷地との距離が近いことである。日本海は冬の航海が困難なため、効率の良い運行が望まれ、蝦夷地産海産物を敦賀で水揚げし、もう一度蝦夷地に戻り、海産物を仕入れることができる点である。三つめは、敦賀から蝦夷地に向けての下り荷物が豊富に存在することである。菰・莚などの荒物や石灰は敦賀周辺が産地である。また、美濃・近江・大坂・京都などからは茶・木綿などが敦賀に集まり、敦賀から積み出しされる点である。

廻船と湊の問屋を考える際には、廻船の性格とともに、上り下りの積荷の違いなどの荷物の性格にも留意しなければならない。そこで本稿では、このような敦賀の特徴に留意しつつ、敦賀問屋と廻船および商人との関係を明らかにする。

一　敦賀における船と蔵

(1)　敦賀問屋の危機意識

北国から京都への荷物は敦賀や小浜で水揚げされ、馬借により山を越え、大浦・海津・塩津・今津へ運ばれた。これらの湊から琵琶湖の湖上船に積まれ、大津に入り、京都へ陸送された。寛文期以降、西廻り航路の整備により、北国荷物が瀬戸内海を廻り、大坂に運ばれるようになると、敦賀では湊としての役割が低下するという危機感を抱くようになった。また、琵琶湖上船の運賃値上げが要求され、そのことにより、敦賀の商人たちは、大坂への直接輸送が増え、敦賀での水揚げの減少を懸念した。

史料一(4)

敦賀表ゟ願候口上之写

一敦賀ゟ上方所々江為登申候諸荷物、江州海津・大浦・塩津三ヶ浦へ為指登、夫ゟ船ニ而湖水ヲ運送仕候、然ル処、去ル巳年夏頃ゟ湖水之船運賃大津へハ四割、八幡へハ三割八歩、彦根・米原へハ五割、凡右之位運賃ヲ増引取被申候、是者金銀替故之義と相見へ候、此義相対仕候義も無御座候ニ付、難得其意存候へ共、彼是及論談へハ当然荷物運賃之指支ニ相成候故、諸方之並も可有御坐義と先つ見合罷有候御事

一右之通ニ御座候処、当二月三ヶ浦ゟ申来候ハ、此度湖水諸浦一統ニ相願、船運賃三割増ニ被仰付候間、右之割増ヲ以運賃銀引取可被申旨申来候、左候得ハ下地運賃増候上へ三割かゝり候故、増銀都合八割余ニ相成申候、ケ様ニ運賃高直ニ可相成訳無御座候、三割増之通被仰付候上ハ、内分ニ而増被申候分ハ早速引さり可被申義と奉存候御事

一敦賀湊ハ外渡世之品者曽而無之、北陸道山陰道上り下り之諸荷物相減候故、近年困窮仕候、然ル処又々湖水之運賃ケ様ニ高直ニ成候而ハ、弥以上り下り之諸荷物敦賀湊へハ不相向、海上より直ニ大坂へ廻り可申候、左候へハ往古ゟ之湊必至と渡世ヲ失ひ亡所ニ可相成と此処敦賀一統ニ相歎奉存候事

一右之次第故、海津・大浦・塩津三ヶ浦割増願之通被仰付候上ハ、内分増運賃之分ハ引下ケ被申様ニ段々通談仕候へ共、此義者湖水一統示合在之由ニ而埒明不申迷惑至極仕候間、此所ヲ被為仰付被下度奉願候、対談仕候而ハ何分ニも埒明不申、中々不相叶候ニ付、憚ヲ不顧御願申上候御事

右願之趣被為　聞召分、御慈悲ヲ以敦賀湊相続仕候様ニ被仰付被下候ハヽ、難有可奉存候、以上

元文四己未年　　越前敦賀・問屋とも

同　　商人とも

江州湖水船御奉行様

史料一の傍線部によると、敦賀の問屋たちは、琵琶湖湖上船の運賃の高値により、上り下りともに廻船が敦賀湊へは入らなくなり、敦賀湊での渡世を失いかねないと考えている。琵琶湖湖上船の中心的な存在である丸子船は元禄期の約千二百艘を頂点に、次第にその数は減り、(5)明らかに敦賀での水揚げ低下の影響を受けている。

史料にみられる敦賀商人と琵琶湖の船仲間との利害争いは敦賀問屋と疋田・山中などの山越えの馬借との間でおこり、そのたびに敦賀問屋は対応に苦慮した。(6)

表1は年未詳であるが、柳川の近江商人が、松前から柳川まで、おそらく海産物であろうと思われる荷物を輸送した経費の一覧である。松前・敦賀間の廻船の運賃が約五二％、敦賀から海津までの馬借賃が約四二％、海津から柳川までの湖上船の運賃が六％である。海津での蔵敷（倉庫料）を除き、全体の輸送費のなかで、敦賀・海津間の運賃が高いことがわかる。

表1　松前から近江柳川までの運賃表

区　　間	運　賃(銀)	割　合
松前より敦賀まで	3匁5分	52％
敦賀より山中まで	1匁3分5厘	20%
山中より海津まで	1匁4分8厘	22%
海津より柳川まで	3分9厘	6%
合　計	6匁7分2厘	

＊敦賀より海津まで　2匁8分3厘　42.0％

出典：柴谷家文書（滋賀大学経済学部附属史料館蔵）

(2)　敦賀問屋と北前船商人

このような敦賀問屋と馬借・湖水船との利害対立や馬借の運賃が高くても、近江への蝦夷地産海産物の移入には敦賀での水揚げが不可欠であった。また、廻船と馬の輸送

力の違いによる。敦賀での荷物の滞留は同時に蔵を発達させたといえる。

敦賀問屋の役割に、敦賀で廻船から降した北前船商人の荷物を敦賀の蔵で預かり、相場を見て北前船商人の指示で売却することがある。

史料二は越前国河野浦北前船主右近権左衛門の手船である永寿丸が敦賀の船問屋天屋五郎右衛門に白子（鰊の精巣）四五本を二ヶ月間蔵預けにして、売却したものである。

史料二(7)

御目録

一四拾五本　白子

皆掛九百八拾七貫四百匁

内拾三貫五百匁　す引　三百匁ツ、

正貫九百七拾参貫九百目

直ハ拾貫匁ニ付　八拾六匁

代　八貫三百七拾五匁五分四厘

内

一　弐百七拾六匁三分九厘　三分三厘引　…①（口銭）

一　拾七匁五分五り　蔵入賃

三分九厘ツ、

一　拾匁八分　蔵敷　…②（倉庫料）

二ヶ月分壱分弐厘ツ、

〆三百四匁七分四厘

差引

八貫七拾匁八分

此金百弐拾六両壱朱弐匁八分

右之通代銀不残相渡、此表出入無御座候処、依如件

丑七月　　天屋五郎右衛門

永寿丸七三郎殿

この史料によると、代銀八貫七〇匁八分にかかる二ヶ月分の倉庫料一〇匁八分、一ヶ月にして五匁四分である。一ヶ月の倉庫料は代銀の約〇・七％に過ぎず、非常に安く蔵預けを行うことができた。また、明治十七年（一八八五年）には、右近権左衛門の持船・宝恵丸清作が二ヶ月間蔵預けの状態にしておき、敦賀問屋・室（天屋）五郎右衛門が売却した事例がみられる(8)。

さらに、北前船にとって、敦賀湊を利用する意味として、陸揚げした蝦夷産海産物を蔵預けにして、それを抵当に借金をすることができた点である。

史料三(9)

覚

一四百〇九本　…①（白子の本数）

皆掛

〆 七千五百四拾九貫弐百匁　…②（①の重量）

御引当

一金弐百五拾両也　…③（引当金）

右之通白子慥御預り、御引当金

慥ニ御取替申候、以上

嘉永二己酉五月一日　近江屋甚六㊞

伊勢丸・御中荷・常吉殿

この史料によると、白子四〇九本を預り、引当金に取り替えるとしており、敦賀問屋の近江屋甚六は、積荷を預り、それを抵当に貸金を行っている。北前船は、敦賀で得た資金をもとに、再び蝦夷地に戻り、海産物を買い付けることのできる可能性が指摘できよう。

(3) 敦賀売問屋・買問屋体制の再編

敦賀で売却された蝦夷地産魚肥は、敦賀売問屋が廻船の荷物を敦賀買問屋（敦賀仲買問屋）に売却し、敦賀買問屋から近江などへ売却された。しかし、十八世紀後半には、素人売りの横行により、敦賀買問屋の独占力が弱まったとされる。寛政二年（一七九〇）には、一二軒の敦賀買問屋は八軒に減少していた(10)。

このような状況を脱却するために、廻船との取引を持つ敦賀売問屋と消費地近江との関係を持つ敦賀買問屋が結びつきを強めた。

史料四（11）

一札之事

一近年江州へ肥物為登候商内之儀、取締無之、勝手次第之儀ニ付、小商人迄江州へ入込、売崩等致者有之、依て御当地肥物為登商売仕候者、追々迷惑之筋も有之、一統之為方ニ不相成ニ付、此度御上様へ御願申上、肥物為登候者廿株ニ御定可被為成下様仕度会合御中間え御相談ニ及候処、廿株と相究候てハ、是迄とは御当地ニて商内方手狭ニ可相成儀も可有之と、御不安心之御含も有之候趣ニ御座候得共、御不安心成様之取計仕候事ニてハ毛頭無之候、万一廿株之者申合、手〆之商内等仕候様之儀有之候て、御中間御差支之儀も有之候はゝ、此度之株何時にても相止メ、古来ニ仕来之通ニ可仕候

一会合売問屋廿八株之儀ハ、古格之通肥物為御登候方、御勝手次第ニ可被成、聊差構無之候事

一此地ニて肥物御売先之儀無株何方へ成とも是迄之通御勝手次第ニ候事

一売脇問屋之儀は、肥物ニ限候てハ、為登方不相成様御相対致置候事

附り、売脇問屋中客船積来候肥物之儀、船手ニ江州へ直為登ニ相成候時は、此方中間へ御望有之候はゝ相糺候上、積来候船手客え直為登之儀ニ相違無之候はゝ差支無之様為致可申事

一売脇問屋へ肥物為登差留申候ニ付、買脇問屋此度廿株之内へ相加り申候者へハ、舟手売職之儀は、舟仕込等モ取組有之候共、荷物引受支配之儀、一切聊為致申間敷候事

附り、此地ニて商内不仕印付、遠方客仁ニ送り来候通り荷物之儀ニ候はゝ、無差支取計可致事ニ御座候、

此段御相対ニ及置候事

一会合買問屋之名前、余人へ貸付、或ハ休株貸付仕候て、船手売職為致申間敷候事

右ケ條之趣、御相対ニ及候義、相違無之候、一統為方ニ宜敷可相成と見込候て、株立仕候義ニ候得共、新規之事故、若湊一統之為方に不被宜候事ニ候はゝ、廿株之者勝手之筋有之候共、古来之通ニ致、株立相止メ可申候、為後証一札仍而如件

文政元年寅五月

会合売問屋衆中

会合買問屋中

敦賀買問屋以外の小商人が近江へ入り込み、魚肥商売を行ったことから、魚肥価格が値崩れを起こし、敦賀の両問屋の取引きに影響を与えた。そこで、敦賀売問屋と買問屋の新規問屋をそれぞれの脇問屋として増やし、売問屋・買問屋の権益の相互乗り入れできる部分を拡大したうえで、互いの権益を認め合った。これはあきらかに両問屋による敦賀から近江への魚肥流通の独占であり、両問屋の強固な結びつきによる他商人の排除であった。

このような動きのなかで、水原正亭は、敦賀買問屋と近江干鰯仲間との関係を明らかにしている[12]。敦賀買問屋が八日市組干鰯屋に対し、近江において敦賀買問屋以外の商人が魚肥を販売する行為があったならば、敦賀買問屋へ報告することや、近江八幡の干鰯仲間の加入・脱会者がいれば報告することを約束させている事例を挙げている。

さらに氏は、近江干鰯商人側の対応として、**史料四**の敦賀売問屋・買問屋の結束により魚肥価格が釣り上がらないようにするために、文政九年（一八二六）、近江八幡側では藩領を越えた百名を超える干鰯屋仲間を組織し、敦賀買問屋に対抗しようとした。

近江の干鰯屋仲間の再編成は、敦賀買問屋との関係において不利にならないようにすると同時に、仲間外商人の排除を意味し、敦賀売問屋―敦賀買問屋―近江干鰯屋仲間の流通ルートは、より結びつきを深めたものと思われる。

二　敦賀荷所船問屋の性格

（1）敦賀問屋と荷所船

近世後期の敦賀問屋と荷所船の関係については、柚木学が明らかにしている[13]。柚木は、榎森進の荷所船から北前船への転換を重視しながら、両者の関係を論じている。以下の柚木の研究に基づき、その論点を整理することとする。

一つめは荷所船の船主たちは、敦賀を拠点として荷所船仲間を結成しており、その廻船仕建を行うのが敦賀問屋であり、敦賀問屋は、網屋伝兵衛・丸屋半助・天屋勘右衛門・船野清右衛門であった。また、敦賀問屋は、荷所船の差配を行うと同時に、荷主である近江商人の荷物の敦賀での売り捌きを任されていた。

二つめは荷所船に雇用される期間は、原則として近江商人（両浜組）の荷物だけを廻送するもので、他商人の積荷は禁止することであり、荷主である近江商人の荷所船に対する制約は厳しかったものと思われる。

敦賀問屋の荷所船差配にかかわる点について考えてみたい。次の史料は、荷所船を差配する敦賀問屋と船主との関係を示したものである。

史料五[14]

①

差入申一札之事

一、安全丸　沖船頭　孫治郎

右書面之船、拙者手船に罷在候処、此度商売不勝手につき、貴殿御名前に御願申上候処、早速御聞済被下辱奉存候、依之御往来并に御名前借受け候処、相違無御座候、然る上は右乗廻し候儀、拙者方にて勝手に可仕候間、

諸国津々浦々に於て決して貴殿へ御迷惑相掛け申間敷候、後日為念一札差入申処、仍而如件

万延元年申五月

住吉屋准兵衛（印）

越前敦賀

網屋伝兵衛殿

②

差入申一札之事

一、御船玉　安全丸　沖船頭　孫治郎殿

右書面の御船貴殿御手船に罷在候処、御勝手に付、私方名前に可被成段承知仕候、然る上は表向名前計りの儀に御座候間、何時成共御勝手に貴殿御名前に御切替可被成候、尤も何事に不寄御迷惑は勿論、万事勝手ヶ間敷仕間敷候、為後日之証札差入申候処、仍而如件

万延元申年五月

網屋傳兵衛（印）

江州

西川伝右衛門殿

史料五は、万延元年（一八六〇）五月、住吉屋准兵衛が、自分持ち安全丸を「商売不勝手」につき、名目的に網屋伝兵衛持の船として、航海したいというものである。この史料と同時期に、網屋が荷所船荷主仲間である西川伝右衛門に対して、網屋の名前で航海を行うことに承知したとするものの、あくまでも名目だけであり、勝手に名前を切り換えることがあるかもしれないことを伝えたものである。①②ともに時期・船名・船頭名も同一のことから、同じ船と考えることができ、西川伝右衛門の屋号が住吉屋であり。准兵衛は西川伝右衛門の関係者であると思われる。

荷所船に関わる敦賀問屋は、荷所船の廻船仕建を行う役割があった。[15]荷主である近江商人が自らの手船を持つ場合

や、越前河野や加賀橋立の船を取り立てる場合もあった。

次の史料は、文化四年（一八〇七）、近江商人などの荷主が、約束通りの荷積みとなっていないことから、荷所船仲間に対して出されたものである。六条目には文化元年（一八〇四）に荷所船仲間から荷主中に出された一札の遵守が記されている。

史料六(16)

覚

一三ヶ所荷所船極候上者延着ニ相成不申様ニ相心掛ヶ、其場所へ早々罷下可被申候、勿論弐番下り之節、外行荷物積入候儀堅相成不申候

一城下荷物積船之儀者、毎歳荷主より船数差図可致間、参会之節、差図之船数順番に相勤可被申候

一三ヶ所下シ荷物之儀、下筋差支ニ相成不申様ニ船々申合積下り可被申候

一下荷物之儀買口有之候印之荷高ニ応シ積下り可被申候、無買口之荷物積入下り候儀堅被致間鋪候

一於下筋追積荷物有之候節、無拠頼筋候共、買口有之印之荷物差置、外荷物積入被致間敷候、一統追積荷物有之候は丶、買口之割合を以て積入可被申候

一文化元甲子年被差出候一札之趣、船頭中不洩様承知被致、毎歳参会之節為念右一札ニ名前相記、調印可被致候

右之趣一統心得違無之様、年々可示合候、以上

文化四丁卯年十一月　　　　荷主中

荷所船仲間衆中

史料六の二条目によると、松前城下からの積荷は毎年荷主より船数の差図を受け、順番に勤めることが記されてい

る。つまり、網屋伝兵衛などの敦賀問屋はさまざま地域や属性の異なる荷所船をとりまとめて、つつがなく、松前城下での蝦夷地産海産物を積むことができるようにしなくてはならない。

そのための方法として下り荷物と合わせて考えることが必要であり、一条目の傍線部にみられるように、二番下りの荷物が限定された。さらに、四条目には、下り荷物は松前での買人が決まっているものでないと積んではならないとしており、基本的には買人からの注文に応じた荷物と考えられる。下り荷物については、後述することとする。

次に、敦賀問屋の丸屋半助と荷所船荷主仲間の柴谷文右衛門・文治郎の関係についてみることにする。柴谷家は、柳川商人であり、荷所船の荷主であった[17]。次の史料は、蝦夷地産魚肥が敦賀に届き、丸屋が柴谷から荷物について指示されたものである。

史料七[18]

（前略）

尤鯡之儀ハ十六箇之内五箇御地御引取、残り当地ニ而御売払被下候様之差図ニ御座候処、当地直入仕候処、一向不印之気配ニ、漸皆掛ニ而ハ廿匁位迄ゟ買人無御座候、夫故貴家様思召之儀とハ余程相違御座候ハ、御斗ニ而も難儀申候、仍而鯡五箇之外拾壱箇ハ山中留ニ差遣申候、尤荷数之義ハ左ニ申上候

拾六箇□□

内五箇　両儀出柳川行

残物拾壱箇ハ山中留

弐本白子塩津出し

其外作り合壱品

右之通不残付出し申候間、此段左様思召可被下候、尤新七様御越御座候得者、委細御聞取可被下候、先以右御案内奉申上度、如斯御座候、恐惶謹言

六月十六日　　　丸屋半助㊞

柴谷文右衛門様

史料七によると、丸屋は柴谷から、鯡(鰊)一六個のうち五個を柳川送りとして、残りの一一個は敦賀で売却するように指示をうけた。しかし、柴谷の考える売却値段とはほど遠い安い価格でしか売却が行うことができないため、この荷物を山中まで運ぶことにすると丸屋が柴谷に書状を宛てたものである。丸屋は荷主の柴谷の指示に従い積荷を振り分けていることがわかり、敦賀での売却も行っている。

下り荷物について、敦賀問屋・丸屋半助と柴谷文治郎との関係をみることにする。

表2によると、弘化四年(一八四七)四月十七日から七月十三日まで、柴谷文治郎が下り荷物を差配し、敦賀問屋・丸屋半助によって、船に積み込まれたものである。

多くの荷物が京都・大坂のものであり、木綿はすべて大坂のものである。柴谷家文書に残されている史料から、「近惣」は近江屋惣七であることが確認できる。近江屋惣七は大坂の北海道海産物荷受問屋であった(19)。荷所船は、本来敦賀での荷物を扱う所という意味で荷所と名付けられたようであるが、近世後期になると北前船と同様に大坂まで運ばれるようになっていた(20)。近江屋惣七は、蝦夷地産海産物を扱うため、柴谷家との関係も深かったものと思われる。

また、五月十八日、北前船主右近権左衛門の持船である右近常吉に、大坂の「布八」から出された木綿などの荷物が積まれていることがわかる。右近権左衛門の船は元は荷所船であったが、天明～寛政期にかけて買積を中心とする北前船として活動するようになったとされている(21)。

右近権左衛門家文書によると、荷所船問屋の機能を持つ網屋伝兵衛・丸屋半助から運賃積荷物が積まれている史料が散見されるが、いずれも網屋・丸屋が船問屋として差配するものではない。それは、宛名が「右近常吉様、御宿・天屋」[22]とされており、右近常吉の船宿（船問屋）である天屋五郎右衛門付になっていることが確認できるからである。ただし、天屋五郎右衛門は、明治十二年（一八七九）には、登り荷物・下り荷物ともに柴谷治郎の荷所荷物を扱っている[23]。

右近権左衛門家文書から網屋・丸屋との関係が知り得るのは、弘化元年（一八四四）から嘉永二年（一八四九）にかけてである。また、**表2**も同様の時期であり、下り荷物としての荷所船の変質を示すことは十分に考えられるが、株仲間解散中であることも留意しなければならない。

（2）丸屋半助と加賀橋立の北前船

敦賀荷所船問屋・丸屋半助と加賀橋立の荷所船荷主との関係についてみてみたい。

表2　弘化4年（1847）柴谷文治郎差配丸屋半助行荷物一覧

月日	荷物名	送り先	送り元	運賃
4月17日	木綿2箇	山本弥吉	大坂・布八	9匁
4月28日	菰包1丸	西沢権四郎	大坂・近惣	2匁
	木綿6箇	木綿屋長三郎	大坂・近惣	27匁
	古手4箇		山久	14匁
	菰包1丸		京・近仁	2匁
	菰包(小)1丸		又エ印	1匁7分
	菰包1丸		□印	1匁
	鍬ほか2		—	2匁
5月12日	木綿1箇	木綿屋長三郎	大坂・布八	4匁5分
5月18日	木綿1箇	右近常吉	大坂・布八	4匁5分
	菰包1丸		大坂・布八	2匁
	琉球包1丸		(所出)	2匁
5月23日	渋紙包1	八幡丸	京・近仁	2匁5分
	茶16本	山本弥吉	上卯	72匁
	茶2本		大庄	9匁
7月13日	茶2本	網屋市郎右衛門	大庄	9匁
	茶3本		上卯	13匁5分
	茶1本		大類	4匁5分
	茶1本		大類	4匁5分

出典：柴谷家文書（滋賀大学経済学部附属史料館蔵）

史料八(24)

覚

一、弐百五十固　走鯡

浜掛五千百八十貫九百匁

風袋引壱貫四百五拾匁

右之通蔵入仕慥ニ預り置申候、追而売払之節目録并代金相渡可申候、為後日之如件

文政十二年丑七月十五日

丸屋半助㊞

小餅屋彦六殿

牧野隆信によると、小餅屋は加賀橋立の北前船船主久保家であり、丸屋に鯡二五〇箇を預けた史料である。ここで注目したいことは、小餅屋の荷物を丸屋が売り払い、代金を渡すという点である。丸屋は近江商人の荷所荷を扱うだけでなく、加賀橋立の北前船の荷物を扱っている。これは加賀橋立の荷所船が、買積主体の北前船へ移行していったあとも、敦賀問屋との関係は続くことを示す史料となる。

寛政八年（一七九六）に結成した橋立船仲間の申し合わせに次のような記述がある。

史料九(25)

船道制定之事

（条文省略）

右此条々近来買積并運賃積之船中、殊之外不埒不如法之義有之候ニ付、当年敦賀表参会之節、江州客方より彼地丸屋半助殿を以、不吟味之義有之由及差図、段々相調候処、一向無申分趣有之ニ付、無拠船道仲間一統及示談、

右之条々相定候間、船頭水主之類、已後急度相守可申事、若違犯之輩於有之ハ、急度曲事可申附、仍而如件

寛政八年壬申十二月

（船主名省略）

橋立の船は買積・運賃積が両用であることが示されている。牧野隆信氏は、橋立船仲間の二一名のうち、約半数の一一名が荷所仲間船持であったことを明らかにしている。荷所船は丸屋ら四人の敦賀問屋で船差配を受けており、近江商人らが敦賀に集結し参会していた(26)。

さらに、**史料九**と同時期に、橋立の船主から丸屋が船を購入している事例が確認できる。

史料一〇(27)

譲船買請証文之事

一千石積弁才船一艘

但諸道具一切別紙帳面之通乗尻有儘

代金六百両也

内百両此度当金ニ渡ス

残り五百両者五ヶ年賦定メ

右之通以御相対買受候処実正ニ御座候、然ル上者、来ル巳ノ年ゟ酉年迄一ヶ年ニ百両ツヽ毎歳十二月ニ無相違相渡可申候、為後証之一札、仍而如件

寛政八丙辰正月　　敦賀・丸屋半助

橋立浦・西出孫治郎様

同御支配・小西出太兵衛様
同御支配・納屋太四郎様

丸屋は、敦賀で荷所船の差配を行っていたことから、自らが手船を持つ必要があったのか。もしくは一年で百両ずつの返済を考えると買積船の性格を持つ船なのか。この史料だけでは判断できないが、丸屋と橋立船主との関係を示す史料である(28)。

牧野隆信は、丸屋と橋立船主との関係は、十九世紀前半までは、丸屋が橋立船主に貸金を行う事例が多く、その後立場が入れ替わり、幕末にかけて、丸屋が橋立船主に借金をする機会が増えると述べている(29)。

史料一一(30)

借用申金子之事

預り

一、合金四百両也　但し鯡代之内

此引当　無利息

新浜蔵　四間ニ十三間
前　蔵　五間ニ七間
中　蔵　三間ニ四間
昆布蔵　四間ニ八間半
浜蔵　五間ニ十四間半

〆五ヶ所

右書面之金子此度御渡可申上候処、無拠差支来ル十月晦日迄御延引被成下難有、慥ニ借用仕候処実正ニ御座候、然上ハ限月無相違御渡し可申上候、万一遅滞候ハバ、右引当蔵売払急度御渡可申上候、為後日加判一札依而如件

嘉永七年寅四月

本人　丸屋半助㊞

（親類証人五名省略）

扇屋源七殿

史料一一は丸屋半助が加賀橋立の北前船主扇屋源七から、四百両を借りたことを示すものである。その四百両は鯡代の内と記されている。おそらく丸屋は敦賀での扇屋の鯡を売却し、その代金を借り入れたことが考えられる。また、傍線部の「預り」から扇屋から預った鯡の可能性もある。嘉永七年（一八五四）、つまり十九世紀半ばに、丸屋が近江商人と同様に、北前船主の荷物も売却していることを示唆している。

おわりに

敦賀湊には、買積主体の北前船や運賃積主体の荷所船といったさまざまな船が入津し、敦賀の問屋はそれぞれの荷物の性格に応じた取り扱いを行っていた。

越前国河野村北前船主右近権左衛門家の船は、敦賀において、上り荷物は天屋五郎右衛門・近江屋甚六などとの結びつきが深く、それらに荷物を預け、荷物を担保に蝦夷地への資金を得ることもあった。また、下り荷物は天屋五郎右衛門・飴屋権右衛門との結びつきが深く、縄・莚類、石灰、木綿などが敦賀から積まれた(31)。敦賀で降した荷物は長期の蔵預けを行い、相場状況が改善され次第、敦賀問屋が売却を行った。また、下り荷物は琵琶湖を通じてさまざま

な荷物が敦賀に集まり、敦賀問屋の差配のもとで、廻船に積み込まれた。

一方、近江商人の商人荷物は、運賃積主体の荷所船により、松前から敦賀へと運ばれた。その荷所船を差配したのが、敦賀問屋の丸屋半助・網屋伝兵衛などの四名であった。近江柳川商人の柴谷文右衛門・文治郎は、蝦夷地海産物の敦賀での売却、近江への輸送を丸屋・網屋などへ委託した。

基本的には、船や積荷の性格により、積荷を扱う敦賀問屋は異なるが、天屋五郎右衛門が荷所荷を扱ったり、丸屋半助が北前船の自分荷物を扱うこともあった。近江商人の荷所荷は運賃積のため、敦賀で扱うことのできる問屋は四軒と制約されていたが、近世後期から近代初期にかけ、それ以外の問屋へと拡大していったものと思われる。十七世紀後半の天屋五郎右衛門は　秋田藩などの蔵宿をつとめてきた古くからの商人であった(32)。十七世紀から十九世紀にかけて、多くの商人が入れ替わるなかで、天屋は業態を変えながらも継続して問屋をつとめており、商人としての信用が高かったものと思われる。

一方、丸屋半助は、十八世紀半ばには荷所船問屋として、近江商人と荷所船仲間の間の仲介として存在しており、加賀橋立の荷所船が北前船へと移行した後も、その関係は続いていたものと思われる。**史料九**中にみられるように、寛政期の橋立の船は運賃積・買積両用の性格を持っていたことがわかり、運賃積・買積の別によって敦賀問屋の性格を厳密には規定できない面もある。

下り荷物については、**史料六**にみられる荷所船の申し合わせでは、一番下りが制約の対象となっている。また、荷所船を差配する丸屋半助が、右近権左衛門の手船である北前船伊勢丸船頭の右近常吉に木綿を渡す事例もあり、この点からも船の性格によって、問屋を位置づけることは困難である。

敦賀湊には、性格を異にしたさまざまな廻船が出入し、その一つが北前船であり、荷所船であったといえる。敦賀問屋の性格付けを行うためには、敦賀問屋と廻船・近江商人との関係を、時期を明確にしたうえで、運賃積・買積や上り下りの別を踏まえ、考える必要があろう。さらに、敦賀の空間的特徴から来る荷物の滞留や、琵琶湖舟運の持つ近江を中心とした京・大坂・美濃・伊勢などとの広域的な関係を踏まえた議論が必要になろう。

近世後期の蝦夷地産海産物が敦賀だけでなく、大坂に直接入荷する点については、研究が豊富にあるものの、大坂からの下り荷物についての研究は少ない。大坂からの下り荷物が近江商人の差配下で、敦賀で船積みされることも考慮すべき問題である。、敦賀問屋の性格付けを行うためには、物流を通じた広域的な商人関係の把握が必要であり、本大会で提起された「近畿三角帯」は有効な地域設定といえる。

註

（1）榎森進『北海道近世史の研究』（一九八二年、北海道出版企画センター）、斎藤善之「流通勢力の交代と市場構造の変容」（『市場と民間社会』、〈新しい近世史3〉、新人物往来社、一九九六年）など。

（2）榎森前掲書、牧野隆信『北前船の研究』（一九八九年、法政大学出版局）、柚木学「近世日本海海運の発展と北前船」（柚木学編『日本海水上交通史』、一九八六年、文献出版）、柚木学『近世海運史の研究』（一九七九年、法政大学出版局）。

（3）中西聡は、「北前船主は、買積を主として行う北前船商人と、生産者手船輸送を主として行う場所請負人の二種類から構成されていたと考える」（中西聡『近世・近代日本の市場構造』、東京大学出版会、一九九八年）と北前船を位置づけている。本稿においては、近世後期の荷所船を北前船の範疇に入れてよいかどうかの検討は行っていないため、牧野隆信・榎森進・柚木学の買積主体の北前船と運賃積の荷所船を区別した。ただし、中西聡氏の十九世紀において運賃積が行われ、買積形態に一元化できないという考えは筆者も同じ意見である。

（4）『小浜市史』諸家文書二（一九八〇年）。

(5) 杉江進「近世湖上交通と八幡航路の展開」(木村至宏編『近江の歴史と文化』、思文閣出版、一九九五年)。
(6) 拙稿「北前船と敦賀地域社会」(原直史・大橋康二編『日本海域歴史大系』近世編二、清文堂出版、二〇〇六年)。
(7) 右近権左衛門家文書(福井県南越前町所蔵)。
(8) 註(6)参照。
(9) 註(7)参照。
(10) 八日市市史編纂委員会『八日市市史』第六巻(一九八三年)。
(11) 敦賀郡役所『敦賀郡志』(一九一五年)。
(12) 水原正亨「近世近江の肥料商仲間の形成」(『彦根論叢』第二六二・二六三号)、同「近世近江における肥料商仲間について(一)」(『研究紀要』第一七号、一九八四年三月、滋賀大学経済学部附属史料館)、同「近世近江八幡の干鰯屋仲間」(『研究紀要』第一一号、一九七八年、滋賀大学経済学部附属史料館)。
(13) 柚木前掲書、註(2)参照。
(14) 滋賀県蒲生郡八幡町『滋賀県八幡町史』下巻(一九四〇年)。
(15) 問屋による廻船差配の実態について未解明の部分が多い。他地域の運賃積の事例との比較が必要になろう。三河の城米船輸送の場合は、廻船支配人が番船取立による廻船仕立を行っている。年ごとにあらかじめ取り立てる船の順番を決めておき、その順番に応じ、荷積みをする方法である(拙稿「一八世紀の平坂湊・大浜湊と三河の廻船」、『愛知県史研究』第九号、二〇〇五年)。
(16) 「薩摩宮川清右衛門記録」(中川泉三編『近江愛智郡誌』第三巻、名著出版、一九七一年)。
(17) 「柴谷家文書目録解題」(『研究紀要』第二七号、滋賀大学経済学部附属史料館)。上村雅洋は柴谷家文書を用い、柳川村における近江商人の在村形態を論じている(上村雅洋『近江商人の経営史』、清文堂出版、二〇〇〇年)。柴谷家文書については荒武賢一朗氏にご教示を得た。

(18) 柴谷家文書（滋賀大学経済学部附属史料館所蔵）。
(19)「北海道荷受問屋組合史」（黒羽兵治郎編『大坂商業資料集成』第一巻、清文堂出版、一九一五年）。
(20) 柚木前掲書、註（2）参照。最近の研究として、弘化期の近江商人藤野又蔵家の持船の航海が明らかにされ、松前～大坂間だけでなく、兵庫・阿波・下関へのさまざまな地域との関係が確認できる（岩崎奈緒子「近世藤野家の経営について」、宇佐美英機編『近世・近代商家活動に関する総合的研究』、文部科学省科学研究費補助金研究成果報告書、二〇〇六年）。
(21) 福井県河野村『北前船主の館　右近家』（一九九五年）。
(22) 日本福祉大学知多半島総合研究所編『越前国南条郡河野浦・右近権左衛門家文書目録』（福井県河野村、一九九六年）。
(23) 註（17）参照。
(24) 牧野前掲書、註（2）参照。
(25)「船道定法之記」（加賀市史編纂委員会『加賀市史』資料編第四巻、一九七八年）。
(26) 柚木前掲書、註（2）参照。
(27) 敦賀市史編さん委員会『敦賀市史』資料編第一巻（一九七七年）。
(28) 前掲拙稿「北前船と敦賀地域社会」において、**史料一〇**の船を一ヶ年百両ずつの返済は運賃積で見込むことができないと考え、買積船と位置づけたが、丸屋半助の問屋としての性格を考えると再考が必要である。
(29) 牧野前掲書、註（2）参照。
(30) 前掲『加賀市史』。
(31) 拙稿「北前船主右近家と敦賀・武生」（日本福祉大学知多半島総合研究所編『北前船と日本海の時代』、校倉書房、一九九七年）。
(32) 拙稿「北前船主右近家と敦賀の問屋商人」（『北前船からみた河野浦と敦賀湊』、一九九九年）。

〈付記〉

大会報告後、大会テーマを意識し、敦賀と近江との関係を重視したものにしたため、報告の内容を大幅に書き改めた。

第五六回（敦賀）大会の記録

大会成果刊行特別委員会

はじめに

地方史研究協議会第五六回（敦賀）大会は、二〇〇五年一〇月一五日（土）から一七日（月）までの三日間、福井県敦賀市のプラザ萬象大ホールを会場に、「敦賀―日本海～琵琶湖、風の通り道―」を大会テーマとして開催された。第一日目は自由論題研究発表と共通論題研究発表、及び公開講演が、第二日目は共通論題研究発表の残りと共通論題の討論が行われ、最終日の第三日目は、近江コース・嶺南コース・嶺北コースと三つのコースに分かれて巡見が行われた。

本書は、大会での共通論題研究発表と公開講演の内容を中心にまとめたもので、大会テーマをもとに、書名を『敦賀・日本海から琵琶湖へ―「風の通り道」の地方史―』とし、内容を「公開講演」「第一章『近畿三角帯』の歴史的展開」「第二章　湊町敦賀の変容と地域社会」という構成とした。

一　大会テーマ設定の経緯と委員会の活動

地方史研究協議会は二〇〇三年一二月六日（土）、第五六回（敦賀）大会に向け、常任委員会のなかに大会準備委員会を発足させた。大会準備委員会の構成は、伊藤暢直（常任委員長）・桜井昭男（大会準備委員長）・岩橋清美・牛米努・鍛代敏雄・小松寿治・須永敬・保垣孝幸・星野尚文の九名で、以後毎月のように委員会を開催し、準備を進めていった。

大会準備委員会の発足を受けて、敦賀市側でも大会実行委員会設立の準備が進められ、二〇〇四年三月一三日（土）に敦賀短期大学で第一回実行委員会が開催された。実行委員会の構成は、敦賀市から多仁照廣（大会実行委員長）・外岡慎一郎（大会事務局長）・網谷克彦・糀谷好晃・柴田源三郎・高早恵美の六名、福井県嶺南地域から金田久璋・中島辰男・杉本泰俊・中島嘉文の四名、福井県嶺北地域から隼田嘉彦・澤博勝・平野俊幸・長野栄俊の四名、滋賀県から江竜喜之・西川丈雄・宇佐美英機の三名、京都府から藤井譲治の一名の計一八名となった。第一回実行委員会には大会準備委員会からも伊藤暢直・桜井昭男・牛米努・須永敬の四名が出席し、大会に向けての準備などについて話し合いを行った。

なお、この第一回実行委員会において早くも実行委員会側から大会テーマ案と趣意書案が提示された。すなわち、敦賀で大会を開催するにあたり、敦賀の地域的な特徴をどう表現するかという問題を検討していく中で、早くより福井県という行政的な枠組みにとらわれずに、近江とのつながりを重視する形で大会を持つことの必要性が認識されたのである。自然地理学の「近畿三角帯」という用語を分析視角として採用することが提案されたのも、近江とのつながりという流れを踏まえてのことであった。実行委員が先述のように敦賀・嶺南・嶺北・滋賀（近江）の各地から選出されたのも、まさにこのような背景があったからである。

このように、敦賀で大会を開催する意図や視点が実行委員会の設立時点で早々にまとめられたことによって、準備委員会では早速実行委員会が提示した大会テーマ案や趣意書案の検討を始めることとなった。

二〇〇四年一〇月の高崎大会終了後、大会準備委員会は大会運営委員会と名称を改め、大会運営委員長に桜井昭男が就任、大会準備委員はそのまま大会運営委員となり、さらに長沼秀明が新たに大会運営委員に加わった。一方大会実行委員会の側も、井上修（敦賀）・松浦義則（嶺北）・本川幹男（嶺北）の三氏が加わり体制が強化された。

そして、敦賀という地域を京畿と日本海をつなぐ流通の結節点として位置づけるとともに、「近畿三角帯」の一つの頂点ということで、近江を含めた広い視野の中で理解するという意図に基づいて最終的にまとめられた趣意書は、『地方史研究』第三一四号・第三一六号・第三一七号に掲載した。

なお、大会に向けての準備状況などについては、『地方史研究』第三一三号・第三一五号・第三一七号に、それぞれ「第五六回（敦賀）大会運営委員会報告」として紹介した。

第五六回大会を迎えるにあたって
「敦賀―日本海～琵琶湖、風の通り道―」

常任委員会

第五六回(敦賀)大会実行委員会

地方史研究協議会は、第五六回大会を本年一〇月一五日（土）から一七日（月）まで、福井県敦賀市で開催する。本会常任委員会および開催地の研究者を中心に結成された大会実行委員会では、共通論題を「敦賀―日本海～琵琶湖、風の通り道―」と決定し、準備を進めている。

本会では、近年「交流」というキーワードを一つの軸として大会を開催してきた。第五四回（八戸）大会では「自然・地理的な環境」のもとでの「地域に固有の自律的な特質」を、昨年の第五五回（高崎）大会では「山・川・道」という広がりにおいて「地域のもつ主体的な特性」を検討したが、そこでは地域というものを、自然的特性に規定されながら、他地域をも含めた相互的な連関を通し、主体的に形成されてきたものとして捉えており、その個性的な展開を重視している。

本大会ではこれらの成果をふまえ、日本海から敦賀を通って琵琶湖にいたる地域を対象とし、この県域を越えた地域がもつ特性を検討することとした。古来、蝦夷地の海産物や北国・奥州の年貢米・大豆などは日本海を船で南下し、敦賀の地で陸揚げされて琵琶湖にいたり、大津から京畿方面へ運ばれた。また、美濃や山城・近江の茶は逆に敦賀から北国方面に船出していった。越の国の一宮を敦賀の気比社としたのも、こうした地理的重要性をふまえてのことであった。このように敦賀は日本海交流の拠点として重要な位置を占めていたが、それは敦賀と琵琶湖の間を走る断層谷という地形的特性と、中世には「諸浦の親郷」堅田や今津などの湊町を発展させた活発な琵琶湖舟運を利用することにより、このルートが日本海から京畿への最短ルートだったからである。伝承では平清盛に始まるとされる琵琶湖と敦賀を結ぶ運河開削案はその後もたびたび計画され、文化年間に一部が実現している。

人や物の交流をもたらしたこのような地形は、日本海の風を敦賀の地から内陸に招き入れ、関ヶ原などに降雪をもたらす要因ともなっているが、それは自然地理学でいう「近畿三角帯」と深く絡むものであった。「近畿三角帯」とは、おおよそ若狭湾―大阪湾―伊勢湾で囲まれた三角地帯で、中心に琵琶湖があり、活断層で区切られた山地（比良・伊吹・鈴鹿山地など）と、その間にはさまれた盆地（京都・奈良盆地など）によって成り立っている。敦賀はこの「近畿三角帯」の一角を占めており、「古代三関」の一つである愛発関《あらちのせき》が敦賀の地に措定されるのも、こうした地形構造との関連で捉えることができる。

寛永末年に西廻り航路が開発され年貢米の大坂直送が始まると、日本海交流における敦賀の役割は低下していったが、幕末に蝦夷地物産会所が置かれたことなどからもわかるように、なお敦賀と北国・蝦夷地との回路は保たれていた。蝦夷地から敦賀や小浜にもたらされた海産物の中には、「お召しの昆布」のように足利将軍家や徳川将軍家へ献上されたものもあり、それは小浜藩領となった江戸時代には昆布加工産業として発展した。この昆布や鰊などの梱包材には、周辺の村々から集められた稲藁が用いられて各地へも輸出され、周辺農村の「稼ぎ」となることによって地域間交流が広く展開し、地域の富を蓄積していった。幸若舞などの芸能や民衆の信仰生活の展開も、こうした背景をふまえる必要がある。

廃藩置県以後のたび重なる県域変更は、滋賀と敦賀・若狭の分断をもたらし、さらに嶺南―嶺北という地域区分を新たに生み出した。また、明治新政府は敦賀・米原間や東海道線などの鉄道網の整備をいち早く計画したが、このような政策は日本海側の物資を京阪神地域に直接輸送するための、琵琶湖舟運に替わる新たなルートの重要性を認識したためであった。その結果、これまでの琵琶湖を中心とした流通体系は変更を余儀なくされ、それとともに敦賀の立場も大きく変化することとなった。しかし一九一二年六月、東京新橋から敦賀・ウラジオストクを経由してヨーロッパにいたる欧亜国際列車が開通すると、敦賀は今度は日本とヨーロッパを結ぶ中継地となり、第二次世界大戦下、リトアニアのユダヤ人約六千人がナチスドイツの迫害から逃れて敦賀にやってくるという歴史も経験した。敦賀の地は古来朝鮮半島との関係が深く、古代高句麗や渤海の使節をもてなす松原客館が置かれ、対モンゴル戦争や秀吉の朝鮮出兵の際の軍事基地となるなど、敦賀を通って日本海に開かれた道は、古代より日本のみならず世界規模の道としても機能していたのである。そして現在、一九六〇年代以降に始まった若狭湾沿岸の「エネルギー基地化」によって京阪神地域に電力を供給する道がうまれ、「近畿三角帯」の新たな歴史が刻まれつつある。

本大会では、現在にいたるまでさまざまな変転を重ねてきた「風の通り道」としてのこの地域の歴史的特質を明らかにし、将来にわたる地域発展のあり方を模索していきたいと思っている。積極的な議論を期待したい。

二　大会実行委員会および研究会の記録

第五六回（敦賀）大会の開催に向け、大会運営委員会（二〇〇四年一〇月までは大会準備委員会）と大会実行委員会は、打ち合わせ会や研究会を以下の日程で開催した。

二〇〇四年三月一三日（於福井県敦賀市　敦賀短期大学）

第一回大会実行委員会（大会準備委員等参加）
＊敦賀側では、第一回と第二回の大会実行委員会を大会準備委員会と称した。
二〇〇四年九月五日（於福井県敦賀市　プラザ萬象）
第二回大会実行委員会（大会準備委員等参加）
二〇〇四年一〇月二二日（於群馬県高崎市　高崎シティギャラリー）
大会実行委員と大会準備委員の打ち合わせ
二〇〇四年一一月二七日（於福井県敦賀市　敦賀市生涯学習センター）
第三回大会実行委員会（会長・大会運営委員等参加）
二〇〇五年三月五日（於福井県敦賀市　敦賀市生涯学習セセンター）
第四回大会実行委員会（大会運営委員等参加）
二〇〇五年六月二五日（於福井県敦賀市　敦賀短期大学）
第五回大会実行委員会（大会運営委員等参加）
二〇〇五年七月五日（於東京都世田谷区　駒澤大学大学会館）
大会関連月例会
若狭国における近世の徳政担保文言について　野尻　泰弘氏
＊野尻氏の報告は、『地方史研究』第三一六号に掲載された同題名の問題提起をもとにしたものである。
二〇〇五年七月九日（於福井県敦賀市　敦賀市生涯学習センター）
第一回大会準備報告会
舞崎遺跡と敦賀の弥生時代　中野　拓郎氏
敦賀茶町の成立と展開　畠　清次氏
近世中期湊町敦賀における都市秩序の再編　藤本　仁文氏
北陸線の敷設と金沢市経済の変容　新本　欣悟氏
二〇〇五年七月一〇日
巡見コースの下見
二〇〇五年八月七日
第二回大会準備報告会（於東京都世田谷区　駒澤大学大学会館）
近世後期における湊町敦賀の船と蔵　曲田　浩和氏
商業から見る十六世紀の敦賀　功刀　俊宏氏
二〇〇五年九月一七日（於福井県敦賀市　敦賀市生涯学習センター）

第六回大会実行委員会（大会運営委員等参加）

＊この日の午前中、会場となるプラザ萬象の管理担当者との打ち合わせを行った。

二〇〇五年一〇月一日（於滋賀県長浜市　長浜城歴史博物館）

第三回大会準備報告会

継体天皇と近江・越　大橋　信弥氏

浅井・朝倉同盟の再検討　太田　浩司氏

二〇〇五年一〇月八日（於京都府京都市　佛教大学鷹陵館）

第四回大会準備報告会

災害の記憶―敦賀・出村町の成立譚をめぐって―　渡邊　秀一氏

なお、この他金田久璋氏と入江宣子氏の報告については、時間的な都合で準備報告会を持つことはできなかったが、大会実行委員会・大会運営委員会双方で個別的に報告内容の検討・調整を行ったことを付記しておく。

大会実行委員会は、大会準備の過程で、市民歴史講座や研究集会を企画・開催し、一般市民への宣伝普及活動を行った。まず、二〇〇四年五月から一一月にかけて、地元の歴史研究団体である気比史学会と提携し、「地方史研究協議会敦賀大会プレ企画」と題する六回の市民歴史講座を敦賀市立図書館で開催した。なお、この企画の案内は『地方史研究』第三一〇号の「地方史の窓」に掲載した。

次いで翌二〇〇五年三月から五月にかけて、大会実行委員会が協賛した三ヶ月連続の研究集会を以下の通り開催した。なお、会場はいずれも敦賀短期大学で、その案内は『地方史研究』第三一四号の「地方史の窓」に掲載した。

敦賀短期大学地域交流センター公開シンポジウム「博物館・文書館・大学の資料修復」（二〇〇五年四月九日）

敦賀短期大学地域総合研究所公開シンポジウム「社会科教育・歴史教育の未来像を求めて」（二〇〇五年五月二一日）

福井史料ネット公開シンポジウム「史料の被災と救済・保存」（二〇〇五年六月二五日）

なお、これらの研究集会の成果は、敦賀短期大学地域交流センター編『博物館・文書館・大学の資料修復』（若狭湾沿岸地域総合講座叢書4、二〇〇五年一〇月、同成社）、および敦賀短期大学地域総合研究所編『社会科教育・歴史教育の未来像』（若狭湾沿岸地域総合講座叢書5、二〇〇五年一〇月、同成社）として刊行され、『地方史研究』第三一九号の「新刊案内」でも紹介された。

研究集会には大会運営委員や常任委員も参加し、それぞれの研究集会の参加者に参加記の執筆を依頼、『地方史研究』第三一七号にまとめて「大会実行委員会関連研究会参加記」として掲載することができたので、参照していただきたい。

また、二〇〇五年八月二〇日に滋賀県長浜市の曳山博物館伝承スタジオで開催された近江地方史研究会大会と、同年九月三日に敦賀短期大学で開催された第三〇回北陸三県民俗の会年会には、大会実行委員会が協賛として参加した。

三　大会共通論題への問題提起

第五六回（敦賀）大会でも、例年の通り大会テーマにかかわる問題提起を募集し、『地方史研究』第三一六号と第三一七号に掲載した。なお今大会では、大会テーマにかかわる論文の募集は行わなかった。

1　奈良時代越前国府敦賀所在説の提唱―考古学の範疇を越えて―　水野　和雄氏
2　古代国家と敦賀　舘野　和己氏
3　中世湖北の郡と領域　水野　章二氏
4　弘前藩の敦賀屋敷―津軽と敦賀を結ぶもの―　福井　敏隆氏
5　若狭国における近世の徳政担保文言について　野尻　泰弘氏
6　西本願寺末寺支配における敦賀の位置―国郡制と領国の狭間で―　澤　博勝氏
7　「近江商人」社会と商業慣行　宇佐美英機氏
8　商品としての塩から、食糧としての塩へ　落合　功氏
9　地域研究と本願寺所蔵の近世真宗史料　左右田昌幸氏
10　近世における若狭・熊川番所の通行について―「西国順礼略打道中記」に見る―　青柳　周一氏
11　敦賀空襲と模擬原爆　木戸　聡氏
12　敦賀大会への私の関心―思いつくままに―　山口　徹氏
13　近世前期琵琶湖の船支配と芦浦観音寺　藤田　恒春氏
14　中世敦賀の諸相　外岡慎一郎氏
15　「親日国」ポーランド―接点としての敦賀―　白石　仁章氏
16　福井県嶺北地方の高機の系譜　坂本　育男氏
17　近世中期の「越高」について　隼田　嘉彦氏

18　近江長浜湊の流通について　西川丈雄氏

四　自由論題研究発表・公開講演

大会初日の一〇月一五日におこなわれた自由論題研究発表は、以下の通りである。

1　織田信長の越前経営—家臣編成を通して—　村礒良美氏
2　越前国の若者組と若者条目　黒澤学氏
3　加速器を用いた文化財・考古学試料の元素分析　安田啓介氏

村礒氏の報告は、織田信長の権力基盤を解明するためには、その前提として信長の領国支配を支えた家臣団の役割を追求する必要があるとの観点から、信長の新たな領地となった越前における家臣団編成を分析対象とした報告であった。そこでは、旧朝倉氏家臣の前波吉継を「郡代」に据えるという手法に焦点を当てつつ、信長の家臣木下祐久が信長との窓口的な役割を果たしていたことなどを指摘したものであった。

黒澤氏の報告は、越前国の若者条目を数量的・体系的に検討し、若者組の自治や地域的特色を検討したもので、一八三〇年（天保元年）頃を境に条目の表題に変化が見られることなど、越前国に特徴的な若者条目の諸相を紹介された。

安田報告は、測定試料を破壊せず、真空中に入れることなく大気中での測定も可能で、かつ分析の際の損傷も少ないということで、文化財や考古学試料の分析に応用されている、加速器を用いた分析手法であるイオンビーム分析を紹介したもので、とくに和紙の元素分析による古文書や銅鐸の産地同定の事例などを紹介し、今後の可能性についても言及された。

また、同日の午後には、以下の公開講演が行われた。

ユダヤ難民・ポーランド難民と敦賀　エヴァ・ルトコフスカ氏
地価修正運動と地主　北崎豊二氏

両氏の講演内容は本書に収録しているので参照していただきたい。

五　共通論題研究発表と討論

大会初日と二日目に分けて行われた共通討論の研究発表は、以下の通りである。

1　災害の記憶—敦賀・出村町の成立譚をめぐって—

2　弥生時代敦賀の地域的特性―舞崎遺跡の評価から―
渡邊　秀一氏
中野　拓郎氏
3　継体天皇と近江・越　大橋　信弥氏
4　浅井・朝倉同盟の再検討　太田　浩司氏
5　商業から見る一六世紀の敦賀　功刀　俊宏氏
6　近世中期湊町敦賀における都市秩序の再編
藤本　仁文氏
7　近世後期湊町敦賀における船と蔵　曲田　浩和氏
8　敦賀茶町の成立と茶の流通　畠　清次氏
9　北陸線の敷設と金沢市経済の変容　新本　欣悟氏
10　ダイジョコと大将軍―若狭と近江の事例から―
金田　久璋氏
11　民俗芸能分布からみる若狭と近江の交流の諸相
入江　宣子氏

各報告の内容は本書に収録しているので、そちらを参照していただきたい。ただし、太田浩司氏の報告については、都合により本書に掲載できなかったことを断っておく。

共通論題報告の終了後、共通論題討論が大会実行委員会の外岡慎一郎（福井）と長野栄俊（福井）、それに大会運営委員会の桜井昭男（神奈川）の三名を議長として行われた。討論はまず最初に、討論の論点を確認する意味も含めて、議長があらためて大会趣意書を読み上げることから始まった。そして、敦賀という地域の持つ特性として、京畿から琵琶湖を通って日本海にいたる物流の結節点という点を取り上げる必要があることを確認した上で、これらの地域的なつながりを考える際のキーワードとして、大会実行委員会が提起した「近畿三角帯」という用語について、議長の外岡慎一郎から次のような説明がなされた。

「近畿三角帯」という用語は、自然地理学で用いられる概念で、日本海側の敦賀湾を頂点の一つとし、西は琵琶湖西岸から大坂湾にかけて、東は濃尾平野から伊勢湾で区切られる地域を指しており、日本列島の中でもとくに活断層が密集している地帯である。今回、福井県という行政的な枠組みや、越前・若狭という古代以来の枠組みでは捉えきれない敦賀という地域の特性を、どのように表現したらよいのかという模索の中から、日本海との交流の重要な拠点であった敦賀が、そのうちの一つの頂点を占めていた「近畿三角帯」という言葉にたどり着いた。

大会の開催にあたって、大会テーマを「敦賀―日本海〜琵琶湖、風の通り道―」とし、近江地方史研究会に協力を求めたのも、この「近畿三角帯」という用語に導かれてのことであった。

このように、歴史学では聞き慣れない「近畿三角帯」という用語が、重要な視点として提出されたこともあり、まず報告者それぞれの研究分野の立場から、「近畿三角帯」という用語の捉え方について意見が求められた。

まず、渡邊秀一氏は歴史地理学の立場から二つの点を指摘した。第一点は、地域的な交流という視点から見た場合、三角形はいわばフレキシブルな形でさまざまな状況に対応できる形態であること。第二点は、ドイツの地理学者クリスタラーが提唱した「中心地論」との関連を考えることができること。すなわち、市場から国際都市にいたるまでのさまざまな階層性に合わせて、都市は自分なりの関係圏（勢力圏）を同心円的につくり出すが、その勢力圏は六角形を基本とした蜂の巣状の地域の仕組みになるとし、敦賀の地域構造の問題も、「近畿三角帯」から導き出せるのではないかという趣旨の発言をされた。「近畿三角帯」を地理学的な空間論として捉えた視点として興味深い発言であった。

次に、考古学の中野拓郎氏は、出土する土器の地域性として、弥生時代では嶺北の土器は嶺南にはなく、とくに舞崎遺跡の場合は、類例を近江や若狭に求められること。この近江とのつながりは、土器の分布という点でいえば県単位や旧国単位といった狭い範囲ではなく、もっと広い視野で捉えていく必要があり、その際に「近畿三角帯」という視点は有効である旨の発言をされた。国や県といった枠組みの存在しなかった時代において、「近畿三角帯」という純粋に地理的な条件が大きな要因として介在していた可能性については、今後もっと究明されるべき視点といえよう。

次に古代史の大橋信弥氏は、報告した継体天皇を「近畿三角帯」とからめて捉えた場合、尾張や美濃、そして越前・近江・大和・摂津と、いずれも「近畿三角帯」地域が重要な場所になっていることを指摘し、大和の王権が衰退した中で、新たに北方、すなわち尾張・越前・近江の地域を束ねた継体天皇が新しい王権を作り上げたという点では、「近畿三角帯」との関連として捉えることができると述べた。

次いで、民俗学あるいは芸能史の立場から入江宣子氏は、近江の民俗芸能を調べる場合には、都の影響力を考える必要があること、すなわち近江の芸能の場合はまず京に中心があり、その上で奈良や和歌山・三重・岐阜・若狭などを広く見ていくべきことを、「近畿三角帯」という視点を含めつつ、奈良東大寺のお水取り行事を例に説明された。民俗学の場合、時代的な変遷をどこまで明らかにできるかという問題があるが、であればこそ「近畿三角帯」における地域編成が、時代の中でどのように変化していったのかという問題も、重要な論点であることを示していることになる。

民俗学の立場からもうお一人発言をいただいた金田久璋氏は、報告した「ダイジョコと大将軍」が京都の大将軍神社あるいは陰陽師の活躍によって地方に伝播していくと指摘し、それを柳田国男の周圏論にあてはめると、若狭はまさにその外縁にあたり、古体を残すということになるが、少なくとも大将軍信仰の場合は、むしろ逆に京都とのつながりが強いように思え、必ずしも周圏論とは一致しないところがあると述べられた。また、「近畿三角帯」との関係でいえば、それぞれの断層の襞のすみずみにあって、民衆がそういった信仰を伝えてきたということになり、民俗の分布もこの「近畿三角帯」とのかかわりにおいて検討することが必要であろうとの意見を述べられた。これは、民俗事例の分布について、柳田の周圏論では捉えきれない部分を、「近畿三角帯」という視点を通してあらためて見直すことができるということを示唆したものといえる。

最後に、近世史の曲田浩和氏は、江戸時代の流通の問題を、生産から立ち上げる流通ではなく、商品に重きをおいた視点から流通を考えていくべきだというご自身の研究のスタンスを明らかにし、その点から近江の魚肥流通を考えた場合、伊勢湾では桑名と四日市から、敦賀湾だと敦賀と小浜から、そして瀬戸内海だと兵庫と大坂からそれぞれ入ってくることを指摘し、そのような「近畿三角帯」の物流状況をしっかり把握し、それを踏まえた消費動向に注意を払う必要があることを指摘された。「近畿三角帯」における流通の多様な展開についての指摘であるが、歴史地理学の渡邊氏の空間論的捉え方とつながる部分もあり、興味深い指摘であった。

以上、それぞれの立場から、「近畿三角帯」とのかかわりについて発言をいただいたが、それぞれの視点はお互いに交錯しあう部分もあり、「近畿三角帯」という用語をキーワードとすることの意味も、徐々に明らかになってきたとし、次に個別報告に対する質疑に入っていった。

質疑はまず、渡邊報告・中野報告・大橋報告・金田報告・入江報告・畠報告について行われた。まず最初にこの六報告を取り上げた理由は、それぞれの報告の対象がまさに「近畿三角帯」にかかわる内容を持っているという点にあった。

まず中野報告は、出土した土器の分析から、高地性集落としての舞崎遺跡が、いわゆる嶺北や北陸の文化圏には属さず、近江の文化圏の影響を受けていたという内容で、敦賀は弥生時代には「近畿三角帯」の文化圏に属していたことを明確に物語るとともに、とりわけ舞崎遺跡が軍事的な機能を担ったとされる高地性集落であったがゆえに、より一層その背後にある近江の影響を色濃く受けていたと結論づけられている。また中野氏は、この報告の補足として、奈良県や湖北・若狭にもわずかながら北陸系の影響を受けたと見られる土器が存在しているが、敦賀平野には卑弥呼の時代にあっても依然として北陸系の影響は見られず、排他性が強いことを付け加えられた。

次に大橋報告は、六世紀前半の継体天皇の擁立勢力である三尾氏の出自が近江であるのか、または越前であるのかというこれまでの議論に対して、三尾氏は近江の豪族であり、また継体天皇の母親振姫の出身氏族が越前の三国真人であることを明らかにしたものであった。さらに大橋氏は補足として、弥生時代後期には大和を中心としたまとまりができると考えられるが、しかし地方にはまだまだ有力な豪族がおり、継体天皇が即位する前はまだ大和王権の力はそれほどでもなかった。そのような中で、「近畿三角帯」の地域は大和王権の基盤となる地域なので、ある程度の浸透力は早い時期から出ていたのではないかとの見解を示された。また、継体天皇の出自を、墓があるとされる高槻あたりの王族の出身と推定し、継体天皇の父親はそこから三尾に政治的・経済的な拠点を置いて、越前やそれより北の地域へ勢力を伸ばしていこうとしたこと。そして、三尾氏はもともと敦賀を含めて越前と交流を深めていた豪族で、本報告が大和王権が各地に広がっていく過程における各地の豪族とのつながりの問題として捉えることができると述べられた。

ここでは、継体天皇が近江と越前との交流を背景として、「近畿三角帯」内部にある大和政権を掌握したという点が、今回のテーマとのかかわりで注目されるとともに、中野報告では交流が認められなかった近江と越前との間に、いつごろどのような形で交流が始まったのかという問題や、「近畿三角帯」地域として近江などとの交流が強かった敦賀が、なぜ「越」の入り口として越前に含まれることになったのかという問題が浮かんでくるとの指摘が議長よりなされた。

これに対して福井県の木戸聡氏は、中野氏が北国街道との関連を説明したことに関して、北国街道が整備されたのは戦国時代以降であるので、むしろ塩津街道や刀根越えなどと関連づけたほうが良いのではとの質問が寄せられた。

中野氏は、嶺北につながる交通路ということで示した図について、わかりやすくするために北国街道を持ち出してかえって誤解を招いてしまったとして、具体的に当時あった道として述べた発言ではなかったことを説明された。さらに、最近発見された湧出山《ゆるぎやま》遺跡の例を出し、舞崎遺跡から南側、敦賀を含んだ近江・若狭が一つのまとまりとして存在していたことを述べられた。

次に、民俗の入江報告と金田報告に議論が移った。両報告は、福井県という現在の行政の枠組みを外して、越前敦賀を含む嶺南地域および近江を一つの圏域として措定し、その中で民俗や芸能の分布を調査することで、それぞれの類似点や相違点、また伝播の過程が見えてくるという報告であった。

その中で金田報告は、本来都における陰陽道の神であった「大将軍」が、地方陰陽師あるいは民間祈禱師などによって都の周縁である「近畿三角帯」地域の近江や若狭に伝播されるに及び、近江の湖南・湖東では氏神などと、また湖西・湖北・若狭では同族神などと習合していくことを指摘した報告であった。また入江報告は、嶺南・近江地域の民俗芸能の分布を分析し、嶺南と近江ではそれぞれ別種の芸能が分布しているということを明らかにされた報告であった。近江の場合は若狭方面だけでなく東海道や中山道へも道が通じており、文化の通り道として取捨選択がさまざまな形で働いたのに対して、若狭は近世になって藩領として完結した地域になったため、いったん伝えられた芸能がそのまま独自の変容を遂げたという地域的特性を指摘された。

入江報告については北海道の寺島敏治氏より、文化の継承の問題として、時代によって伝える側と伝えられる側の状況が変化していく問題、そしてそれにともなう伝播経路の変化や芸能そのものの変化の問題について質問が出された。

これに対して入江氏は、たとえば棒振り太鼓は現在でもなお増加している人気芸能である一方で、念仏は多くが絶えてしまっているという現実を紹介した上で、現在の少子化という状況において、女性の参加も含めて、若者や子供が継承主体となる芸能と、念仏のように老人が継承主体である芸能など、それぞれの芸能の質を十分に踏まえていく必要があることを指摘された。

金田報告に対しては、京都府の若松正志氏から、若狭にも京都や近江で見られるような地蔵盆はあるのかとの質問が出された。金田氏は若狭にも地蔵盆が存在することを述べ、とくに小浜周辺の化粧地蔵という民俗が有名であることを紹介された。また金田氏は、越前は真宗地域であるので民俗が希薄であるといわれているが、同じ真宗地域である近江では豊かな民俗伝承が残されており、とくにその代表ともいえる「オコナイ」には越前とのつながりが認められることを指摘された。

次に討論は、中世の太田報告へと移っていった。太田報告は、元亀元年（一五七〇）の織田信長の越前侵攻にあたって、浅井氏が信長との同盟を破棄して朝倉氏に与同した問題について、それは通説のように浅井氏と朝倉氏の「旧縁」を尊重したためではなく、朝倉氏を含めた反信長包囲網の確立を目的としたものであり、浅井氏は朝倉氏と対等な関係で同盟を結んだというものであった。

太田報告については、まず北海道の大森和之氏から、なぜ浅井・朝倉同盟に関するそのような通説（俗説）が今までまかり通ってきたのかという点について質問があった。また福井県の谷口弘行氏からは、浅井氏と朝倉氏の間には歴然とした経済力の差があったが、そのような状況での同盟は対等なものといえるのかとの質問が出された。

まず大森氏の質問に対して太田氏は、この通説は江戸時代の軍記物にも見えず、近代になって登場した説であろうとの見通しを述べた。また谷口氏の質問については、確かに浅井と朝倉では規模の大小があるが、たとえば浅井氏は姉川の合戦でも独立した軍事行動を行い、また近江でそれなりの知行宛行いや寺社安堵を行っており、朝倉ともども独立した戦国大名と考えるべきで、そういった点からもこの同盟は上下関係に基づくものとはいえないとの回答がなされた。

次いで静岡県の小和田哲男氏から、一乗谷にある「浅井殿」という建物について、木戸から外に離れていくほど時期的に新しい建物であるとする太田氏の見解に対して、疑問を呈された。また、浅井氏が朝倉と手を結ぶ時期については、浅井氏が信長とつながるのは太田氏の永禄四年（一五六一）頃とする見解よりもう少し後の、浅井氏が六角氏と手を切ったあたりで、単独で六角氏と対抗することができないことから朝倉氏を頼る方向に進んだとの見通しを述べ、さらに浅井・朝倉同盟の性格についても、織田・徳川同盟（清須同盟）と同様で、圧倒的に朝倉氏が上の主従関係に近い軍事同盟だったと思うが、浅井氏が朝倉氏の家臣というようなものではなかったとの意見を主張された。

これに対して太田氏は、「浅井殿」の性格は人質屋敷ではなく、同盟の証として連絡用に朝倉氏の城下に建てた出張所と考えており、朝倉氏と同盟を結ぶ時期に応じて木戸からの位置が決まっていったとし、浅井氏と朝倉氏との間の主従関係の有無については、小谷城の築城で朝倉氏の要求を受け入れたことがすぐに主従関係を示すものではないし、浅井氏が守護権を持たないということで京極氏を名目的に主と仰ぐことはあるが、姉川の合戦の陣形などを見ても浅井氏と朝倉氏との関係は全く対等であったことを再論された。

議長は次に畠報告について、物や人の動きという点で、お茶が美濃や伊勢から敦賀へ、さらに近江・京都から敦賀へという流通ルートを持っていたということで、まさに「近畿三角帯」の話につながる報告であったと位置づけた。

ここで北海道の寺島敏治氏は、畠報告は敦賀における船便と蔵の問題を取り上げた曲田報告と一体的に考える必要があるのではないかとの意見を提示された。それは、畠報告が敦賀や他の若狭湾地域に設けられた茶屋町がいつ頃、なぜ発展したのかという論点を含んでいることを踏まえると、日本海海運や内陸における物資の運搬との究明が不可欠であるという理由からであるとともに、この問題はさらに近代にもつながっていくものであるという見通しの上の発言であった。

これに対して議長は、次の渡邊報告を含めた「近畿三角帯」に関する議論の流れとして畠報告を位置づけ、その上で次の近世にいたる敦賀湊の問題につなげたいという意図があったことを述べ、寺島氏の意見は後の討論で生かしたいと返答した。さらに敦賀の茶町の問題については、周辺地域から敦賀への移民や人口移動による町の形成、さらには敦賀湊の住民構成の変化という、後の藤本報告などとも関連する問題が出てくるが、この点については渡邊報告の災害による敦賀への移住という出村町の成立譚が関係してくると、渡邊氏に発言を求めた。

渡邊氏は、討論の最初に述べた「中心地論」を踏まえ、伝承とはいえ出村町の成立譚でいえば、敦賀半島の西浦と敦賀とのかかわりが語られていることを指摘し、それを敦賀という都市が持つ関係圏（勢力圏）として理解する必要があると述べられた。

議論は次いで功刀報告・藤本報告・曲田報告、すなわち戦国から近世を通しての敦賀湊の変化を取り上げた報告に移った。これらの報告は、西回り航路の発展によって敦賀の位置づけが変化していく中で、功刀報告では敦賀における交易の担い手の変化の問題、藤本報告は敦賀の町構造の変化と交易の問題、曲田報告は交易のシステムと敦賀の立場、さらに周辺地域と敦賀の関係の問題といったように、それぞれの視点から敦賀という湊町の変化を捉えようとするものであった。

このうち功刀報告に対しては北海道の大森和之氏から、レジュメの史料三の内容について、川舟座の者が近江商人に船を用意していたと読めるが、川舟座自身が近江商人と結びつこうとすることの意味は何なのか。また史料四にかかわって、宛所の「刑部との」そして「彦太郎殿」と川舟座との関係について質問が寄せられた。

功刀氏はこれに対して、まず川舟座と近江商人の関係について、川舟座はもともと敦賀湾の周辺一帯で品物を購入して近江商人に売っていたと考えられ、そこには近江商人が独自に地廻り船を出すようになった状況が背景にあること、また史料四の「刑部との」と「彦太郎殿」は、敦賀を治めた朝倉教景配下の郡司の手代だったとの回答があった。

さらに、京都府の若松正志氏からの、信長や秀吉が近江で実施しようとしていた楽市・楽座的な商人編成と、商人司を中心に編成されているように感じられる敦賀でのそれは、異なる方針のものとして捉えていいのかとの質問に対して功刀氏は、北の庄近くの商人司橘屋は朝倉氏滅亡後も、信長が派遣した柴田氏のもとで活躍しているように、この地域の商人司は比較的最後まで生き延びており、敦賀など越前では、近江とは違った商人統制が行われていたとの見解を示した。

功刀報告に対しては、福井県の右近了一氏から川舟座と河野屋舟座の関係の成立や活動内容、朝倉氏との関係などについての質問や、香川県の橋爪茂氏から小浜や三国との関連などについても質問が寄せられていたが、当日は時間の都合から討論で取り上げることができなかった。御二方にはこの場を借りてあらためてお詫び申し上げる。

次に質問は藤本報告と曲田報告に移った。京都の小倉宗氏からは、藤本・曲田両報告に対して、おもに町の自治に関する質問が寄せられた。藤本報告に対しては、敦賀における町年寄の役割の増大が、藩が主導する、上からの制度的な仲間の支配・統制策によるものであったのか、それとも仲間の側から、すなわち町年寄を重視する下からの動きによるものであったのかとの質問があった。藤本氏はこれに対して、この問題は自治を支配との対抗あるいは支配からの自立とのみ捉えるのではなく、町奉行所側と町人・仲間側の意向を調整し、実現させようとしていたのが町年寄で、その町年寄の役割が大きくなっていったというように考えていると述べた。

また曲田報告に対する小倉氏の質問は、天保期に船大工町や鍛冶町など、同業者的な町が新たに形成される状況について、それらの町は近世前期以来の同業者仲間とどのような関係にあったのか、近世前期と後期のつながりの問題に関するものであった。これに対して曲田氏は、船大工町や鍛冶町は船の発達とともに大きくなっていった町であるとの見通しを示された。

次いで、これら敦賀湊をめぐる三つの報告に畠報告を含めた議論として、総括的な見解を議長から求められた神奈川県の山口徹氏は、ご自身の初期豪商に関する研究を踏まえ、一種の買い積み的な廻船が再び登場してくる時期として寛政期に一つの大きな転機があること。その際問題になってくるのが近江商人の大坂支配であることを踏まえると、やはり大坂から日本海にいたる問題として考える必要が出てくるのであり、そこに「近畿三角帯」とのかかわりが出てくること。また、湖東地域から五箇商人や近江商人が出てくることの意味、彼らが登場することによって日本の流通や再生産にかかわる構造がどのように変化するのかといった点も重要な問題であることなどの感想を述べられた。

質疑は最後に近代の新本報告に入った。新本報告は、北陸線の延伸によってそれまでの敦賀の繁栄が金沢や富山に移っていくという、地域産業の変化の問題を、金沢の分析を通して明らかにしたものであった。これに対して敦賀は大陸に活路を求め、それが前日の公開講演のエヴァ・ルトコフスカ氏の話にあったような、ウラジオストクを経由地とした大陸間交通という話につながっていくことになるわけである。

この新本報告に対しては群馬県の宮崎俊弥氏から、北陸線の富山開通で敦賀が中継地としての機能を喪失し、対岸貿易港としての機能を強化していくという点について、その後の展開も含めて説明がほしいとの質問が寄せられた。

新本氏は、明治三十二年（一八九九）の富山開通で話が終わるわけではなく、その後大正二年（一九一三）に富山と直江津がつながり、越後方面からの物資も鉄道で運ばれるようになる。さらに大正十三年には、新潟から秋田にいたる羽越線が全通し、それによって流通の質も変化してくる。こういった流れのもとで敦賀・七尾・伏木の三港とも海外との貿易という方針を打ち出していき、敦賀の場合は明治三十年代から対岸貿易という形でウラジオストクとのつながりを強化し、明治末から大正期にかけて港湾機能の強化をおこない、第一次世界大戦で一気にその勢いが増す。こうした事態は、山中温泉の漆器産業でも、清・韓国・ロシアで市場開拓を試みたという事例が示すように、北陸全体の相関関係の中で理解しなければならないことであると述べた。

以上、共通論題の各報告をもとに、大会テーマとのつながりにおいて質疑及び討論を進めてきたが、ここで与えられていた共通討論の時間が尽きてしまった。議長団では、共通討論にあたっていくつかの論点を提示しつつ、討論を展開する予定であったが、それらの論点を十分に消化することができないまま討論が終わってしまったことは、議長団の不手際として大いに反省するところである。ここで最後に、共通討論で出た論点をまとめるとともに、今回時間的な都合で提示することができなかった論点などについても、今後の展望という意味で触れておきたいと思う。

本大会の共通討論のキーワードとして取り上げた「近畿三角帯」という用語については、それぞれの討論の中である程度の理解が得られたように思われるが、討論の中で報告者の大橋氏や曲田氏が指摘したように、今後敦賀以外の他の二つの頂点についても、日本海のみならず太平洋も含めた広い視野の中で検討することによって、「近畿三角帯」地域の歴史像がより豊かになっていくと思われる。「近畿三角帯」という用語を取り上げた試みの是非も、その上で判断されることになるといえるだろう。

一方で、今回十分議論できなかった問題の一つとして、地域編成の変化の問題がある。報告の中でも、中野報告が弥生時代には敦賀と越前のつながりがなかったことを述べたのに対して、大橋報告によってそれからおよそ五〇〇年後には近江と越前とのつながりができあがっていたことが指摘され、その後長く敦賀は「越」の入り口としての役割を果したわけであるが、近世初頭の問題でいえば、関ヶ原の合戦（一六〇〇年）後敦賀郡を含む越前一国は結城秀康の支配となり、寛永元年（一六二四）に松平忠昌が越前福井に入った際、敦賀郡は福井藩には属さず幕府領となる。そしてそれから間もなく敦賀郡は若狭小浜藩領の一部となる。すなわち、この時期敦賀は越前→幕府領→若狭小浜藩領と、越前から若狭に徐々に地域編成を変化させていくのである。この近世初頭の変化の問題をどう考えるかということが、この地域の大きな問題であったが、共通討論でこの問題を取り上げることはできなかった。この問題は、近江と若狭のつながりを指摘した民俗の報告と関連するとともに、近代にいたって成立する「嶺南」と「嶺北」の区分の問題や、さらに「嶺南」を含めた滋賀県成立の問題ともつながってくるだけに、今後の重要な課題となってしまったことはまことに残念であった。

次いで、今回近代の問題もやはりほとんど触れることができなかったことも反省点の一つである。新本報告にもあったように、明治二年という早い段階で琵琶湖から敦賀にいたる鉄道敷設が決定したことは、日本海側の物資を京阪神地域に運ぶことの重要性を新政府が認識していたことを示しているが、その後敦賀からの物資が知多半島の武豊港に運ばれるという物流のルートが誕生することによって、敦賀湾・伊勢湾・大坂湾を結ぶ「近畿三角帯」の地域関係が復活したことの意味も、時間の都合で割愛せざるを得なかった。また、大陸との関係でいえば、いわゆる戦前・戦中期の満州開拓団や青少年満蒙開拓義勇軍が敦賀から大陸に渡っていった問題も、大陸との交易や欧亜国際列車などとの問題と無関係ではなく、この点の検討も今後の課題となってしまった。

共通討論で取り上げられなかった問題はこのように多岐にわたるが、今回の敦賀大会における報告や討論を通して、敦賀という地域が、「近畿三角帯」という地理的特性に規定されつつ、さまざまな紆余曲折をたどりながらも、主体的にそれぞれの時代の荒波を乗り越えてきた様を明らかにすることができた。このことはやはり一つの大きな成果といってよいだろうと思う。

おわりに

大会の最終日は巡見で、今大会は近江コース・嶺南コース・嶺北コースと三つのコースに分かれて行われた。いずれのコースもひとまず天候に恵まれ、順調にスケジュールを消化することができた。ここでその詳細を紹介することはできないので、『地方史研究』第三一七号に掲載されている参加記などを参照していただきたい。

ところで、本大会においては、大会期間中の一〇月一五日と一六日の両日、大会会場プラザ萬象のコンコースにおいて、福井県や滋賀県などの地方史関係三二団体が参加してのポスターセッションが行われた。これは、各団体の日頃の活動やその成果である出版物などを大会参加者に紹介することを目的とし、本大会で初めて企画されたものであったが、大会参加者には、日頃ほとんど目にすることのできない地域の地道な研究活動を具体的に感じ、またお互いの交流もできた催しとして好評を博した。このポスターセッションへの参加団体は次の通りである。

福井県立歴史博物館・福井県立朝倉氏遺跡資料館・福井県立文書館・福井県立図書館・福井県立若狭歴史民俗資料館・福井市立郷土歴史博物館・敦賀市立博物館・越前町織田歴史博物館・大飯町立郷土史料館・高浜町郷土資料館・美浜町教育委員会町史編纂室・若狭町立縄文博物館・長浜市立長浜城歴史博物館・長浜市立曳山博物館・高島歴史民俗資料館・名田庄村教育委員会・小浜市教育委員会・南越前町教育委員会・日野町史編纂室・近江八幡市史編纂室・歴史に学ぶ会・小浜語り部の会・小浜郷土研究会・気比史学会・日本海地誌調査研究会・鳥浜貝塚研究会・福井史料ネット・神戸史料ネット・敦賀市観光協会・福井県国民文化祭実行委員会・敦賀短期大学日本史学科・敦賀短期大学地域交流センター

本大会は、人口約七万人という、これまでの大会でもかなり小さい部類に入る都市での開催となったが、敦賀という地域が歴史的に果たしてきた役割は実に大きいものであった。本大会ではこれを「風の通り道」といういささか歴史的ではないことばで表現することになったわけであるが、実際に大会準備のため敦賀に足を運ぶたびに、敦賀が琵琶湖と日本海を結ぶ結節点として、まさに「風の通り道」という言葉がふさわしいことを肌で感じることができた。このことは、大会に参加してくださった方の多くが実感として思われたことでなかっただろうか。

しかし、大会の準備で敦賀を訪れ、敦賀駅からまっすぐ伸びている駅前通りを歩くと、道の両側にはシャッターを下ろしたままの店も多く、往来を行き交う人の姿もまばらであることに気づく。そこには、もっぱら郊外のバイパス沿いの大規模店舗などに客を奪われ、旧来からの町はすっかり勢いを失っているという現在の地方都市の実態が広がっていた。地方活性化のための分権が叫ばれ、地方の真の発展を展望することがこれからの重要な課題であることを思う時、地域文化の基礎ともいえる地方史研究が果たす役割はますます大きくなってくると思われる。しかし、地域が抱えている問題はそれぞれ似ているようで、実は地域の歴史や風土などに規定されて、その具体的なあり方は千差万別といってよく、その解決策も当然ながら一通りではない。そのような地域の問題をしっかり見つめるためにも、地域の歴史的状況を、その地域に合った視点から具体的に検討していく必要性を、今回の大会を通して強く感じたことを申し添えておきたい。

大会の開催にあたっては、多仁照廣実行委員長のもと、さまざまなアイディアを出しあい、これまでの地方史の大会にはなかった新たな試みも多く実現することができた。大会の準備の過程で、いろいろな方から多くのご支援・ご協力をいただいたが、それらの方々にあらためて感謝の意を表する次第である。なお、本大会の共催・後援・協賛・特別協賛団体は、以下の一七団体である。

共　催　敦賀市・敦賀短期大学
後　援　福井県教育委員会・福井新聞・福井県高等学校社会科研究会・福井県社会科研究会・敦賀環境みらいネットワーク・敦賀まちづくり21の会・(社)敦賀観光協会・敦賀商工会議所・(社)敦賀青年会議所 (財)福井コンベンションビューロー
協　賛　近江地方史研究会・福井史料ネットワーク
特別協賛　気比史学会・日本海地誌調査研究会・げんでんふれあい福井財団

最後に、本書の刊行にあたっては、地方史研究協議会第五六回(敦賀)大会成果刊行特別委員会が担当した。委員会の構成は、桜井昭男(委員長)・岩橋清美・牛米努・鍜代敏雄・小松寿治・須永敬・長沼秀明・保垣孝幸・星野尚文である。刊行に際しては、株式会社雄山閣編集部の久保敏明氏に大変お世話になった。記して感謝の意を表したい。

(文責　桜井昭男)

執筆者紹介（五十音順）

新本欣悟（あらもと　きんご）
一九六一年生まれ。石川県立大聖寺実業高校教諭。
［住所］〒922-0125　石川県加賀市山中温泉栄町二四五

入江宣子（いりえ　のぶこ）
一九四二年生まれ。仁愛女子短期大学音楽科非常勤講師。
［住所］〒183-0054　東京都府中市幸町二—四三—一〇

エヴァ・パワシ・ルトコフスカ
一九五三年生まれ。ワルシャワ大学教授、日本学科長。
［住所］Lipowa 9 m. 6, 00-316 Warszawa

大橋信弥（おおはし　のぶや）
一九四五年生まれ。滋賀県立安土城考古博物館学芸課長。
［住所］〒525-0057　滋賀県草津市桜ヶ丘五—七—二

金田久璋（かねだ　ひさあき）
一九四三年生まれ。敦賀短期大学非常勤講師。
［住所］〒919-1205　福井県三方郡美浜町佐田五七—四六

北崎豊二（きたざき　とよじ）
一九二九年生まれ。大阪経済大学名誉教授。
［住所］〒590-0133　大阪府堺市南区庭代台二—二—六四

功刀俊宏（くぬぎ　としひろ）
一九七三年生まれ。埼玉県八潮市文書保存専門員。
［住所］〒174-0063　東京都板橋区前野町三—二五—二　福寿荘二〇二

中野拓郎（なかの　たくろう）
一九七三年生まれ。福井県敦賀市教育委員会文化課学芸員。
［住所］〒914-8501　福井県敦賀市中央町二—一—一（勤務先）

畠　清次（はたけ　せいじ）
一九二五年生まれ。日本海事史学会員。
［住所］〒590-0114　大阪府堺市南区槇塚台三—一七—一一

藤本仁文（ふじもと　ひとふみ）
一九七八年生まれ。京都大学大学院文学研究科博士後期課程。
［住所］〒604-0992　京都府京都市中京区新烏丸夷川上ル藤木町四四
プレアデス四〇六

曲田浩和（まがりだ　ひろかず）
一九六五年生まれ。日本福祉大学経済学部助教授。
［住所］〒475-0928　愛知県半田市桐ケ丘四—二—二—三
アートヒルズ桐ケ丘東館三〇四

渡邊秀一（わたなべ　ひでかず）
一九五三年生まれ。佛教大学文学部助教授。
［住所］〒520-0105　滋賀県大津市下阪本一—三六—三

平成18年10月25日　初版発行　《検印省略》

地方史研究協議会 第56回（敦賀）大会成果論集
敦賀・日本海から琵琶湖へ―「風の通り道」の地方史―
（つるが・にほんかいからびわこへ―かぜのとおりみちのちほうし―）

編　　者　©地方史研究協議会
発 行 者　宮田哲男
発 行 所　（株）雄山閣
〒102-0071　東京都千代田区富士見２－６－９
電話　03-3262-3231（代）　FAX　03-3262-6938
振替：00130-5-1685
http://www.yuzankaku.co.jp

組　　版　富士デザイン
印　　刷　吉田製本工房
製　　本　協栄製本

Printed in Japan　2006
ISBN 4-639-01948-3 C3021